सुप्रीम कोर्ट के 85 ऐतिहासिक Judgments

UPSC एवं राज्य सिविल सेवा की प्रारंभिक परीक्षा,
मुख्य परीक्षा, इंटरव्यू तथा CLAT व जुडिशरी परीक्षाओं हेतु

सुप्रीम कोर्ट के 85 ऐतिहासिक Judgments

UPSC एवं राज्य सिविल सेवा की प्रारंभिक परीक्षा,
मुख्य परीक्षा, इंटरव्यू तथा CLAT व जुडिशरी परीक्षाओं हेतु

डॉ. प्रमोद कुमार अग्रवाल, IAS (Retd.)
पूर्व संयुक्त सचिव, विधि एवं न्याय मंत्रालय, भारत सरकार

www.prabhatexam.com

प्रकाशक

प्रभात एग्जाम

प्रभात प्रकाशन प्रा. लि. का उपक्रम

4/19 आसफ अली रोड, नई दिल्ली-110002

फोन : 23289555 • 23289666 • 23289777 • हेल्पलाइन/ 7827007777

इ-मेल : prabhatbooks@gmail.com ❖ वेब ठिकाना : www.prabhatexam.com

मूल्य

पाँच सौ रुपए

अ.मा.पु.स. 978-93-5521-640-3

मुद्रक

आर-टेक ऑफसेट प्रिंटर्स, दिल्ली

★

SUPREME COURT KE 85 AITIHASIK JUDGMENTS

by Dr. Pramod Kumar Agrawal, IAS (Retd.)

ISBN 978-93-5521-640-3

₹ 500.00

प्रस्तावना

'कानून सर्वोच्च शासन करता है'। भारत जैसे देश में, यह कथन निश्चित रूप से एक सर्वविदित सत्य है। भारतीय लोकतंत्र की इमारत का निर्माण संविधान द्वारा निर्धारित जमीनी मानदंडों पर किया गया है। इसलिए भारत की आत्मा को समझने के लिए, भारत के संविधान को समझना आवश्यक है। यद्यपि, भारतीय संविधान, कागज के किसी अन्य टुकड़े के विपरीत एक 'जीवित दस्तावेज' है। भारत के सर्वोच्च न्यायालय द्वारा उसके कई ऐतिहासिक निर्णयों में संविधान के विभिन्न भागों और प्रावधानों की व्याख्या की गई है। सर्वोच्च न्यायालय द्वारा उसके निर्णय में अधिकथित कानून देश का कानून है। संविधान के पाठ या प्रावधान पर सर्वोच्च न्यायालय के शब्द निर्णायक होते हैं। सर्वोच्च न्यायालय भारत के कानून का अंतिम विवाचक है। कभी-कभी सर्वोच्च न्यायालय के बाद के फैसलों के माध्यम से किसी कानून को बदल दिया जाता है किंतु वह पहले ही एक छाप छोड़ चुका होता है। ऐसे मामलों की सूची भी अंत में दी गई है। इसलिए संविधान की समझ को गहरा करने के लिए ऐसे निर्णयों का ज्ञान प्राप्त करना प्रासंगिक हो जाता है। इसके अलावा, एक शिक्षित व सुविज्ञ नागरिक वर्ग के रूप में और भावी नौकरशाहों, न्यायाधीशों और वकीलों के रूप में सभी को उन मामलों के बारे में जागरूकता उत्पन्न करनी चाहिए जिन्होंने भारतीय न्यायिक प्रणाली को आकार देने में और भारतीय संविधान की व्याख्या करने में, जैसा कि हम आज उसे जानते हैं, सहायता की है। डॉ. बी.आर. अंबेडकर के अनुसार, 'संविधान केवल वकीलों का दस्तावेज नहीं है, यह जीवन का एक वाहन है और इसकी आत्मा हमेशा से युग की आत्मा है'।

सर्वोच्च न्यायालय ने अपने नित्य बदलते फैसलों से इसे गतिशील बना दिया है। इस पुस्तक में उन निर्णयों को प्रस्तुत करने का प्रयास किया गया है जिन्हें कुछ उच्च न्यायालयों द्वारा भी स्वीकार किया गया है और जिन्होंने देश में सोच, कार्य और न्याय प्रदान करने की दिशा बदल दी। साथ ही, भविष्य के भारत के लिए दिशा-निर्देश निर्धारित किए।

संभव है कि सर्वोच्च न्यायालय या उच्च न्यायालयों द्वारा दिए गए निर्णयों की अधिकता के कारण कुछ निर्णय छूट गए हों। हालाँकि पुस्तक की रचना का मुख्य उद्देश्य इसे यूपीएससी और अन्य राज्य लोक सेवा आयोगों की सिविल सेवा परीक्षाओं में शामिल हो रहे अभ्यर्थियों के लिए अधिक उपयोगी बनाने का था।

इसके बावजूद, मुझे विश्वास है कि इस पुस्तक का सभी के द्वारा स्वागत किया जाएगा।

— डॉ. प्रमोद कुमार अग्रवाल

भारतीय संविधान: एक सिंहावलोकन

संविधान हमारे देश का सर्वोच्च कानून है और इसमें देश का मूलभूत कानून निहित है। इसे Suprema-Lex अथवा देश का सर्वोपरि कानून भी कहा जाता है। भारतीय राज्य के सभी तीन अंग, अर्थात् कार्यपालिका, विधायिका और न्यायपालिका, संविधान से शक्तियाँ प्राप्त करते हैं। देश में प्रत्येक विधायी अधिनियमन का संविधान के अनुरूप होना आवश्यक है। सभी अधिनियम, कानून, उपनियम, आदेश और नियम संविधान से ही शक्ति प्राप्त करते हैं। इसलिए उन सभी को उसके द्वारा निर्धारित सीमाओं के भीतर कार्य करना चाहिए अन्यथा उन्हें असंवैधानिक तथा अमान्य घोषित कर दिया जाएगा।

भारत का संविधान 26 जनवरी, 1950 को प्रभावशाली हुआ। प्रारम्भ में, संविधान में 395 अनुच्छेद और आठ अनुसूचियाँ शामिल थीं और लगभग 1,45,000 शब्द थे, जो इसे अब तक अपनाए गए स्वीकृत संविधानों में सबसे विस्तृत बनाता था। संविधान का प्रत्येक अनुच्छेद संविधान सभा में शामिल व्यक्तियों द्वारा तैयार किया गया था, जिन्हें संविधान को निर्धारित करने के लिए दो वर्ष और 11 माह की अवधि में 11 बैठकों और 166 दिनों का समय लगा था।

भारतीय संविधान दुनिया में सबसे लंबा संविधान है। इसमें मूल रूप से 22 खंडों और 8 अनुसूचियों में 395 अनुच्छेद शामिल थे जबकि वर्तमान में, भारत के संविधान में 25 खंडों और 12 अनुसूचियों में 470 अनुच्छेद हैं। 2023 तक भारतीय संविधान में 106 संशोधन किए जा चुके हैं।

इसका ढाँचा संविधान सभा द्वारा तैयार किया गया था, जिसका चुनाव संविधान की रचना के लिए किया गया था। भारत की स्वतंत्रता के बाद, इस संविधान सभा ने देश की पहली संसद के रूप में भी कार्य किया।

भारतीय संविधान सभा के बारे में कुछ महत्त्वपूर्ण तथ्य निम्नलिखित हैं–

- **प्रकार** – एक सदनीय (Unicameral)

- **इतिहासः**
  - (1) 9 दिसंबर 1946 को स्थापित
  - (2) 24 जनवरी 1950 को भंग
  - (3) पूर्ववर्ती इंपीरियल लेजिस्लेटिव काउंसिल
  - (4) उत्तरवर्ती भारतीय संसद
- **अस्थायी अध्यक्ष**- सच्चिदानंद सिन्हा, भारतीय राष्ट्रीय कांग्रेस
- **अध्यक्ष**- डॉ. राजेंद्र प्रसाद, भारतीय राष्ट्रीय कांग्रेस
- **मसौदा समिति के अध्यक्ष** - डॉ. बी. आर. अंबेडकर, एससीएफ
- **उपाध्यक्ष** - हरेंद्र कुमार मुखर्जी, टी. कृष्णमाचारी
- **संरचनात्मक ढाँचा**-389 (दिसंबर 1946-जून 1947); 299 (जून 1947-जनवरी 1950)
- **राजनीतिक समूह**

  भारतीय राष्ट्रीय कांग्रेस : 208 सीटें

  एआईएमएल : 73 सीटें

  अन्य : 15 सीटें

  रियासतें : 93 सीटें

चुनाव मतदान प्रणाली- एकल हस्तांतरणीय मत

भारतीय संविधान कई स्त्रोतों से व्युत्पन्न किया गया था। यद्यपि, इसका प्राथमिक स्त्रोत 1935 का भारत सरकार अधिनियम है जिससे इसने संघीय योजना, राज्यपाल कार्यालय, न्यायपालिका आदि विशेषताएँ उधार ली हैं।

भारतीय संविधान केंद्र और राज्य, दोनों स्तरों पर सरकार को संसदीय स्वरूप प्रदान करता है। इस प्रकार की सरकार को 'सरकार का वेस्टमिंस्टर मॉडल' भी कहा जाता है। सरकार के इस स्वरूप के तहत, संसद के सदस्य सीधे जनता द्वारा चुने जाते हैं। राष्ट्रपति संवैधानिक प्रमुख होता है और वास्तविक कार्यकारी और विधायी शक्तियाँ मंत्री परिषद् के पास होती हैं जिसका प्रमुख प्रधानमंत्री होता है। मंत्री परिषद् सामूहिक रूप से लोकसभा के प्रति उत्तरदायी होती है। इसलिए सरकार के इस स्वरूप को सरकार का उत्तरदायी स्वरूप भी कहा जाता है।

विषय सूची

भारतीय संविधान की प्रस्तावना

हम, भारत के लोग, भारत को एक संपूर्ण प्रभुत्व संपन्न, समाजवादी, पंथनिरपेक्ष, लोकतंत्रात्मक गणराज्य बनाने के लिए तथा उसके समस्त नागरिकों को: सामाजिक, आर्थिक और राजनीतिक न्याय; विचार, अभिव्यक्ति, विश्वास, धर्म और उपासना की स्वतंत्रता; प्रतिष्ठा और अवसर की समता प्राप्त करने के लिए तथा उन सब में व्यक्ति की गरिमा और राष्ट्र की एकता और अखंडता सुनिश्चित करने वाली बंधुता बढ़ाने के लिए; दृढ़ संकल्प होकर अपनी इस संविधान सभा में आज दिनांक 26 नवंबर, 1949 ई. "मिति मार्गशीर्ष शुक्ल सप्तमी संवत् 2006 विक्रमी" को एतद् द्वारा इस संविधान को अंगीकृत, अधिनियमित और आत्मार्पित करते हैं।

संविधान की शुरुआत प्रस्तावना से होती है। प्रस्तावना संविधान के विषय, लक्ष्य और उद्देश्य बताती है। इसे संविधान निर्माताओं के मस्तिष्कों की कुंजी भी कहा गया है।

प्रस्तावना 'उद्देश्य प्रस्ताव' पर आधारित है जिसे जवाहरलाल नेहरू ने तैयार किया था और संविधान सभा ने अपनाया था। 42वें संशोधन अधिनियम, 1976 ने प्रस्तावना में तीन नए शब्द जोड़े–समाजवाद, पंथनिरपेक्ष और अखंडता।

इसमें धर्मनिरपेक्ष तथा समाजवाद आदि महत्त्वपूर्ण शब्द शामिल हैं, जिनकी चर्चा नीचे विस्तार से की गई है–

(i) **संप्रभु:** यह शब्द बाहरी आधिपत्य से भारत की स्वतंत्रता को और अब यह एक अधिराज्य (डोमिनियन) नहीं बल्कि एक स्वतंत्र प्रभुता संपन्न देश है, दर्शाता है।

(ii) **समाजवादी:** यह शब्द उस लोकहितकारी राज्य की ओर इशारा करता है जिसमें समता है, और जिसका उद्देश्य अपने नागरिकों को सामाजिक न्याय प्रदान करना है।

(iii) **पंथनिरपेक्ष:** 'पंथनिरपेक्ष' शब्द का अर्थ है कि राज्य का कोई विशिष्ट धर्म या मजहब नहीं है। लोग किसी भी धर्म का पालन करने के लिए स्वतंत्र हैं और सभी धर्मों का सम्मान किया जाएगा। राज्य किसी भी धर्म को प्राथमिकता नहीं देता है।

(iv) **लोकतंत्र:** इसे लोकप्रिय रूप से जनता का, जनता के लिए और जनता द्वारा शासन के रूप में परिभाषित किया गया है। भारतीय लोकतंत्र अप्रत्यक्ष, प्रतिनिधि लोकतंत्र है जहाँ लोग अपने प्रतिनिधियों का चुनाव करते हैं जो उनकी ओर से विधायी और कार्यकारी निर्णय लेते हैं।

(v) **गणतंत्र:** गणतंत्र में सरकार का चुनाव स्वतंत्र और निष्पक्ष चुनाव द्वारा होता है और अंतिम शक्ति नागरिकों के हाथों में होती है।

(vi) **न्याय:** प्रस्तावना में न्याय का अर्थ सामाजिक, आर्थिक और राजनीतिक न्याय है।

(vii) **स्वतंत्रता:** स्वतंत्रता एक ऐसी अवस्था है जो प्रतिबंधों से रहित हो। यह वह सब करने का अधिकार है जो देश के कानून द्वारा अनुमत है।

(viii) **समानता:** इसका अर्थ है बिना किसी भेदभाव के सभी नागरिकों को समान अधिकार और अवसर प्रदान करना।

(ix) **भाईचारा:** इसका अर्थ है देश के नागरिकों का सम्मान और उनके बीच भाईचारे और एकता की भावना, चाहे उनकी जाति, पंथ या धर्म कोई भी हो।

क्या प्रस्तावना संविधान का अंग है ?

1960 के बेरुबाड़ी संघ मामले में कहा गया था कि प्रस्तावना संविधान का अंग नहीं है। यद्यपि, **1973 के केशवानंद भारती मामले में**, सर्वोच्च न्यायालय ने इस विचार को अस्वीकार कर दिया और कहा कि प्रस्तावना संविधान का एक हिस्सा है। इसलिए प्रस्तावना को भारतीय संविधान के एक हिस्से के रूप में पढ़ा जाना चाहिए तथा इसके सिद्धांत न्यायालय के विचार योग्य हैं और न्यायिक समीक्षा के दायरे में आते हैं।

भाग I: संघ और उसके क्षेत्र

भारतीय संविधान के भाग I में अनुच्छेद 1-4 शामिल हैं। अनुच्छेद 1(3) के अनुसार, भारत के क्षेत्र में शामिल होंगे:

(अ) राज्यों के क्षेत्र

(ब) केंद्र शासित प्रदेश

(स) अन्य प्रदेश जो संधि, उत्तराधिकार और विजय के माध्यम से अधिगृहीत किए जा सकते हैं।

अनुच्छेद 2

संसद विधि द्वारा ऐसे निबंधनों और शर्तों के साथ जिन्हें वह उचित समझे, नए राज्यों को संघ में प्रवेश दे सकती है, या नए राज्यों की स्थापना कर सकती है।

यह अनुच्छेद संसद को किसी भी नए राज्य को संघ में शामिल करने की शक्ति देता है; और एक नया राज्य बनाने की भी। यह अनुच्छेद न्यायालय द्वारा सिक्किम राज्य को भारत संघ में शामिल करने के लिए **आर.सी.पौड्याल बनाम भारत संघ** के मामले में लागू किया गया था।

1

आर.सी. पौड्याल बनाम भारत संघ

AIR 1993, SC 1804

ए.एल. सिक्किम को भारत के संघ में एक राज्य के रूप में शामिल किया गया

तथ्यः 1950 में, सिक्किम भारत का एक संरक्षित राज्य बन गया। इसका अर्थ था कि भारत सरकार सिक्किम की रक्षा, संचार और विदेशी मामलों मात्र के लिए जिम्मेदार थी जबकि सिक्किम चोग्याल राजवंश के सम्राटों का शासन था। 1960 के दशक के उत्तरार्ध और 70 के दशक की शुरुआत में, राजवंश को चुनाव संचालित करने की माँग को लेकर लोकप्रिय आंदोलन का सामना करना पड़ा। अतः दबाव के सामने झुकते हुए सम्राट चुनाव आयोजित करने के लिए सहमत हो गए। सिक्किम की नई निर्वाचित सरकार ने भारत संघ के साथ विलय के लिए अपनी विधान सभा में एक प्रस्ताव पारित किया। इस प्रस्ताव के अनुसरण में, भारतीय संसद ने भारत संघ के साथ राज्य के विलय के लिए 36वाँ संशोधन अधिनियम पारित किया, जिसे सर्वोच्च न्यायालय में चुनौती दी गई।

निर्णयः अदालत ने संविधान के अनुच्छेद 2 के तहत संशोधन अधिनियम बरकरार रखा। यह अनुच्छेद संसद को नए राज्यों को संघ में शामिल करने का अधिकार देता था, उन शर्तों पर जो उसे उपयुक्त लगती थीं। यद्यपि, अदालत ने यह टिप्पणी भी की कि संसद द्वारा अनुच्छेद 2 के तहत अधिकार का उपयोग न्यायिक समीक्षा के दायरे में आता है, अतः केंद्र सरकार उसका उपयोग अपनी इच्छा और या मर्जी से नहीं कर सकती थी।

संविधान का अनुच्छेद 3

कानून के अनुसार संसद–

(i) किसी राज्य में से उसके कुछ भाग को अलग करके, या फिर दो या दो से अधिक राज्यों को या राज्यों के कुछ हिस्सों को मिलाकर या किसी राज्य के एक हिस्से में किसी क्षेत्र को जोड़कर एक नए राज्य का निर्माण कर सकती है;

(ii) किसी भी राज्य के क्षेत्र को बढ़ा सकती है;

(iii) किसी भी राज्य के क्षेत्र को घटा सकती है;

(iv) किसी भी राज्य की सीमाओं में परिवर्तन कर सकती है;

(v) किसी भी राज्य का नाम बदल सकती है।

बशर्ते कि इस उद्देश्य के लिए कोई बिल संसद के किसी भी सदन में पेश नहीं किया जाएगा, सिवाय उसके जो राष्ट्रपति द्वारा अनुशंसित हो, और जब तक कि, जहाँ बिल में निहित प्रस्ताव क्षेत्र, सीमाओं या किसी भी राज्य के नाम को प्रभावित करता हो 1***, बिल को राष्ट्रपति द्वारा उस राज्य के विधान मंडल को अपने विचार व्यक्त करने के लिए संदर्भित किया गया हो, उस अवधि के भीतर जो संदर्भ में निर्दिष्ट की गई हो या आगे की ऐसी अवधि के भीतर जिसके लिए राष्ट्रपति की अनुमति हो और इस प्रकार निर्दिष्ट या अनुमत अवधि समाप्त हो गई हो।

स्पष्टीकरण I - इस अनुच्छेद में, खंड (ए) से (ई) में, "राज्य" में एक केंद्र शासित प्रदेश शामिल है, लेकिन परंतुक में, "राज्य" में केंद्र शासित प्रदेश शामिल नहीं है।

स्पष्टीकरण II—खंड (ए) द्वारा संसद को प्रदत्त अधिकार में किसी एक राज्य या केंद्र शासित प्रदेश के एक हिस्से को दूसरे राज्य या केंद्र शासित प्रदेश के साथ जोड़कर एक नया राज्य या केंद्र शासित प्रदेश बनाने का अधिकार शामिल है।

यह संसद को देश का राजनीतिक मानचित्र बनाने और उसके पुनर्निर्धारण का अधिकार देता है। इस अनुच्छेद का उपयोग करते हुए, संसद इन तरीकों से नए राज्य बना सकती है-एक राज्य से किसी क्षेत्र को अलग करके; किसी राज्य के साथ किसी क्षेत्र को जोड़कर; या किन्हीं दो या अधिक राज्यों के क्षेत्रों को जोड़कर। अनुच्छेद 3 के तहत, संसद किसी भी राज्य के क्षेत्र को बढ़ा या घटा सकती है और राज्य की सीमा या नाम को भी बदल सकती है।

अनुच्छेद 2 और 3 के प्रथम दृष्ट्या या पठन पर, यह स्पष्ट हो जाता है कि जहाँ एक ओर अनुच्छेद 2 भारतीय संघ में नए राज्यों की स्थापना और प्रवेश से संबंधित है, वहीं दूसरी ओर यह भारतीय संघ के पहले से विद्यमान राज्यों के पुनर्गठन से संबंधित है।

यह 'बेरुबाड़ी यूनियन' मामले के संदर्भ में, जहाँ यह प्रश्न, 'क्या अनुच्छेद 3 संसद को भारतीय संघ के क्षेत्र को एक विदेशी देश को सौंपने का अधिकार देता है?' सुप्रीम कोर्ट के सामने आया।

2

बेरुबाड़ी यूनियन एंड एक्सचेंज ऑफ एन्क्लेव्स इन रे. के संदर्भ में

AIR 1960, SC 845

भारत से एक क्षेत्र को कम करने के लिए, संविधान में संशोधन की आवश्यकता है।

तथ्य: मामला भारत और पाकिस्तान के बीच परिक्षेत्रों (एन्क्लेव्स) के आदान-प्रदान से संबंधित है। आदान-प्रदान के अनुसार, बेरुबाड़ी परिक्षेत्र को पाकिस्तान में शामिल किया जाना था और कूच बिहार परिक्षेत्रों को भारत में, इस संबंध में जब विपक्ष ने संसद में क्षेत्र के हस्तांतरण को प्रभाव में लाने के लिए एक संशोधन अधिनियम पारित करने की माँग की, तो तत्कालीन सरकार ने अदालत में जोर देकर कहा था कि अनुच्छेद 3 राज्य को संघ का क्षेत्र एक विदेशी राज्य को हस्तांतरित करने का अधिकार प्रदान करता है। यह हस्तांतरण सौदा भारी सार्वजनिक आक्रोश का कारण बन गया और इसलिए भारत के राष्ट्रपति ने इस मुद्दे पर अनुच्छेद 143 के तहत सुप्रीम कोर्ट की राय माँगी।

निर्णय: अदालत का मत था कि अनुच्छेद 3 के तहत राज्य से अलग किए गए किसी भी हिस्से को केवल भारत के क्षेत्र के भीतर किसी राज्य में जोड़ा जाना चाहिए। इस प्रकार का क्षेत्र किसी विदेशी राज्य या देश को नहीं दिया जा सकता। प्रदेशों के आदान-प्रदान से संबंधित समझौते को लागू करने के लिए अनुच्छेद 368 के तहत एक संशोधन की आवश्यकता है।

भाग II: नागरिकता

संविधान के भाग II को, जिसमें अनुच्छेद 5–11 शामिल हैं, 'नागरिकता' नाम दिया गया है।

अब प्रश्न उठता है कि **नागरिकता का क्या अर्थ है ?**

तकनीकी शब्दों में, नागरिकता किसी व्यक्ति की वह स्थिति है जिसे एक संप्रभु राज्य के कानून के तहत राज्य या राज्य में स्थान रखने वाले एक व्यक्ति के रूप में माना जाता है। प्रत्येक राज्य को वह शर्तें तय करने की अनुमति है जिनके तहत वह लोगों को अपने निवासियों के रूप में मानेगा और वह शर्तें भी जिनके तहत वह दर्जा वापस ले लिया जाएगा।

भारत का संविधान अपनी जनसंख्या को तीन विभिन्न श्रेणियों में परिभाषित करता है–

(क) व्यक्ति

(ख) नागरिक

(ग) अल्पसंख्यक

इन विभिन्न श्रेणियों में जनसंख्या का पृथक्करण महत्त्वपूर्ण है क्योंकि भारतीय संविधान विभिन्न श्रेणियों के नागरिकों को अलग–अलग अधिकार प्रदान करता है, अर्थात् संविधान के तहत प्रदान किया गया प्रत्येक मौलिक अधिकार सभी के लिए उपलब्ध नहीं है।

उदाहरण के लिए, अनुच्छेद 14 के तहत कानून के समक्ष समानता सभी व्यक्तियों के लिए उपलब्ध है, चाहे वह नागरिक हों या नहीं, जबकि अनुच्छेद 15 के तहत भेदभाव के विरुद्ध अधिकार केवल भारत के नागरिकों के लिए उपलब्ध है। अनुच्छेद 29 के तहत सांस्कृतिक और शैक्षिक अधिकार देश में केवल अल्पसंख्यकों के लिए उपलब्ध हैं।

इसके अतिरिक्त भारत में नागरिकता को दो और श्रेणियों में वर्गीकृत किया गया है–

(क) संविधान द्वारा दी गई नागरिकता

(ख) 1955 के नागरिकता अधिनियम द्वारा दी गई नागरिकता।

श्रेणी क, अर्थात् संविधान द्वारा दी गई नागरिकता, संविधान के प्रारंभ में, यानी 26 जनवरी, 1950 को दी गई नागरिकता से संबंध रखती है। इससे संबंधित कानून संविधान के भाग II में अनुच्छेद 5-11 के तहत दिए गए हैं।

श्रेणी ख, अर्थात् 1955 के नागरिकता अधिनियम द्वारा दी गई नागरिकता, संविधान के लागू होने के बाद दी गई नागरिकता से संबंधित है। भारत की नागरिकता के अधिग्रहण और हानि से संबंधित अधिनियम को 1986, 1992, 2003, 2005 और 2019 में संशोधित किया गया है।

इस पुस्तक की चर्चा का दायरा श्रेणी क के तहत दी गई नागरिकता, यानी संविधान द्वारा दी गई नागरिकता तक ही सीमित है।

संविधान के भाग II, अनुच्छेद 5-11 के अनुसार, संविधान के लागू होने की तिथि पर निम्नलिखित श्रेणियों के व्यक्तियों को भारतीय नागरिक घोषित किया गया था—

(क) वे व्यक्ति जो भारत में अधिवासित थे।

(ख) वे व्यक्ति जो पाकिस्तान से भारत आए थे।

(ग) वे व्यक्ति जो पाकिस्तान चले गए थे, लेकिन संविधान के लागू होने से पहले स्थायी बंदोबस्त के तहत भारत लौट आए थे।

(घ) वे लोग जो विदेश में रहते थे लेकिन बाद में किसी भारतीय दूतावास में भारत के नागरिक के रूप में पंजीकृत हो गए।

भाग III: मौलिक अधिकार

संविधान के भाग III को, जिसमें अनुच्छेद 12-35 शामिल हैं, 'मौलिक अधिकार' नाम दिया गया है।

यह भारतीय संविधान का सबसे महत्त्वपूर्ण हिस्सा है क्योंकि यह भारत में नागरिक अधिकारों और स्वतंत्रता से संबंधित है। इसमें वे सभी प्रावधान शामिल हैं जो ऐसे अधिकारों और स्वतंत्रताओं के उल्लंघन के मामले में न्यायिक उपचार हेतु प्रदान किए गए हैं।

भाग III के तहत दिए गए मौलिक अधिकार अन्य सामान्य अधिकारों से इस संबंध में भिन्न हैं कि वे विधायिका द्वारा एक साधारण विधान के माध्यम से वापस नहीं लिए जा सकते। मौलिक अधिकारों में किसी भी संशोधन के लिए संवैधानिक संशोधन की आवश्यकता होती है। **मेनका गाँधी बनाम भारतीय संघ (1978)** मामले में, न्यायमूर्ति भगवती ने कहा कि मौलिक अधिकार एक व्यक्ति के जीवन में उसके द्वारा पूर्ण बौद्धिक, नैतिक और आध्यात्मिक प्राप्ति के लिए बुनियादी अधिकार हैं। **एम. नागराज बनाम भारतीय संघ (2006)** में, सर्वोच्च न्यायालय ने कहा कि संविधान में मौलिक अधिकारों को शामिल करने के पीछे का उद्देश्य कानून का शासन स्थापित करना है।

मौलिक अधिकारों का विकास

विश्वभर में

- **1215 में मैग्नाकार्टा:** 13वीं सदी के सामंती इंग्लैंड में जारी मैग्नाकार्टा ने पहली बार गैर-कानूनी गिरफ्तारी और अत्यधिक जुर्माने से सुरक्षा जैसी नागरिक स्वतंत्रता प्रदान की।

- **1689 में बिल ऑफ राइट्सः** ब्रिटिश संसद द्वारा पारित, इस अधिकार ने मैग्नाकार्टा में प्रदान की गई नागरिक स्वतंत्रता के दायरे को विस्तृत किया।
- **1789 में डिक्लेरेशन ऑफ राइट्स ऑफ मैन एंड सिटीजन (नागरिक अधिकारों की घोषणा):** इन्हें 18वीं शताब्दी में फ्रांस में घोषित किया गया, इसमें कुछ अधिकारों के मनुष्य के लिए पवित्र होने की घोषणा की गई।
- **1791 में बिल ऑफ राइट्सः** वर्ष 1791 में अमेरिका ने अपने संविधान में बिल ऑफ राइट्स को शामिल किया।

भारत में

- **1895 का स्वराज विधेयकः** इसके तहत कुछ अधिकारों को अलंघनीय और मौलिक घोषित किया गया, जैसे कि अभिव्यक्ति की स्वतंत्रता और कानून के समक्ष समानता का अधिकार।
- 1924 में इंडिया होम रूल बिल लाया गया।
- 1928 में नेहरू समिति बनी।
- मार्च, 1931 के कांग्रेस के कराची अधिवेशन में मौलिक अधिकारों पर प्रस्ताव।
- 26 जनवरी, 1950 को भारतीय संविधान लागू हुआ। भारतीय संविधान के भाग III को, जिसमें मौलिक अधिकार शामिल हैं, भारतीय लोकतंत्र के मैग्नाकार्टा के रूप में जाना जाता है।

मौलिक अधिकारों का वर्गीकरण

भाग III के तहत मौलिक अधिकारों को छह अलग-अलग प्रकारों में वर्गीकृत किया गया है। वे इस प्रकार हैं-

- समानता का अधिकार - अनुच्छेद 14 से 18
- स्वतंत्रता का अधिकार - अनुच्छेद 19 से 22
- शोषण के विरुद्ध अधिकार - अनुच्छेद 23 और 24
- धर्म की स्वतंत्रता का अधिकार - अनुच्छेद 25 से 28
- सांस्कृतिक और शैक्षिक अल्पसंख्यकों का अधिकार - अनुच्छेद 29 और 30
- संवैधानिक उपचारों का अधिकार - अनुच्छेद 32

अनुच्छेद 12

इस भाग में, जब तक कि संदर्भ की अन्यथा आवश्यकता न हो, "राज्य" में भारत की सरकार और संसद और प्रत्येक राज्य की सरकार और विधान मंडल और भारत के क्षेत्र के भीतर या भारत सरकार के नियंत्रण में सभी स्थानीय या अन्य प्राधिकरण शामिल हैं।

अनुच्छेद 12 के अनुसार, संविधान[1] के भाग III और भाग IV के प्रयोजन के लिए, 'राज्य' शब्द में निम्नलिखित शामिल होंगे–

(1) संघ और राज्य की कार्यपालिका, अर्थात्, क्रमशः केंद्र सरकार और राज्य सरकार।

(2) संघ और राज्य का विधान मंडल, अर्थात्, क्रमशः संसद और राज्य विधान मंडल।

(3) भारत के क्षेत्र में या भारत सरकार के नियंत्रण में सभी स्थानीय और अन्य प्राधिकरण।

जहाँ तक उपर्युक्त तीन श्रेणियों का संबंध है, पहली दो (संख्या 1 और 2) स्पष्ट रूप से परिभाषित हैं। अनुच्छेद 12(3) के तहत प्रयुक्त 'स्थानीय प्राधिकरण' शब्द को सामान्य खंड अधिनियम, 1897 की धारा 3(31) में परिभाषित किया गया है। स्थानीय प्राधिकरण में स्थानीय स्वशासी निकाय, जैसे पंचायत, म्युनिसिपल (नगरपालिका) समिति आदि शामिल हैं। केवल अनुच्छेद 12(3) के तहत शब्द 'अन्य प्राधिकरण' है जहाँ अस्पष्टता निहित है। सर्वोच्च न्यायालय ने अपने कई ऐतिहासिक निर्णयों में 'अन्य प्राधिकरण' शब्द की व्याख्या की है।

मद्रास विश्वविद्यालय बनाम शांताबाई (1954) के मामले में, अदालत ने कहा कि अनुच्छेद 12 के तहत, राज्य कहलाने के लिए एक प्राधिकरण को सरकार की तरह संप्रभु शक्ति का उपयोग करना चाहिए। **उज्जम बाई बनाम यूपी राज्य (1962)** के मामले में, अदालत ने **मद्रास विश्वविद्यालय बनाम शांताबाई** के निर्णय को खारिज कर दिया और कहा कि अनुच्छेद 12 के तहत एक प्राधिकरण को राज्य कहलाने के लिए सरकार की तरह संप्रभु शक्ति का उपयोग करने की आवश्यकता नहीं है।

राजस्थान राज्य विद्युत बोर्ड बनाम मोहनलाल (1967) के मामले में, शीर्ष अदालत ने निर्णय सुनाया कि 'अन्य प्राधिकरण' शब्द में वह प्रत्येक वैधानिक निकाय शामिल है, जिसके पास मौलिक अधिकारों को प्रभावित करने की शक्ति है। यह आवश्यक नहीं है कि ऐसे निकाय के पास संप्रभु शक्तियाँ हों।

सुखदेव बनाम भगतराम (1975) के मामले में, इस प्रश्न का उत्तर देने के लिए कि एक प्राधिकरण को अनुच्छेद 12 के तहत राज्य कहा जाएगा या नहीं, अदालत ने एक परीक्षण तैयार किया जिसे उसने 'कार्यक्षमता का परीक्षण' नाम दिया। अदालत को केवल ऐसे प्राधिकरण द्वारा किए गए कार्य का पता लगाना था। यदि

[1]अनुच्छेद 12 के तहत दी गई राज्य की परिभाषा केवल संविधान के भाग III व IV पर लागू होती है।

किया गया कार्य एक महत्त्वपूर्ण 'सार्वजनिक कार्य' था, जो सरकारी कार्य के करीब था, तो ऐसे प्राधिकरण को अनुच्छेद 12 के तहत राज्य कहा जाएगा।

आर.डी शेट्टी बनाम इंटरनेशनल एयरपोर्ट अथॉरिटी (1979) और **अजय हसिया बनाम खालिद मुजीब (1981)** के मामलों में, अदालत ने 'नियंत्रण परीक्षण' नामक एक और परीक्षण तैयार किया। इस परीक्षण के अनुसार, न्यायालय को केवल यह देखना था कि–

(i) क्या राज्य के पास उस प्राधिकरण में बहुसंख्यक शेयर पूँजी थी;

(ii) क्या वह राज्य के वित्त पर बहुत अधिक निर्भर है;

(iii) क्या इसे एकाधिकार का दर्जा प्राप्त है;

(iv) क्या उस पर राज्य का गहरा नियंत्रण है;

(v) क्या उसने कोई महत्त्वपूर्ण सार्वजनिक कार्य किया है। एक प्राधिकरण के संबंध में यदि उपरोक्त में से किसी भी प्रश्न का उत्तर 'हाँ' है तो ऐसे प्राधिकरण को अनुच्छेद 12 के तहत राज्य कहा जाएगा।

'नियंत्रण परीक्षण' और 'कार्यक्षमता परीक्षण' दोनों को एक-दूसरे का पूरक माना गया, और इसलिए **सोम प्रकाश रेखी बनाम भारतीय संघ (1981)** मामले में इनका एक साथ उल्लेख किया गया।

प्रदीप कुमार बनाम इंडियन इंस्टीट्यूट ऑफ केमिकल बायोलॉजी (2002) मामले में, अदालत ने 'नियंत्रण परीक्षण' और 'कार्यक्षमता परीक्षण' दोनों को खारिज कर दिया। अदालत ने कहा कि किसी निकाय के 'राज्य' कहलाने के लिए, उस पर वित्तीय, कार्यात्मक और प्रशासनिक रूप से सरकार का प्रभुत्व होना चाहिए। अदालत ने **बीसीसीआई बनाम बिहार क्रिकेट एसोसिएशन (2015)** मामले के अपने ऐतिहासिक निर्णय में प्रदीप कुमार के मामले में निर्धारित परीक्षण को लागू करते हुए कहा कि बीसीसीआई अनुच्छेद 12 के तहत राज्य नहीं है।

अनुच्छेद 13

(1) इस संविधान के प्रारंभ से ठीक पहले भारत के क्षेत्र में लागू सभी कानून, जहाँ तक वे इस भाग के प्रावधानों के साथ असंगत हैं, ऐसी असंगति की सीमा तक अमान्य होंगे।

(2) राज्य ऐसा कोई कानून नहीं बनाएगा जो इस भाग द्वारा प्रदत्त अधिकारों को छीनता या कम करता हो और इस खंड के उल्लंघन में बनाया गया कोई भी कानून उल्लंघन की सीमा तक अमान्य होगा।

(3) इस अनुच्छेद में, जब तक कि संदर्भ की अन्यथा आवश्यकता न हो-

(i) "कानून" में ऐसा हर अध्यादेश, आदेश, उप-कानून, नियम, विनियमन, अधिसूचना, प्रथा या उपयोग शामिल है जो भारत के क्षेत्र में कानून द्वारा लागू हो;

(ii) "प्रचलित या लागू कानून" में इस संविधान के प्रारंभ से पहले भारत के क्षेत्र में विधान मंडल या अन्य सक्षम प्राधिकारी द्वारा पारित या बनाए गए, या पहले निरस्त न किए गए सभी कानून शामिल हैं, भले ही ऐसा कोई कानून या उसका कोई हिस्सा सभी या विशेष क्षेत्रों में तब संचालन में न रहा हो।

(4) इस अनुच्छेद की कोई भी बात अनुच्छेद 368 के तहत किए गए इस संविधान के किसी संशोधन पर लागू नहीं होगी।

इस अनुच्छेद के अनुसार, कोई भी कानून जो संविधान के भाग III के तहत दिए गए मौलिक अधिकारों का अपमान करता है, असंवैधानिक है और इसलिए अमान्य है।

अनुच्छेद 13(1) पूर्व संवैधानिक कानूनों की संवैधानिकता के बारे में बताता है और उन्हें 'संविधान के भाग III के साथ असंगत होने की सीमा तक' अमान्य घोषित करता है। अनुच्छेद 13(1) के पीछे 'आच्छादन के सिद्धांत' और 'पृथक्करणीयता के सिद्धांत' हैं।

आच्छादन का सिद्धांत क्या है ?

यह सिद्धांत केवल पूर्व-संवैधानिक कानूनों पर लागू होता है। इस सिद्धांत के अनुसार यदि कोई कानून जो अपने प्रारंभ के समय वैध था लेकिन संविधान के भाग III (मौलिक अधिकारों) के साथ असंगति के कारण अमान्य हो गया, को निष्क्रिय माना जाता है, मृत नहीं। निष्क्रिय कानून तब वैध हो जाएगा जब बाद के संशोधन/संशोधनों द्वारा, या तो कानून में या स्वयं संविधान के भाग III में मौजूद असंगति को हटा दिया जाता है। उदाहरण के लिए, **भीकाजी नारायण धनकरस बनाम मध्य प्रदेश राज्य** मामले में, 1947 के मोटर वाहन अधिनियम को, जो मोटर वाहन व्यवसाय में राज्य के एकाधिकार की अनुमति देता था, संविधान के अनुच्छेद 19(1) (जी) के प्रतिकूल माना गया था। तथापि, 1951 के पहले संविधान संशोधन अधिनियम के बाद (जिसमें अनुच्छेद 19 के उपखंड 1 से खंड 6 को जोड़ा गया था), कुछ व्यवसायों में सरकारी एकाधिकार की अनुमति दी गई थी। इस संशोधन के आधार पर 1947 के मोटर वाहन अधिनियम को फिर से वैध मान लिया गया था।

अनुच्छेद 13(2) उत्तर-संवैधानिक कानूनों से संबंधित है। यह कहता है कि राज्य ऐसे कानून नहीं बना सकता जो संविधान के भाग III द्वारा एक नागरिक को दिए गए मौलिक अधिकारों को उससे छीनते हैं। जो कानून उन अधिकारों का उल्लंघन करते हैं, उन्हें उल्लंघन की सीमा तक असंवैधानिक ठहराया जाना चाहिए। यह सिद्धांत 'पृथक्करणीयता के सिद्धांत' से लिया गया है।

पृथक्करणीयता का सिद्धांत क्या है?

यह पूर्व और उत्तर दोनों संवैधानिक कानूनों पर लागू होता है। इसके अनुसार, किसी कानून के केवल उसी हिस्से को अवैध ठहराया जा सकता है जो संविधान के भाग III के प्रतिकूल हो। शेष विधान वैध ठहराया जाएगा। अनुच्छेद 13(1) और 13(2) दोनों इस सिद्धांत के मत को प्रतिष्ठापित करते हैं। पृथक्करणीयता के सिद्धांत को लागू करने के विषय में प्रमुख प्रश्न यह है कि संविधि के असंवैधानिक भाग के विच्छेद का उसके संवैधानिक भाग पर क्या प्रभाव पड़ेगा। इस प्रश्न का उत्तर सर्वोच्च न्यायालय ने **ए.के. गोपालन बनाम मद्रास राज्य (1950)** मामले में दिया। इस मामले में अदालत ने कहा कि यह निर्धारित करने के लिए कि संवैधानिक भाग को असंवैधानिक भाग से पृथक किया जा सकता है या नहीं, विधायिका की मंशा पर विचार किया जाना चाहिए। इसलिए, 'विधायिका की मंशा को निर्धारक कारक माना गया' और विधायिका की मंशा निर्धारित करने के लिए, संविधि के पाठ, उद्देश्य, प्रस्तावना, इतिहास आदि पर विचार किया जाएगा।

अनुच्छेद 13(3) संविधान के भाग III के प्रयोजन के लिए 'कानून' और 'लागू कानून' शब्द की परिभाषा देता है।

क्या अनुच्छेद 368 के तहत संविधान में संशोधन अनुच्छेद 13(3) द्वारा दी गई परिभाषा के तहत कानून है?

जहाँ एक ओर अनुच्छेद 13 प्रत्येक कानून को संविधान के भाग III के अधीन कर विधान-मंडल के कानून बनाने और संशोधन करने के अधिकार पर सीमा लगाता है, वहीं दूसरी ओर अनुच्छेद 368 संसद को संविधान में संशोधन करने का अधिकार देता है। इसलिए प्रश्न यह उठता है कि क्या अनुच्छेद 368 के तहत संविधान में किया गया संशोधन अनुच्छेद 13(3) द्वारा दी गई परिभाषा के तहत कानून है और इसलिए संविधान के भाग III द्वारा लगाई गई सीमा के अधीन है या फिर क्या संसद की संविधान संशोधन शक्ति असीमित है। यह प्रश्न सबसे पहले सर्वोच्च न्यायालय के समक्ष **शंकरी प्रसाद बनाम भारत संघ (1951)** मामले में उठाया गया था।

3

भारतीय क्रिकेट कंट्रोल बोर्ड बनाम बिहार क्रिकेट संघ

AIR 2015, SC 3194 = 2015 (3) SCC 251

बीसीसीआई याचिका क्षेत्राधिकार के अधीन है।

निर्णयः बहुमत इस दृष्टिकोण के पक्ष में है कि बीसीसीआई अनुच्छेद 226 के तहत उच्च न्यायालय के याचिका क्षेत्राधिकार के अधीन है, भले ही वह अनुच्छेद 12 के अर्थ के अनुसार 'राज्य' न हो। इस दृष्टिकोण के पीछे का तर्क, यदि हम अत्यंत सम्मान के साथ दें तो, उन "कर्त्तव्यों और कार्यों की प्रकृति" में निहित है जो बीसीसीआई निष्पादित करता है। यह आम मतैक्य है कि प्रतिवादी-बोर्ड का देश में क्रिकेट के खेल पर पूर्ण नियंत्रण है। यह अन्य सभी का बहिष्करण करते हुए खेल को विनियमित और नियंत्रित करता है। यह खेल के सभी पहलुओं को लेते हुए नियम, विनियम, मानदंड और मानक तैयार करता है। इसे राष्ट्रीय टीम के सदस्यों और अंपायरों को चुनने का अधिकार प्राप्त है। यह खिलाड़ियों को अयोग्य घोषित करने के अधिकार का प्रयोग करता है जो कई बार किसी खिलाड़ी के करियर को समाप्त कर सकता है। यह स्टेडियमों जैसे बुनियादी ढाँचों के निर्माण और रखरखाव, क्रिकेट अकादमियों के संचालन और राज्य संघों को समर्थन देने में करोड़ों रुपए खर्च करता है। यह पेंशन योजनाएँ बनाता है और कोच, प्रशिक्षकों आदि पर व्यय करता है। यह रेडियो और टेलीविजन पर प्रसारण के अधिकार बेचता है और उन स्थानों पर प्रवेश शुल्क एकत्र करता है जहाँ मैच खेले जाते हैं। ये सभी गतिविधियाँ राज्य सरकार और भारत सरकार की मौन सहमति से की जाती हैं जो न केवल पूरी तरह से जागरूक हैं बल्कि बोर्ड की गतिविधियों का समर्थन करती हैं। राज्य ने कोई कानून लाने का या ऐसा कोई अन्य कदम उठाने का विकल्प नहीं चुना है जो क्रिकेट के क्षेत्र में बोर्ड के एकाधिकार को या तो वंचित करे या कम करे। इसके विपरीत, भारत सरकार ने बोर्ड को राष्ट्रीय टीम का चयन करने की अनुमति दी है, जिसे टूर्नामेंट जीतने और देश का गौरव बढ़ाने पर पहचान और पूरे देश से सराहना मिलती है जिसमें कई बार सर्वोच्च गणमान्य व्यक्ति भी शामिल होते हैं। अंतरराष्ट्रीय क्षेत्र में स्वयं को प्रतिष्ठित करनेवालों को सरकार द्वारा स्थापित खेल पुरस्कारों के

अलावा भारत रत्न, पद्म विभूषण, पद्म भूषण और पद्म श्री जैसे सर्वोच्च नागरिक पुरस्कारों से सम्मानित किया जाता है। देश में इस खेल के प्रति ऐसा जुनून है कि क्रिकेटरों को युवाओं, मध्यम आयु वर्ग और वृद्धों द्वारा समान रूप से आइकन के रूप में देखा जाता है। कोई भी संगठन या संस्था जिसका खेल और उसके मामलों पर इतना व्यापक नियंत्रण है या जिसे ऐसी शक्तियाँ प्राप्त हैं जो सपनों को खाक कर सकती हैं या सच में बदल सकती हैं, को निजी गतिविधि नहीं कहा जा सकता। बोर्ड के कार्य स्पष्ट रूप से सार्वजनिक कार्य हैं, जो उस समय तक, जब तक कि राज्य उन्हें अपने हाथों में लेने के लिए हस्तक्षेप नहीं करता, सार्वजनिक कार्यों की प्रकृति में रहते हैं, चाहे उनका सोसायटी पंजीकरण अधिनियम के तहत पंजीकृत सोसायटी द्वारा निर्वहन किया जाता हो। अत: यह कहना पर्याप्त होगा कि यदि सरकार न केवल एक स्वायत्त/निजी निकाय को उन कार्यों को करने की अनुमति देती है जिन्हें वह कानून के तहत अधिगृहीत या विनियमित कर सकती है बल्कि ऐसे गैर-सरकारी निकाय को ऐसे कार्य करने के लिए अपना सहयोग भी देती है जो स्वभाव में सार्वजनिक कार्य हैं, तो यह नहीं कहा जा सकता है कि कार्य सार्वजनिक कार्य नहीं हैं या उनका निर्वहन करने वाली इकाई आमतौर पर राज्य कार्यवाही की न्यायिक समीक्षा के लिए लागू मानकों पर जवाबदेह नहीं है। इसलिए, प्रश्न संख्या 1 का हमारा उत्तर, पहले भाग में नकारात्मक योग्यता और दूसरे में सकारात्मक योग्यता है। बीसीसीआई (BCCI) संविधान के अनुच्छेद 12 के तहत राज्य भले ही नहीं हो, लेकिन भारतीय संविधान के अनुच्छेद 226 के तहत याचिका अधिकार क्षेत्र के अंतर्गत अवश्य है।

4

शंकरी प्रसाद बनाम भारत संघ
AIR 1951, SC 458
संविधान संशोधन कानून नहीं है।

तथ्यः इस मामले में प्रथम संवैधानिक संशोधन अधिनियम को सर्वोच्च न्यायालय में चुनौती दी गई थी। यह संवैधानिक संशोधन अधिनियम जमींदारी प्रथा के उन्मूलन के लिए जाना जाता था। इस संवैधानिक संशोधन अधिनियम में, अनुच्छेद 31A और 31B को संविधान में सम्मिलित किया गया था, जिसने संपत्ति के तत्कालीन मौलिक अधिकार को काफी हद तक कम कर दिया था।

निर्णयः इस मामले में सर्वोच्च न्यायालय ने कहा कि अनुच्छेद 13 के तहत 'कानून' शब्द में संसद द्वारा पारित कोई संवैधानिक संशोधन शामिल नहीं है और इसलिए संवैधानिक संशोधन के खिलाफ मौलिक अधिकार का दावा नहीं किया जा सकता।

शंकरी प्रसाद मामले के निर्णय को अदालत द्वारा **सज्जन सिंह बनाम राजस्थान राज्य** मामले में दोहराया गया था।

5

एल.सी. गोलकनाथ बनाम पंजाब राज्य
AIR 1967, SC 1643
संसद मौलिक अधिकारों में संशोधन नहीं कर सकती।

तथ्यः गोलकनाथ परिवार के पास 500 एकड़ जमीन का स्वामित्व था। हालाँकि, पंजाब राज्य द्वारा भूधृति अधिनियम (लैंड टेन्योर एक्ट) की घोषणा के कारण, परिवार को अपनी भूमि का एक बड़ा हिस्सा सरकार को देना पड़ा। इसलिए, परिवार ने भूधृति अधिनियम को अदालत में चुनौती दी। तर्क यह दिया गया कि संविधान के अनुच्छेद 19 के तहत उनके पास संपत्ति का मौलिक अधिकार था जिसका उपरोक्त अधिनियम द्वारा उल्लंघन हुआ।

सर्वोच्च न्यायालय के समक्ष उठाया गया प्रश्न संसद की संशोधन शक्ति की सीमा के संबंध में था।

निर्णयः निर्णय 11 जजों की बेंच ने दिया। इस मामले में अदालत ने कहा कि संसद की संशोधन शक्ति असीमित नहीं बल्कि सीमित थी। अनुच्छेद 368 के तहत अधिकार को अनुच्छेद 13 के तहत दी गई सीमा के अधीन माना गया। इसलिए, अदालत ने कहा कि संसद संविधान के भाग III के तहत दिए गए मौलिक अधिकारों में संशोधन नहीं कर सकती।

गोलकनाथ मामले के निर्णय के बाद, संकटग्रस्त संसद द्वारा, न्यायपालिका पर अपनी सर्वोच्चता स्थापित करने के लिए, 24वाँ संवैधानिक संशोधन अधिनियम लाया गया जिसके तहत अनुच्छेद 13(4) को संविधान में जोड़ा गया, जिसने अनुच्छेद 368 के तहत संसद की संविधान संशोधन शक्ति को पूर्ण बना दिया। इसलिए, यह कहा जा सकता है कि गोलकनाथ मामले के निर्णय को 24वें संविधान संशोधन अधिनियम द्वारा उलट दिया गया।

6

केशवानंद भारती बनाम केरल राज्य
AIR 1973, SC 1461
संविधान की मूल संरचना को संसद द्वारा संशोधित नहीं किया जा सकता।

सुप्रीम कोर्ट ने इस मामले के दौरान बुनियादी ढाँचे का विचार रखा। इस सिद्धांत के अनुसार, भारत के संविधान के कई प्रावधान इसकी मूल संरचना का निर्माण करते हैं जो संसद द्वारा अनुच्छेद 368 के तहत उसके संवैधानिक अधिकार के प्रयोग से संशोधन योग्य नहीं हैं।

मामले के तथ्य: 1970 में, केरल स्थित एक हिंदू मठ के प्रमुख स्वामी केशवानंद भारती ने 1963 के केरल भूमि सुधार अधिनियम को चुनौती दी थी, जिसे तत्कालीन सरकार ने 29वें संविधान संशोधन अधिनियम द्वारा किसी भी प्रकार की न्यायिक समीक्षा से रोकने के लिए संविधान की 9वीं अनुसूची के तहत रखा था। याचिकाकर्ता ने 29वें संविधान संशोधन अधिनियम की संवैधानिक वैधता को चुनौती दी, जिसमें भारतीय संघ को, मुकदमे का पक्ष बनाया गया। भारतीय संघ ने तर्क दिया कि संविधान में संशोधन करने का संसद का अधिकार असीमित है। मामले की सुनवाई पाँच माह तक चली। सर्वोच्च न्यायालय के 13 जजों की बेंच, जिसने मामले का निर्णय किया था, स्वतंत्र भारत के इतिहास में किसी भी मामले के लिए सबसे बड़ी बेंच है। 68 दिनों तक इस मामले की लगातार सुनवाई हुई और अन्य बातों के साथ-साथ जाने-माने कानूनी दिग्गज तथा वरिष्ठ अधिवक्ता नानी पालखीवाला ने दलीलें प्रस्तुत कीं कि संसद के पास भारत के संविधान की बुनियादी विशेषताओं में संशोधन करने वाला कोई भी कानून बनाने का अधिकार नहीं है। बेंच का अनुपात 7:6 था। अर्थात्, 7 जजों ने सहमति दी जबकि 6 जजों ने असहमति जताई। अंत में बहुमत (यानी, 7 न्यायाधीशों) की राय इस मामले में अंतिम निर्णय बनी।

यह ऐसा मामला था जहाँ भारत के संविधान में किए गए 24वें, 25वें और 29वें संशोधनों की वैधता को सर्वोच्च न्यायालय के समक्ष रखा गया था। मुख्य प्रश्न संविधान के तहत संसद की संशोधन शक्ति के चरित्र, सीमा और दायरे से जुड़ा था।

निर्णयः

इस मामले की प्रमुख टीका-टिप्पणियाँ इस प्रकार थीं-

(1) एल.सी. गोलकनाथ बनाम पंजाब राज्य का मामला, जिसमें अदालत ने कहा था कि संविधान के तहत दिए गए मौलिक अधिकारों को संसद द्वारा संशोधित नहीं किया जा सकता।

(2) 1971 का 24वाँ संविधान संशोधन अधिनियम, जो संसद को संविधान के किसी भी भाग में संशोधन करने का अधिकार प्रदान करता था, बरकरार रखा गया।

(3) अनुच्छेद 368 द्वारा किए गए संशोधनों को वैध ठहराया गया। यद्यपि संसद को संविधान के मूल ढाँचे या आवश्यक ढाँचे को बदलने का अधिकार नहीं दिया गया था; हालाँकि अदालत ने मूल संरचना के तत्त्वों को सटीकता से विस्तारपूर्वक निर्दिष्ट नहीं किया। तथापि कुछ न्यायाधीशों ने दो-चार उदाहरण दिए।

(4) अनुच्छेद 368(4) का संशोधन जिसने संविधान की समीक्षा करने के अदालत के अधिकार को छीन लिया था, अमान्य और असंवैधानिक घोषित कर दिया गया।

(5) अनुच्छेद 31C का संशोधन जिसमें शब्द "और किसी भी कानून को जिसमें यह घोषणा है कि वह ऐसी नीति को प्रभावी करने के लिए है, किसी अदालत में इस आधार पर चुनौती नहीं दी जाएगी कि वह ऐसी नीति को कार्यान्वित नहीं करता है" अमान्य कर दिया गया।

मूल संरचना: बुनियादी संरचना की अवधारणा का मूल जर्मन संविधान में पाया जाता है। भारत में, केशवानंद भारती के मामले में प्रतिपादित मूल संरचना सिद्धांत ने संविधान के कुछ हिस्सों और विशेषताओं को उसकी भावना के लिए इतना महत्त्वपूर्ण घोषित कर दिया कि वे संसद के संविधान संशोधन अधिकार से परे हैं। हालाँकि, अदालत ने अपने निर्णय में जानबूझकर मूल संरचना की अवधारणा की कोई विस्तृत परिभाषा देने से परहेज किया। कारण यह था कि न्यायालय भारतीय संविधान की परिवर्तनकारी प्रकृति को सख्त और समयरुद्ध बनाने के बजाय जीवित रखना चाहता था।

केशवानंद भारती निर्णय में, अदालत ने कुछ हिस्सों को भारतीय संविधान की मूल संरचना की विशेषताओं के रूप में स्पष्ट किया। वे इस प्रकार थे- संविधान

की सर्वोच्चता, सरकार का गणतांत्रिक और लोकतांत्रिक स्वरूप, अधिकारों का पृथक्करण, संविधान का धर्मनिरपेक्ष और संघीय चरित्र, राष्ट्र की एकता और अखंडता, प्रस्तावना, संविधान की संप्रभु लोकतांत्रिक गणतंत्रात्मक प्रकृति, सामाजिक, आर्थिक और राजनीतिक न्याय, विचार, अभिव्यक्ति, विश्वास, आस्था और पूजा की स्वतंत्रता, और स्थिति एवं अवसर की समानता।

भविष्य के निर्णयों में, अदालत ने इस सूची में कई अन्य विषय जोड़े।

टिप्पणियाँ: यह मामला भारतीय विचार के सार का प्रतिनिधित्व करता है। इसने एक बुनियादी अवधारणा को प्रतिपादित किया कि चूँकि वे भारत के लोग हैं जिन्होंने इस उद्देश्य के लिए बुलाई गई संविधान सभा में इस देश के लिए संविधान तैयार किया, यह केवल ऐसी संविधान सभा होनी चाहिए जिसे संविधान की मूल अवधारणाओं में संशोधन करने या एक नए संविधान का ढाँचा बनाने का अधिकार प्राप्त हो। वर्तमान संसद के पास मूल लक्षणों में संशोधन करने का कोई अधिकार नहीं है। संविधान के मूल लक्षण क्या हैं, यह बाद में इस तरह के मुद्दों के न्यायालय के सामने आने पर स्पष्ट किया जा सकता है। अब तक, सर्वोच्च न्यायालय के कई निर्णयों में यह माना गया है कि सरकार की संसदीय प्रणाली, कार्यपालिका, न्यायपालिका और विधान मंडल के बीच अधिकारों का पृथक्करण, राज्यों और केंद्र के बीच अधिकारों का पृथक्करण-प्रणाली के एकात्मक होने के बावजूद, और चुनावी पद्धति मूल विशेषताएँ हैं। मौलिक अधिकार भी बुनियादी विशेषताएँ हैं। ऐसे संशोधनों का, जो केवल बुनियादी विलक्षणताओं को बढ़ावा देते हैं, स्वागत है, लेकिन उन संशोधनों का नहीं जिनका उद्देश्य बुनियादी विलक्षणताओं से उत्पन्न होने वाले अधिकारों को कम करना है। तदनुसार यह निर्णय भविष्य में भारत के संविधान की व्याख्या के लिए एक प्रेरक बिंदु के रूप में सामने आता है।

7

इंदिरा गाँधी बनाम राजनारायण
AIR 1975, SC 2299
श्रीमती इंदिरा गाँधी का चुनाव अमान्य घोषित किया गया।

तथ्यः इंदिरा गाँधी के राजनीतिक विरोधियों में से एक राजनारायण ने उनके द्वारा किए गए भ्रष्ट आचरणों के कारण उनके निर्वाचन क्षेत्र के लिए उनका चुनाव अमान्य होने की चुनौती दी। इलाहाबाद उच्च न्यायालय ने राजनारायण के पक्ष में निर्णय सुनाया और श्रीमती गाँधी के चुनाव को जनप्रतिनिधित्व अधिनियम के तहत अमान्य करार दिया। इस निर्णय के तुरंत बाद संसद ने उनतालीसवाँ संशोधन अधिनियम पारित किया, जिसमें अनुच्छेद 329A में खंड 4 को जोड़ा गया। खंड 4 ने प्रधानमंत्री और स्पीकर के चुनाव को संविधान की अनुसूची IX के तहत रखा और इसलिए वह उसमें किसी भी अनियमितता की समीक्षा करने के न्यायपालिका के अधिकार क्षेत्र से बाहर हो गया। इस संशोधन अधिनियम की संवैधानिकता को सर्वोच्च न्यायालय में चुनौती दी गई थी।

निर्णयः सर्वोच्च न्यायालय ने अनुच्छेद 329A के खंड 4 को 'विधि सम्मत शासन' के सिद्धांत का उल्लंघन करने वाला माना गया जिसे अदालत ने कार्यपालिका द्वारा शक्ति के मनमाने प्रयोग के खिलाफ सुरक्षा के रूप में परिभाषित किया। इस मामले में अदालत ने 'विधि के शासन' और 'स्वतंत्र और निष्पक्ष चुनाव' को भी संविधान की मूल संरचना का हिस्सा कहा।

8

मिनर्वा मिल्स बनाम भारतीय संघ

AIR 1980, SC 1789

संसद के पास संविधान के संशोधन की अबाध शक्ति नहीं हो सकती।

इस मामले में न्यायिक समीक्षा और संसद की सीमित संशोधन शक्तियों की अवधारणा को संविधान की मूल संरचना का हिस्सा माना गया। मिनर्वा मिल्स अंतिम मामला था जिसमें न्यायपालिका को संविधान की व्याख्या के संबंध में संसद पर अपनी सर्वोच्चता को फिर से स्थापित करना पड़ा।

तथ्य: इस मामले में 1976 में, अर्थात् आपातकाल के वर्षों के दौरान पारित 42वें संविधान संशोधन अधिनियम को सर्वोच्च न्यायालय में चुनौती दी गई थी। इस संशोधन अधिनियम के तहत अनुच्छेद 368 में दो खंड जोड़े गए जो संविधान की व्याख्या पर न्यायपालिका के नियंत्रण को दबाने का प्रभाव रखते थे। संशोधित खंडों में से एक में कहा गया है कि संसद द्वारा किए गए किसी भी संवैधानिक संशोधन पर देश के किसी भी न्यायालय के समक्ष प्रश्न नहीं किया जा सकता। दूसरे खंड ने संसद को संविधान में संशोधन करने की असीमित शक्तियाँ प्रदान कीं। इसमें कहा गया है कि संसद के संविधान संशोधन अधिकारों की कोई सीमा नहीं होगी।

निर्णय: इस मामले में निर्णय पाँच जजों की बेंच ने दिया, जिसमें अनुच्छेद 368 में किए गए संशोधनों को असंवैधानिक बताया गया। इसलिए अनुच्छेद में जोड़े गए खंडों को रद्द कर दिया गया। अदालत ने न्यायिक समीक्षा और संसद के सीमित संशोधन अधिकारों को संविधान की मूल संरचना का हिस्सा भी बताया।

समानता का अधिकार

अनुच्छेद 14 से 18 'समानता का अधिकार' शीर्षक वाले अधिकारों के समूह का हिस्सा हैं।

अनुच्छेद 14

राज्य भारत के क्षेत्र के भीतर किसी भी व्यक्ति को कानून के समक्ष समानता या कानूनों के समान संरक्षण से वंचित नहीं करेगा।

यह 'सभी व्यक्तियों' को (i) कानून के समक्ष समानता (ii) कानून की समान सुरक्षा प्रदान करता है।

कानून के समक्ष समानता का अर्थ है कि समान लोगों के साथ एक जैसा व्यवहार किया जाना चाहिए। प्रत्येक विधायी निर्णय कानून के समक्ष समानता के सिद्धांत को ध्यान में रखते हुए किया जाएगा। इसलिए यह वर्गीकृत विधान को प्रतिबंधित करता है। कानून के समान संरक्षण का अर्थ है कि प्रत्येक कानून समान रूप से स्थापित लोगों पर समान रूप से लागू होगा। इसका अनुप्रयोग अधिकतर कार्यपालिका के कार्यों के क्षेत्र में होता है। इन दोनों सिद्धांतों का उद्‌देश्य सभी को समान न्याय प्रदान करना है।

अनुच्छेद 14 ऐसे किसी भी कानून को बनाने पर रोक लगाता है जो दो व्यक्तियों के बीच भेदभाव करता है। हालाँकि, यह केवल समान लोगों के साथ समान व्यवहार करना भी अनिवार्य करता है। **बुधन चौधरी बनाम बिहार राज्य** मामले में सर्वोच्च न्यायालय ने कहा कि यद्यपि अनुच्छेद 14 कानून बनाने के उद्‌देश्य से वर्गीकरण पर रोक लगाता है लेकिन यह 'उचित वर्गीकरण' पर रोक नहीं लगाता है। अनुच्छेद 14 विधायिका को एक वर्ग के लिए, जो ऐतिहासिक रूप से उत्पीड़ित रहा है, लाभकारी कानून बनाने से नहीं रोकता है, जब तक कि ऐसा कानून उचित रूप से ऐसे लोगों को एक अलग श्रेणी में वर्गीकृत करता है।

9

बॉम्बे राज्य बनाम एफ.एन. बलसारा (1951)

अनुच्छेद 14 के तहत वर्गीकरण उचित होना चाहिए।

इस मामले में अदालत ने कहा कि 'उचित वर्गीकरण' की परीक्षा पास करने के लिए निम्नलिखित दो शर्तों को पूरा करना होगा–

(1) वर्गीकरण एक 'बोधगम्य अंतर' पर आधारित होना चाहिए। 'बोधगम्य अंतर' शब्द का अर्थ है कानून के लिए लोगों को ऐसे समूहों में वर्गीकृत करना और उनमें अंतर करने का एक बुद्धिमत्तापूर्ण कारण।

(2) कानून द्वारा वांछित वर्गीकरण और उद्देश्य के बीच एक 'तर्कसंगत गठजोड़' होगा।

आने वाले वर्षों में यह महसूस किया गया कि उचित वर्गीकरण परीक्षण (द रीजनेबल क्लासिफिकेशन टेस्ट) विधायी कार्यवाही की न्यायिक समीक्षा के दायरे को सीमित कर रहा था। राज्य अब कोई भी उद्देश्य बता कर कोई भी मनमाना वर्गीकरण कर सकता था और ऐसे उद्देश्य के आधार पर उसे न्यायोचित ठहरा सकता था। यद्यपि 'उचित वर्गीकरण' परीक्षण में इस कमी को **ई.पी.रोयप्पा बनाम तमिलनाडु राज्य** के निर्णय में दूर कर दिया गया।

10

ई.पी. रोयप्पा बनाम तमिलनाडु (1974)
राज्य की कार्यवाही मनमानी नहीं हो सकती।

एफ.एन.बलसारा के मामले में दिए गए उचित वर्गीकरण के सिद्धांत को उलटते हुए सर्वोच्च न्यायालय ने एक नया सिद्धांत बनाया। इस मामले में अदालत ने कहा कि समानता की अवधारणा एक गतिशील अवधारणा है, इसलिए इसे पारंपरिक सीमाओं के भीतर नियंत्रित, सीमित या पाबंद नहीं किया जा सकता। इस निर्णय में, अदालत ने मनमानापन/तर्कसंगतता विरोध का एक नया सिद्धांत गढ़ा। इस मामले में तीन न्यायाधीशों की बेंच का मत था कि एक मनमानी कार्यवाही, विधायी और कार्यकारी दोनों, संवैधानिकता और तर्क दोनों के प्रति विरोधात्मक होती है। यह अनुच्छेद 14 में निहित समानता के सिद्धांत का भी उल्लंघन करती है। आगे उसने एक मनमानी कार्यवाही को ऐसी कार्यवाही के रूप में परिभाषित किया जो तर्कसंगत आधार पर नहीं होती; गलत विचार होती है; या दुर्भावनापूर्ण इरादे से की जाती है। इसलिए इस सिद्धांत के अनुसार, अनुच्छेद 14 का उद्देश्य राज्य की कार्यवाही से मनमानेपन को खत्म करना है।

अनुच्छेद 15

(1) राज्य किसी भी नागरिक के खिलाफ केवल धर्म, नस्ल, जाति, लिंग, जन्म स्थान या इनमें से किसी के भी आधार पर भेदभाव नहीं करेगा।

(2) कोई भी नागरिक, केवल धर्म, नस्ल, जाति, लिंग, जन्म स्थान या इनमें से किसी के आधार पर, निम्नलिखित के संबंध में किसी अक्षमता, दायित्व, प्रतिबंध या शर्त के अधीन नहीं होगा –

(ए) दुकानों, सार्वजनिक रेस्तरां, होटलों और सार्वजनिक मनोरंजन के स्थानों तक पहुँच में; या

(बी) कुओं, टैंकों, स्नान घाटों, सड़कों और सार्वजनिक रिसॉर्ट के स्थानों के उपयोग में, जिनका रखरखाव पूर्ण या आंशिक रूप से राज्य निधि से होता है या जो आम जनता के उपयोग के लिए समर्पित हैं।

(3) इस अनुच्छेद में कुछ भी राज्य को महिलाओं और बच्चों के लिए कोई विशेष प्रावधान करने से नहीं रोकेगा।

(4) इस अनुच्छेद में कोई भी बात राज्य को नागरिकों के सामाजिक और शैक्षिक रूप से पिछड़े वर्गों या अनुसूचित जातियों और अनुसूचित जनजातियों के लिए कोई विशेष प्रावधान करने से नहीं रोकेगी।

(5) इस अनुच्छेद में या अनुच्छेद 19 के खंड (1) के उप-खंड (g) में कोई भी बात राज्य को किन्हीं सामाजिक और शैक्षिक रूप से पिछड़े वर्गों के नागरिकों या अनुसूचित जातियों या अनुसूचित जनजातियों की उन्नति के लिए, कानूनन, कोई विशेष प्रावधान करने से नहीं रोकेगी, जहाँ तक कि ऐसे विशेष प्रावधान अनुच्छेद 30 के खंड (1) में निर्दिष्ट अल्पसंख्यक शैक्षणिक संस्थानों के अलावा निजी शिक्षण संस्थानों सहित शैक्षणिक संस्थानों में उनके प्रवेश से संबंधित हों, चाहे वे राज्य द्वारा सहायता प्राप्त हों या गैर-सहायता प्राप्त हों।

इसमें भेदभाव के निषेध के लिए प्रावधान है। अनुच्छेद 15(1) के अनुसार, राज्य किसी भी नागरिक के साथ 'केवल' धर्म, नस्ल, जाति, लिंग और जन्म स्थान के आधार पर भेदभाव नहीं करेगा। यद्यपि, यदि उपरोक्त में से किसी भी आधार पर कोई अन्य प्रासंगिक कारक जोड़ा जाता है, तो उसमें वैध भेदभाव का प्रावधान होता है। अनुच्छेद 15, अनुच्छेद 14 में निहित समानता के सिद्धांत में अंतर है। यह केवल कुछ आधारों पर भेदभाव प्रतिबंधित करता है जबकि अनुच्छेद 14 सभी आधारों पर भेदभाव प्रतिबंधित करता है।

मद्रास राज्य बनाम चंपकम दोराईराजन
AIR 1951, SC 226
जाति के आधार पर आरक्षण की अनुमति नहीं है।

तथ्य: वर्ष 1921 में मद्रास प्रांत की तत्कालीन राज्य सरकार ने एक जस्टिस पार्टी की माँग पर राज्य सरकार में गैर-ब्राह्मणों के लिए सरकारी नौकरियों में आरक्षण प्रदान करने का आदेश पारित किया था। इसे कम्युनल (सांप्रदायिक) जी.ओ कहा जाता था। बाद में, सरकारी कॉलेजों में आरक्षण प्रदान करने के लिए इसका दायरा बढ़ा दिया गया। वर्ष 1951 में, पहले आम चुनाव होने से पूर्व, दोराईराजन नामक एक महत्त्वाकांक्षी मेडिकल छात्र ने मद्रास उच्च न्यायालय में कम्युनल जी.ओ. को चुनौती देते हुए एक याचिका दायर की, जिसमें कहा गया था कि यह अनुच्छेद 15 के तहत दिए गए समानता के मौलिक अधिकार का उल्लंघन करता था। उच्च न्यायालय ने माना कि यह कानून जाति के आधार पर भेदभाव करता है और इसलिए इसे असंवैधानिक घोषित कर दिया। अदालत ने यह भी कहा कि अनुच्छेद 16(4) के विपरीत अनुच्छेद 15 के तहत ऐसा कोई प्रावधान नहीं है, जो राज्य को सरकारी नौकरियों में पिछड़े वर्गों को आरक्षण देने के लिए विशेष रूप से अधिकृत करता है।

मार्च 1951 में उच्च न्यायालय के निर्णय के खिलाफ सर्वोच्च न्यायालय में अपील की गई। आरक्षण प्रावधानों के पक्ष में मद्रास राज्य द्वारा सर्वोच्च न्यायालय के समक्ष यह तर्क दिया गया कि यह अनुच्छेद 46 को प्रभावी करता था जो राज्य नीति का एक निर्देशक सिद्धांत था।

सर्वोच्च न्यायालय के समक्ष मुद्दा: क्या कॉलेज में प्रवेश के लिए आरक्षण के प्रावधान संवैधानिक रूप से मान्य हैं?

निर्णय: इस मामले में सर्वोच्च न्यायालय द्वारा उच्च न्यायालय के उस निर्णय को बरकरार रखा गया जिसमें कानून को संवैधानिक रूप से अवैध घोषित किया गया था। अनुच्छेद 15 का सख्त पठन करते हुए, सर्वोच्च न्यायालय ने केवल जाति के आधार पर आरक्षण पर रोक लगाने के लिए अनुच्छेद 15 में 'केवल' शब्द पढ़ा।

अदालत ने यह भी कहा कि यह संविधान के अनुच्छेद 29(2) के तहत सुनिश्चित किए अधिकार का उल्लंघन करता है।

इस निर्णय के कारण पूरे मद्रास राज्य में व्यापक विरोध प्रदर्शन हुआ, जिसने संसद को संविधान में संशोधन पारित करने के लिए बाध्य कर दिया। संविधान में अनुच्छेद 15(4) जोड़ा गया, जिसने अनुच्छेद 15 और अनुच्छेद 29(2) में निहित बातों के बावजूद राज्य को किसी भी 'सामाजिक और शैक्षिक रूप से पिछड़े वर्ग' के लिए विशेष प्रावधान करने का अधिकार दिया।

12

एम.आर.बालाजी बनाम मैसूर राज्य

AIR 1963, SC 649

आरक्षण कुल सीटों के 50% से अधिक नहीं होना चाहिए।

1962 में, मैसूर राज्य एक आरक्षण नीति का पालन करता था जिसके तहत इंजीनियरिंग और मेडिकल कॉलेजों में 62% सीटें अनुसूचित जाति, अनुसूचित जनजाति और अन्य पिछड़े वर्गों के छात्रों के लिए आरक्षित थीं। इस नीति को संवैधानिकता के आधार पर सर्वोच्च न्यायालय में चुनौती दी गई थी। अदालत ने इस मामले में शामिल विभिन्न हितों, जैसे योग्यता को पुरस्कृत करने और पिछड़े वर्गों के उत्थान को ध्यान में रखते हुए एक बहुत ही संतुलित निर्णय सुनाया। न्यायालय के निर्णय के अनुसार अनुच्छेद 15(4) और 16(4) के आधार पर पिछड़े वर्गों के छात्रों के लिए आरक्षण की प्रथा को बरकरार रखा गया, यद्यपि, ऐसे आरक्षण की एक सीमा निर्धारित कर दी गई। न्यायालय द्वारा पुष्टि की गई कि किसी भी स्थिति में आरक्षण कुल सीटों के 50% से अधिक नहीं होगा, अन्यथा यह मेधावी उम्मीदवारों के अधिकारों का हनन होगा। न्यायालय ने यह भी माना कि जाति को एक सकारात्मक कार्यवाही का एकमात्र मानदंड नहीं होना चाहिए, इस सीधे से कारण के लिए कि हिंदुओं को छोड़कर, अन्य समुदायों के सदस्य जाति-आधारित भेद को नहीं समझते हैं।

13

इंदिरा साहनी बनाम भारतीय संघ
AIR 1993, SC 477
ओबीसी को आरक्षण अनुमन्य है।

तथ्यः इस मामले का आरंभ बहुत पहले 1953 में हुआ था जब पहले पिछड़ा वर्ग आयोग का गठन किया गया था। इसके अध्यक्ष काका कालेलकर थे। इस आयोग ने भारत में 2000 से अधिक पिछड़े वर्गों की पहचान की और उनके सामाजिक उत्थान के लिए आरक्षण की सिफारिश की। हालाँकि इसकी सिफारिशों को लागू नहीं किया गया। दो दशकों से भी अधिक समय के बाद, तत्कालीन प्रधानमंत्री मोरारजी देसाई ने अपने चुनावी वायदे को पूरा करते हुए 1979 में इस तरह के दूसरे पिछड़ा वर्ग आयोग का गठन किया। यह बिहार के पूर्व मुख्यमंत्री बी.पी. मंडल की अध्यक्षता में स्थापित किया गया था। 1980 में आयोग ने अपनी रिपोर्ट प्रस्तुत की। यह सुनिश्चित करने के लिए कि कौन से वर्गों को सामाजिक और शैक्षिक रूप से पिछड़ा कहा जा सकता है, आयोग द्वारा तीन व्यापक मापदंडों- सामाजिक, शैक्षिक और आर्थिक को लागू किया गया। इसकी रिपोर्ट के अनुसार, ओबीसी (अन्य पिछड़े वर्ग) देश की कुल जनसंख्या के 52% का गठन करते थे। चूँकि अनुसूचित जातियों और जनजातियों के लिए 23% आरक्षण पहले से मौजूद था, इसलिए इसने ओबीसी के लिए 27% आरक्षण की सिफारिश की, ताकि बालाजी मामले में अदालत द्वारा लगाई गई 50% आरक्षण की सीमा का उल्लंघन न हो। 1990 में, वी.पी. सिंह सरकार ने मंडल आयोग की सिफारिशों को लागू करने का निर्णय किया, जिसने व्यापक विरोध प्रदर्शनों और आंदोलनों को जन्म दिया। सरकार ने मंडल आयोग की सिफारिशों को लागू करने के आदेश जारी कर दिए। इसमें अन्य पिछड़े वर्गों (ओबीसी) के लिए आरक्षण के अलावा, अन्य आर्थिक रूप से पिछड़े वर्गों के लिए भी 10% आरक्षण प्रदान किया गया था, जो अन्य आरक्षण योजनाओं में शामिल नहीं थे। इस मामले को सुप्रीम कोर्ट में चुनौती दी गई थी।

मुद्दाः अन्य पिछड़े वर्गों और आर्थिक रूप से कमजोर वर्गों को आरक्षण देने वाले सरकारी आदेश की संवैधानिकता।

निर्णयः मामले की सुनवाई के लिए नौ जजों की बेंच का गठन किया गया। छह न्यायाधीशों की सहमति से बहुमत का निर्णय सुनाया गया जबकि अन्य तीन ने असहमति जताई। न्यायालय ने अनुच्छेद 15(4) और 16(4) के तहत ओबीसी के लिए आरक्षण के विस्तार को संवैधानिक रूप से वैध ठहराया। हालाँकि, अपने निर्णय में यह निर्देश दिया कि आरक्षण का लाभ उन लोगों को नहीं दिया जाएगा जो क्रीमी लेयर का हिस्सा थे, यानी ऐसा वर्ग जिसकी पारिवारिक आय निर्धारित सीमा से अधिक थी। न्यायालय ने आदेश के दूसरे भाग को, जिसमें आर्थिक रूप से कमजोर वर्ग को आरक्षण का लाभ दिया गया था, असंवैधानिक बताया। न्यायालय ने कहा कि संविधान केवल आर्थिक आधार पर आरक्षण प्रदान नहीं करता क्योंकि आरक्षण का उद्देश्य गरीबी उन्मूलन नहीं बल्कि पिछड़े वर्गों का सामाजिक उत्थान है। न्यायालय द्वारा बालाजी मामले में निर्धारित 50% आरक्षण सीमा को भी मान्यता दी गई। न्यायालय द्वारा नौकरियों में पदोन्नति में भी आरक्षण देने की मंडल आयोग की सिफारिश को नामंजूर कर दिया गया। हालाँकि, इस निर्णय के तीन वर्ष के भीतर संसद ने संविधान में संशोधन किया और अनुसूचित जातियों और अनुसूचित जनजातियों को पदोन्नति में आरक्षण देने के लिए अनुच्छेद 16(4A) जोड़ दिया।

अनुच्छेद 16

(1) राज्य के अधीन किसी भी कार्यालय में रोजगार या नियुक्ति से संबंधित मामलों में सभी नागरिकों के लिए अवसर की समानता होगी।

(2) कोई भी नागरिक, केवल धर्म, नस्ल, जाति, लिंग, वंश, जन्म स्थान, निवास या इनमें से किसी के आधार पर, राज्य के अधीन किसी रोजगार या कार्यालय के संबंध में अपात्र नहीं होगा, न ही उसके साथ भेदभाव किया जाएगा।

(3) इस अनुच्छेद में कोई भी बात संसद को किसी वर्ग या रोजगार के वर्गों या किसी कार्यालय में नियुक्ति के संबंध में:

[1]किसी राज्य या केंद्र शासित प्रदेश की सरकार के अधीन, या उसके भीतर किसी स्थानीय या अन्य प्राधिकरण के तहत, उस राज्य या केंद्र शासित प्रदेश के भीतर निवास की आवश्यकता से संबंधित ऐसे किसी रोजगार या नियुक्ति से पूर्व, कोई कानून बनाने से नहीं रोकेगी।

(4) इस अनुच्छेद में कोई भी बात राज्य को नागरिकों के किसी भी पिछड़े वर्ग के पक्ष में नियुक्तियों या पदों के आरक्षण के लिए कोई प्रावधान करने से नहीं

रोकेगी, जिसका राज्य की राय में, राज्य के तहत सेवाओं में पर्याप्त रूप से प्रतिनिधित्व नहीं है।

[2](4A) इस अनुच्छेद में कोई भी बात राज्य को आरक्षण 3 के लिए पदोन्नति के मामलों में, परिणामी वरिष्ठता के साथ, किसी भी वर्ग के लिए या अनुसूचित जातियों और अनुसूचित जनजातियों के पक्ष में राज्य के अधीन सेवाओं में पदों की श्रेणियों के लिए, कोई प्रावधान करने से नहीं रोकेगी, जिनका राज्य की राय में राज्य के अधीन सेवाओं में पर्याप्त प्रतिनिधित्व नहीं है।

[4](4B) इस अनुच्छेद में कोई भी बात राज्य को एक वर्ष की किन्हीं अधूरी रिक्तियों पर विचार करने से नहीं रोकेगी, जो उस वर्ष में रिक्तियों की एक अलग श्रेणी के रूप में खंड (4) या खंड (4ए) के तहत किए गए आरक्षण के किसी प्रावधान के अनुसार भरे जाने के लिए आरक्षित हैं, किसी भी उत्तरवर्ती वर्ष या वर्षों में भरे जाने के लिए, और रिक्तियों की ऐसी श्रेणी को उस वर्ष की रिक्तियों के साथ नहीं देखा जाएगा जिसमें उन्हें उस वर्ष की रिक्तियों की कुल संख्या पर पचास प्रतिशत आरक्षण की सीमा निर्धारित करने के लिए भरा जा रहा है।

(5) इस अनुच्छेद में कोई भी बात किसी भी ऐसे कानून के संचालन को प्रभावित नहीं करेगी जिसका प्रावधान है कि किसी धार्मिक या सांप्रदायिक संस्था के मामलों के संबंध में किसी कार्यालय का पदाधिकारी या उसके शासी निकाय का कोई सदस्य किसी विशेष धर्म को मानने वाला या एक विशेष संप्रदाय से संबंधित व्यक्ति होगा।

यह अनुच्छेद सार्वजनिक रोजगार के मामलों में समानता के अधिकार से संबंधित है। अनुच्छेद 16(1) राज्य के साथ रोजगार से संबंधित मामलों में सभी नागरिकों को अवसर की समानता का सामान्य नियम निर्धारित करता है। अनुच्छेद 16(2) विशिष्ट नियम निर्धारित करता है कि राज्य केवल जाति, नस्ल, वंश और जन्म स्थान, लिंग, निवास या इनमें से किसी के आधार पर रोजगार से संबंधित मामलों में नागरिकों के बीच भेदभाव नहीं करेगा। अनुच्छेद 16(3), 16(4), और 16 (5) जो आगे आते हैं, अनुच्छेद 16(1) और 16(2) के तहत समानता के नियम के लिए अपवाद निर्धारित किए गए हैं।

14

केरल राज्य बनाम एन.एम. थॉमस
(1976) 2, SCC 310
ओबीसी उम्मीदवारों को छूट अनुमत्य है।

तथ्यः केरल सरकार ने आदेश पारित किया था कि राज्य के सभी लोअर डिवीजन क्लर्कों (LDCs) को अपर डिवीजन क्लर्कों (UDCs) में पदोन्नत होने के लिए एक परीक्षा उत्तीर्ण करनी होगी। हालाँकि, उसने पिछड़े वर्गों के उम्मीदवारों को कुछ छूट भी प्रदान की थी। इस आदेश को इस आधार पर अदालत में चुनौती दी गई थी कि यह अनुच्छेद 16(1) में निहित समानता के सिद्धांत का उल्लंघन करता है और अनुच्छेद 16(4) के अंतर्गत नहीं आता है।

मुद्दाः क्या भेदभावपूर्ण व्यवहार संवैधानिक रूप से मान्य है?

निर्णयः अदालत ने प्रेक्षित किया कि पिछड़े वर्गों के उम्मीदवारों को मिलने वाला विभेदकारी व्यवहार उचित वर्गीकरण के परीक्षण को पूरा करता है (जैसा कि इस अध्याय में पहले चर्चा की गई है) और राज्य जो उद्देश्य हासिल करना चाहता है उसके लिए एक तर्कसंगत संबंध भी है, यानी ऐतिहासिक रूप से वंचित लोगों को समान अवसर प्रदान करना।

यह माना गया कि आदेश अनुच्छेद 16(4) के अंतर्गत आता है और अनुच्छेद 16(1) के तहत दिए गए अवसर की समानता का उल्लंघन नहीं करता है क्योंकि कानून में केवल समान लोगों के साथ समान व्यवहार करने का प्रावधान है। अपने निर्णय में, अदालत ने समानता पर समतावाद को बरकरार रखा। समतावाद वंचितों को विभेदक व्यवहार प्रदान करने का सिद्धांत है ताकि वे बाकी लोगों के साथ प्रतिस्पर्धा कर सकें। इस मामले में तत्कालीन मुख्य न्यायाधीश रे ने कहा कि अनुच्छेद 16(4) 16(1) का अपवाद नहीं है, बल्कि अनुच्छेद 16(1) में निहित समानता के लक्ष्यों को प्राप्त करने का एक तरीका है। इस निर्णय ने 'समूह अधीनस्थता सिद्धांत' को जन्म दिया जिसके अनुसार अनुच्छेद 16 का मुख्य लक्ष्य समूहों के बीच समानता प्राप्त करना है न कि व्यक्तियों के बीच।

15

राम सिंह बनाम भारत संघ, (2015) 4 एससीसी 697 जाट आरक्षण मान्य नहीं है।

तथ्यः 1997 में, कई याचिकाओं के उत्तर में, राष्ट्रीय पिछड़ा वर्ग आयोग ["NCBC"] ने एक अध्ययन किया, जिसके अंत में उसने राजस्थान के केवल दो जिलों के लिए जाटों को केंद्रीय सूची में शामिल करने की सिफारिश की। बाद में, इस निर्णय की समीक्षा करने के लिए कई अभ्यावेदनों के जवाब में, एनसीबीसी ने भारतीय सामाजिक विज्ञान अनुसंधान परिषद् **(ICSSR)** से संपर्क करने का निर्णय किया और उन्हें जाटों की सामाजिक-आर्थिक स्थिति निर्धारित करने के लिए विभिन्न राज्यों (यूपी, हरियाणा, मध्य प्रदेश, राजस्थान, हिमाचल प्रदेश और गुजरात) में एक सर्वेक्षण करने के लिए कहा। कैबिनेट द्वारा बाद में लिए गए एक निर्णय से, बिहार, उत्तराखंड और दिल्ली, एनसीटी राज्यों को भी एनसीबीसी को निर्दिष्ट किया गया। आईसीएसएसआर ने एक रिपोर्ट प्रस्तुत की (लेकिन केंद्रीय सूची में शामिल करने/बहिष्कृत करने के बारे में कोई विशेष सिफारिश नहीं की)। रिपोर्ट पर एनसीबीसी द्वारा चर्चा की गई, जिसने सार्वजनिक सुनवाई भी की। एनसीबीसी ने सरकार को एक रिपोर्ट सौंपी, जिसमें कहा गया था कि **"जाट समुदाय ने ओबीसी की केंद्रीय सूची में समावेशन के मानदंडों को पूरा नहीं किया है।"** लेकिन 2 मार्च, 2014 को, कैबिनेट ने इस रिपोर्ट को इस आधार पर खारिज कर दिया कि इसमें "जमीनी वास्तविकताओं" को ध्यान में नहीं रखा गया है। दो दिन बाद, एक अधिसूचना के माध्यम से, जाटों को नौ राज्यों के लिए केंद्रीय सूची में रख लिया गया।

निर्णयः सुप्रीम कोर्ट ने नौ राज्यों में जाट समुदाय को आरक्षण देने के एक सरकारी निर्णय को पलट दिया। सर्वोच्च न्यायालय ने कहा कि यद्यपि पिछड़ेपन के आसान निर्धारण के लिए जाति एक प्रमुख और विशिष्ट कारक हो सकता है, सामाजिक समूह जो सबसे अधिक योग्य हों, उन्हें अनिवार्य रूप से निरंतर विकास का विषय होना चाहिए। अदालत ने यह भी कहा कि पिछड़ेपन की जाति-केंद्रित परिभाषा से हटकर नई प्रथाओं, विधियों और मानदंडों को लगातार विकसित करना होगा। इसके अतिरिक्त, सरकार का तर्क कि जाट नौ राज्यों में से आठ की राज्य

सूची में थे न्यायालय द्वारा खारिज कर दिया गया, इस आधार पर कि वे सूचियाँ एक दशक से अधिक समय पहले बनाई गई थीं, और यह कि **"वर्तमान मामले में शामिल एक इतना गंभीर और महत्त्वपूर्ण निर्णय जो संविधान के अनुच्छेद 14 और 16 के तहत कई लोगों के अधिकारों को प्रभावित करता है समसामयिक आदानों (इनपुट्स) के आधार पर लिया जाना चाहिए, और पुराने और प्राचीन डेटा के आधार पर नहीं।"**

न्यायालय ने यह भी पाया कि अधिसूचना से ठीक पहले आयोजित कैबिनेट बैठक के कार्यवृत्त में स्कूल, कॉलेज और स्नातक नामांकन पर प्रकाश डालते हुए जाट समुदाय के शैक्षिक "पिछड़ेपन" पर ध्यान केंद्रित किया गया था। हालाँकि, अनुच्छेद 16 के तहत जिस "पिछड़ेपन" पर विचार किया गया था, वह सामाजिक पिछड़ापन था। इसके फलस्वरूप, न्यायालय ने कहा कि कैबिनेट अधिसूचना ने प्रासंगिक सामग्री (एनसीबीसी रिपोर्ट) को नजरअंदाज किया था और बदले में अपने को अप्रासंगिक सामग्री (शैक्षिक पैरामीटर और दशक पुराने डेटा) पर आधारित किया था।

16

अशोक कुमार ठाकुर बनाम भारत संघ और अन्य (2008)

6 एससीसी 1 = क्रीमी लेयर का सिद्धांत एसटी और एससी पर लागू नहीं होता है।

तथ्यः संविधान 93वाँ संशोधन अधिनियम, 2005 और केंद्रीय शैक्षणिक संस्थान (प्रवेश में आरक्षण) अधिनियम 5, 2007 इस मामले के विषय थे जिसमें सरकारी सेवा में पदों और शैक्षणिक संस्थानों में सीटों में आरक्षण के संबंध में कई बिंदुओं की पुष्टि की गई थी। जो प्रश्न विशेष रूप से उठाया गया और अंत में जिस पर जोर देकर निर्णय सुनाया गया वह क्रीमी लेयर की प्रयोज्यता के बारे में है। कोर्ट ने कहा कि क्रीमी लेयर का बहिष्करण अनुसूचित जातियों और अनुसूचित जनजातियों पर लागू नहीं होता है। न्यायालय का तर्क पृष्ठ 511 से 513 के पैरा 184, 185 और 186 में निम्नानुसार निहित है-

"अब तक, न्यायालय ने आरक्षण के उद्देश्य के लिए समानता के सामान्य सिद्धांत पर "क्रीमी लेयर" सिद्धांत लागू नहीं किया है। अभी तक "क्रीमी लेयर" केवल पिछड़े वर्ग की पहचान के लिए ही लगाया जाता रहा है, क्योंकि पिछड़े वर्गों को निर्धारित करने के लिए कुछ मापदंडों की आवश्यकता थी। "क्रीमी लेयर" सिद्धांत पिछड़े वर्गों की पहचान करने के मापदंडों में से एक है। इसलिए, मुख्य रूप से, "क्रीमी लेयर" सिद्धांत को अनुसूचित जातियों और जनजातियों पर लागू नहीं किया जा सकता है, क्योंकि अनुसूचित जातियाँ और अनुसूचित जनजातियाँ अपने आप में अलग-अलग वर्ग हैं। सी.जे.रे ने अपने एक पूर्व निर्णय में कहा था कि "अनुसूचित जातियाँ और अनुसूचित जनजातियाँ जातियों के सामान्य अर्थ में कोई जाति नहीं हैं।" और उनकी पहचान संविधान के अनुच्छेद 341 और 342 के तहत भारत के राष्ट्रपति द्वारा जारी अधिसूचना के आधार पर की जाती है। राष्ट्रपति, राज्यपाल से परामर्श के बाद, सार्वजनिक अधिसूचना द्वारा, जातियों, मूलवंशों या जनजातियों या जातियों, मूलवंशों या जनजातियों के भागों या समूहों को निर्दिष्ट कर सकते हैं, जो कि संविधान के उद्देश्य के लिए अनुसूचित जाति या अनुसूचित जनजाति मानी जाएँगी। अधिसूचना जारी होने के बाद, वे अनुसूचित जाति या अनुसूचित जनजाति के सदस्य

माने जाते हैं, जो भी उन पर लागू हो। **ई.वी. चिन्नैया बनाम आंध्र प्रदेश राज्य** के मामले में, बहुमत के निर्णय से सहमति रखते हुए, न्यायाधीश एस.बी. सिन्हा ने कहा:

"अनुसूचित जातियों और अनुसूचित जनजातियों का हमारे संविधान में एक विशेष स्थान है। भारत के राष्ट्रपति जातियों, नस्लों या जनजातियों, या जातियों, नस्लों या जनजातियों के भीतर हिस्सों या समूहों को निर्दिष्ट करने के अधिकार का, जिन्हें संविधान के प्रयोजनों के लिए अनुसूचित जाति माना जाएगा, एकमात्र कोष हैं। संविधान (अनुसूचित जाति) आदेश, 1950, जो अनुच्छेद 341 (1) के संदर्भ में बना है, विस्तृत है। अनुच्छेद 341 और 342 का उद्देश्य उन पिछड़े वर्ग के नागरिकों को सुरक्षा प्रदान करना है जो अनुसूचित जाति आदेश और अनुसूचित जनजाति आदेश में आर्थिक और शैक्षिक पिछड़ेपन के संबंध में निर्दिष्ट हैं जिससे वे पीड़ित हैं। कोई भी कानून जो उन्हें इसके दायरे से बाहर लाएगा या भारत के राष्ट्रपति द्वारा जारी किए गए आदेश के साथ छेड़छाड़ करेगा, असंवैधानिक होगा।

प्रतिवादी राज्य द्वारा एक दलील दी गई कि अनुसूचित जाति के वर्गीकरण को "क्रीमी लेयर" परीक्षण लागू करके उचित ठहराया जा सकता है जैसा कि **इंद्रा साहनी बनाम भारतीय संघ** मामले में इस्तेमाल किया गया था, जिसे **ई.वी.चिन्नैया** मामले के पैरा 96 में विशेष रूप से खारिज कर दिया गया था। यह प्रेक्षित किया गया है कि :

"96, लेकिन हमें यह बताना होगा कि जब भी अनुसूचित जाति के संबंध में ऐसी स्थिति उत्पन्न होती है, तो संविधान के अनुच्छेद 341 के खंड (2) के संदर्भ में आवश्यक विधायी कदम उठाने के लिए केवल संसद ही होगी। राज्यों के पास इसके लिए विधायी क्षमता नहीं है।"

इसके अलावा, प्रारंभ से ही, अनुसूचित जातियों और अनुसूचित जनजातियों को एक अलग श्रेणी के रूप में देखा जाता था और ऐसे वर्गों के अविभाज्यीकरण पर कभी किसी ने विवाद नहीं किया। जब तक "क्रीमी लेयर" को एक समानता के सिद्धांत के रूप में लागू नहीं किया जाता है, तब तक इसे अनुसूचित जातियों और अनुसूचित जनजातियों पर लागू नहीं किया जा सकता। अब तक, यह केवल सामाजिक और शैक्षिक रूप से पिछड़े वर्गों की पहचान करने के लिए लागू किया गया है। हम यह स्पष्ट करते हैं कि आरक्षण के प्रयोजन के लिए, "क्रीमी लेयर" के सिद्धांत अनुसूचित जाति और अनुसूचित जनजाति के लिए लागू नहीं हैं।"

टिप्पणी: वास्तव में इस निर्णय में आरक्षण के विषय पर अब तक दिए गए सभी महत्त्वपूर्ण मामलों का सारांश शामिल है।

अनुच्छेद 17

"अस्पृश्यता" को समाप्त कर दिया गया है और किसी भी रूप में इसका आचरण प्रतिबंधित है। "अस्पृश्यता" से उत्पन्न होने वाली किसी भी अयोग्यता का प्रवर्तन कानून के अनुसार दंडनीय अपराध होगा।

अनुच्छेद 17 किसी भी रूप में अस्पृश्यता के अभ्यास को समाप्त और प्रतिबंधित करता है। यह आगे घोषणा करता है कि अस्पृश्यता से उत्पन्न होने वाली किसी भी अयोग्यता का प्रवर्तन कानून के अनुसार दंडनीय अपराध होगा। वह संविधान का अनुच्छेद 35 है जो संसद को अस्पृश्यता के कृत्य को दंडित करने वाला कोई भी कानून बनाने का अधिकार देता है। इस अधिकार का उपयोग करते हुए, संसद ने नागरिक अधिकार संरक्षण अधिनियम, 1955 और अनुसूचित जाति अनुसूचित जनजाति अत्याचार निवारण अधिनियम, 1989 अधिनियमित किए।

अनुच्छेद 18

(1) राज्य द्वारा कोई भी उपाधि, सैन्य या शैक्षणिक सम्मान के अलावा, प्रदान नहीं की जाएगी।

(2) भारत का कोई भी नागरिक किसी विदेशी राज्य से कोई उपाधि स्वीकार नहीं करेगा।

(3) कोई भी व्यक्ति जो भारत का नागरिक नहीं है, जब तक वह राज्य के अधीन लाभ या विश्वास का कोई पद धारण करता है, राष्ट्रपति की सहमति के बिना किसी विदेशी राज्य से कोई उपाधि स्वीकार नहीं करेगा।

(4) राज्य के अधीन किसी लाभ या विश्वास के पद पर आसीन कोई भी व्यक्ति, राष्ट्रपति की सहमति के बिना, किसी विदेशी राज्य से या उसके अधीन किसी भी प्रकार का कोई उपहार, परिलब्धि या पद स्वीकार नहीं करेगा। यह अनुच्छेद एक व्यक्ति को प्रदत्त सर, महाराजा इत्यादि जैसी उपाधियाँ समाप्त करने का प्रावधान करता है। यद्यपि, राज्य द्वारा प्रदान की गई उपाधियाँ, सैन्य उपाधियाँ और शैक्षणिक उपाधियाँ अनुच्छेद 18 के संचालन से मुक्त हैं।

अनुच्छेद 19 से 22 का पठन अक्सर 'स्वतंत्रता का अधिकार' शीर्षक के तहत एक साथ किया जाता है। वे एक साथ मिलकर संविधान के सबसे महत्त्वपूर्ण हिस्से का निर्माण करते हैं। इस अनुच्छेद के विभिन्न भाग विभिन्न प्रकार की स्वतंत्रता से संबंधित हैं।

अनुच्छेद 19

(1) सभी नागरिकों को निम्नलिखित अधिकार होंगे-

(ए) वाक्-स्वतंत्रता और अभिव्यक्ति की स्वतंत्रता;

(बी) शांतिपूर्वक और हथियारों के बिना इकट्ठा होने की स्वतंत्रता;

(सी) संगठन या संघ बनाने की स्वतंत्रता;

(डी) भारत के पूरे क्षेत्र में स्वतंत्र रूप से आवागमन करने की स्वतंत्रता;

(ई) भारत के क्षेत्र के किसी भी हिस्से में रहने और बसने की स्वतंत्रता;

1 [और]

2* * * * *

(जी) किसी पेशे का अभ्यास करने की, या कोई पेशा, व्यापार या व्यवसाय करने की स्वतंत्रता।

(2) खंड (1) के उप-खंड (ए) में कुछ भी किसी मौजूदा कानून के संचालन को प्रभावित नहीं करेगा, या राज्य को कोई भी कानून बनाने से रोकेगा, जहाँ तक कि ऐसा कानून भारत की संप्रभुता और अखंडता के हितों में उक्त उपखंड द्वारा प्रदत्त अधिकार पर उचित प्रतिबंध लगाता है - जैसे राज्य की सुरक्षा, विदेशी राज्यों के साथ मैत्रीपूर्ण संबंध, सार्वजनिक व्यवस्था, शालीनता या नैतिकता, या अदालत की अवमानना, मानहानि के संबंध में या किसी अपराध के लिए उकसाने पर।

(3) उक्त खंड के उप-खंड (बी) में कुछ भी किसी मौजूदा कानून के संचालन को प्रभावित नहीं करेगा, जहाँ तक कि वह भारत की संप्रभुता या अखंडता या सार्वजनिक व्यवस्था के हित में, उक्त उप-खंड द्वारा प्रदत्त अधिकार के प्रयोग पर उचित प्रतिबंध लगाने वाला कोई कानून लागू करता है अथवा राज्य को ऐसा कानून बनाने से रोकता है।

(4) उक्त खंड के उप-खंड (सी) में कुछ भी किसी मौजूदा कानून के संचालन को प्रभावित नहीं करेगा, जहाँ तक यह भारत की संप्रभुता और अखंडता या सार्वजनिक व्यवस्था या नैतिकता के हित में, उक्त उप-खंड द्वारा प्रदत्त अधिकार के प्रयोग पर उचित प्रतिबंध लगाता कोई कानून लागू करता है, या राज्य को ऐसा कोई कानून लागू करने से रोकता है।

(5) उक्त खंड के उप-खंड (डी) और (ई) में कुछ भी किसी मौजूदा कानून के संचालन को प्रभावित नहीं करेगा, जहाँ तक कि यह उक्त उप-खंड द्वारा या तो आम जनता के हितों के लिए या किसी अनुसूचित जाति के हितों की सुरक्षा के लिए प्रदत्त किसी अधिकार के प्रयोग पर उचित प्रतिबंध लगाता कोई कानून लागू करता है, या राज्य को ऐसा कोई कानून बनाने से रोकता है।

(6) उक्त खंड के उप-खंड (जी) में कुछ भी किसी मौजूदा कानून के संचालन को प्रभावित नहीं करेगा, जहाँ तक, आम जनता के हित में, यह उक्त उप-खंड द्वारा प्रदत्त अधिकार के प्रयोग पर उचित प्रतिबंध लगाता कोई कानून लागू करता है या राज्य को ऐसा कोई कानून लागू करने से रोकता है, और विशेष रूप से, उक्त उप-खंड में कुछ भी किसी भी मौजूदा कानून के संचालन को प्रभावित नहीं करेगा, जहाँ तक यह—

(i) किसी पेशे का अभ्यास करने या किसी व्यापार, व्यवसाय या उद्योग को चलाने के लिए आवश्यक व्यावसायिक या तकनीकी योग्यता से; या

(ii) राज्य द्वारा, या राज्य के स्वामित्व या नियंत्रण वाले किसी निगम द्वारा, किसी व्यापार, व्यवसाय, उद्योग या सेवा, चाहे उसमें पूर्ण या आंशिक रूप से, नागरिकों का बहिष्करण हो या अन्यथा से संबंधित हो।

यह अनुच्छेद छह मौलिक स्वतंत्रताओं के बारे में, जो संविधान नागरिकों को सुनिश्चित करता है, और उन स्वतंत्रताओं से जुड़े प्रतिबंधों के बारे में बात करता है। अनुच्छेद 19(1) उन छह स्वतंत्रताओं की गणना करता है जबकि अनुच्छेद 19 (2) से 19(6) उन प्रतिबंधों का उल्लेख करते हैं जिनके अधीन ये छह स्वतंत्रताएँ हैं। यहाँ यह ध्यान दिया जाना चाहिए कि स्वतंत्रताओं पर प्रतिबंध केवल विधायिका द्वारा पारित एक कानून के माध्यम से लगाया जा सकता है और ऐसे प्रतिबंध उचित प्रकृति के होने चाहिए। अनुच्छेद 19 के तहत प्रदान की गई छह मौलिक स्वतंत्रताएँ निम्नलिखित हैं-

(i) भाषण और अभिव्यक्ति की स्वतंत्रता
(ii) शांतिपूर्वक और हथियारों के बिना एकत्र होने की स्वतंत्रता
(iii) संगठन या संघ बनाने की स्वतंत्रता
(iv) भारत के पूरे क्षेत्र में स्वतंत्र रूप से घूमने की स्वतंत्रता
(v) भारत के क्षेत्र के किसी भी हिस्से में रहने और बसने की स्वतंत्रता; और
(vi) किसी भी पेशे का अभ्यास करने या कोई उद्योग या व्यापार चलाने की स्वतंत्रता।

17

अमित साहनी बनाम पुलिस आयुक्त व अन्य
सिविल अपील संख्या 3282/2020/07-10-2020
शाहीन बाग में विरोध प्रदर्शन करने के लिए उचित प्रतिबंध लगाया जा सकता है।

तथ्य:

- दिल्ली के शाहीन बाग में, नागरिकता संशोधन अधिनियम, 2019 (CAA) के अधिनियमन का विरोध करने के लिए 15 दिसंबर, 2019 से कोविड-19 के आगमन, अर्थात् मार्च 2020 तक महिलाओं के नेतृत्व में शांतिपूर्ण विरोध प्रदर्शन आयोजित किए गए थे। सीएए अफगानिस्तान, बांग्लादेश या पाकिस्तान से 31 दिसंबर, 2014 से पहले भारत आए हिंदुओं, सिखों, बौद्धों, जैनियों, पारसियों और ईसाइयों की 'अवैध अप्रवासी' स्थिति को हटा देता है, केवल मुसलिम समुदाय को छोड़ते हुए। इसके फलस्वरूप, मुसलिम महिलाएँ सीएए को रद्द करने की माँग को लेकर शाहीन बाग में जमा हो गईं।
- याचिका में की गई शिकायत यह थी कि नागरिकता संशोधन अधिनियम और नागरिकों के राष्ट्रीय रजिस्टर का, जिसके ब्योरे देने अभी बाकी थे, विरोध करने वाले व्यक्तियों ने विरोध का एक ऐसा तरीका अपनाया था, जिसके परिणामस्वरूप 15 दिसंबर, 2019 से ओखला अंडरपास सहित कालिंदी कुंज-शाहीन बाग विस्तार को बंद कर दिया गया था। यह प्रस्तुत किया गया था कि सार्वजनिक सड़कों पर इस तरह से अतिक्रमण करने की अनुमति नहीं दी जा सकती, और इस प्रकार, इसे खाली करने के लिए एक निर्देश जारी किया जाना चाहिए।

निर्णय:

- अदालत ने कहा कि शाहीन बाग के प्रदर्शनकारियों को अनुच्छेद 19(1)(a) और 19(1)(b) के तहत विरोध करने और असहमति व्यक्त करने का अधिकार है, जो क्रमशः मुक्त भाषण और शांतिपूर्ण सभा के अधिकार प्रदान

करते हैं। यद्यपि, अदालत ने इस बात पर प्रकाश डाला कि ये अधिकार राज्य की संप्रभुता और सार्वजनिक व्यवस्था से संबंधित उचित प्रतिबंधों के अधीन हैं।

- मजदूर किसान शक्ति संगठन बनाम भारत संघ के अपने निर्णय पर भरोसा करते हुए, अदालत ने कहा कि प्रदर्शनकारियों के अधिकारों को यात्रियों के अधिकारों के साथ संतुलित करना होगा। इसलिए, उसने दिल्ली प्रशासन को यह सुनिश्चित करने के लिए "अपनी जिम्मेदारी" पर कार्यवाही करने का आदेश दिया कि सार्वजनिक स्थानों और सड़कों पर प्रदर्शनकारियों का कब्जा अनिश्चितकाल के लिए न हो। उसने आगे कहा कि यह सीमा उन विरोध प्रदर्शनों पर भी लागू होती है, जिन्होंने प्रशासनिक अधिकारियों से पूर्व अनुमति माँगी थी, जैसे शाहीन बाग विरोध।
- निर्धारित समय और स्थान पर विरोध प्रदर्शन करने के लिए अधिकारियों की पूर्व अनुमति लेने के जैसा एक उचित प्रतिबंध लगाया जा सकता है। यद्यपि, ऐसा करते हुए, कोर्ट ने कहा, अधिकारियों के पास प्रदर्शनकारियों को अनुमति देने के विवेकाधीन अधिकार नहीं होने चाहिए।

18

श्रेया सिंघल बनाम भारत संघ
AIR 2015, SC 1523
आईटी अधिनियम, 2000 की धारा 66A भाषण और अभिव्यक्ति की स्वतंत्रता को प्रतिबंधित करती है।

यह मामला अनुच्छेद 19(1)(a) के तहत प्रदान की गई भाषण और अभिव्यक्ति की स्वतंत्रता और अनुच्छेद 19(2) के तहत उसी के संदर्भ में दिए गए प्रतिबंधों से संबंधित है। अनुच्छेद 19(2) राज्य की सुरक्षा और सार्वजनिक व्यवस्था जैसे कुछ आधारों का उल्लेख करता है, जिन पर अनुच्छेद 19(1)(a) के तहत प्रदान की गई भाषण और अभिव्यक्ति की स्वतंत्रता पर प्रतिबंध लगाया जा सकता है, हालाँकि यह भी आवश्यक है कि ऐसे प्रतिबंध वास्तव में उचित हों।

तथ्य: इस मामले में, आईटी अधिनियम, 2000 की धारा 66ए की संवैधानिकता को सर्वोच्च न्यायालय में चुनौती दी गई थी। धारा द्वारा इंटरनेट पर दिए गए कुछ प्रकार के बयानों को कारावास के साथ दंडनीय बना दिया गया। सुप्रीम कोर्ट के समक्ष दायर कई याचिकाओं में यह आरोप लगाया गया था कि यह धारा अनुच्छेद 19(1)(a) के तहत प्रदान की गई भाषण और अभिव्यक्ति की स्वतंत्रता का उल्लंघन करती है क्योंकि इसके तहत दिए गए प्रतिबंध अनुच्छेद 19(2) द्वारा निर्धारित मानकों के अनुसार उचित नहीं हैं। यह तर्क दिया गया कि यह धारा स्वेच्छाचारी और अस्पष्ट है क्योंकि इसमें कोई वैध परिभाषा नहीं है कि किस तरह के बयान देना दंडनीय होगा। इसने कार्यपालिका द्वारा मुक्त भाषण को रोकने के लिए अधिकार के स्वेच्छाचारी प्रयोग के लिए गुंजाईश छोड़ दी।

मुद्दाः क्या आईटी एक्ट, 2000 की धारा 66ए अनुच्छेद 19(1)(a) का उल्लंघन करती है?

निर्णयः सर्वोच्च न्यायालय ने याचिकाकर्ता की दलीलों को सही ठहराया और धारा 66A आईटी एक्ट, 2000 को असंवैधानिक करार दिया। अनुच्छेद 19(2) के तहत मुक्त भाषण को प्रतिबंधित करने के एक आधार के रूप में सार्वजनिक व्यवस्था का उल्लेख किया गया है। इस मामले में, अदालत ने 'स्पष्ट और वर्तमान खतरे का परीक्षण' प्रतिपादित किया। इस परीक्षण के अनुसार, जब तक कोई भाषण

सार्वजनिक व्यवस्था के लिए एक वास्तविक और प्रमुख खतरा उत्पन्न नहीं करता है, तब तक उसे सेंसर या प्रतिबंधित नहीं किया जाएगा। इस परीक्षण को लागू करते हुए, अदालत ने कहा कि धारा 66A आईटी अधिनियम, 2000 मुक्त भाषण को प्रतिबंधित करने के लिए एक स्पष्ट आधार नहीं देती है और कार्यपालिका को किसी भी भाषण को सेंसर करने की असीमित शक्ति देती है।

अनुच्छेद 20 अपराधों के लिए सजा के संबंध में संरक्षण की बात करता है। इसके तीन उप-खंड हैं।

(1) एक व्यक्ति किसी अपराध के लिए तब तक सिद्धदोष नहीं ठहराया जाएगा, जब तक कि उसने ऐसा कोई कार्य करने के समय, जो अपराध के रूप में आरोपित है, किसी प्रवृत्त विधि का अतिक्रमण नहीं किया है, न ही वह उससे अधिक शास्ति का भागी होगा जो उस अपराध के किए जाने के समय प्रवृत्त विधि के अधीन अधिरोपित की जा सकती थी।

(2) किसी भी व्यक्ति को एक ही अपराध के लिए एक बार से अधिक अभियोजित और दंडित नहीं किया जाएगा।

(3) किसी अपराध के लिए अभियुक्त किसी व्यक्ति को स्वयं अपने विरुद्ध साक्षी होने के लिए बाध्य नहीं किया जाएगा।

अनुच्छेद 20(1) कहता है कि विधायिका द्वारा किया गया प्रत्येक दंडात्मक अपराध केवल भावी प्रभाव से लागू होगा न कि पूर्वव्यापी रूप से। दंड कानूनों के पूर्व पोस्ट फैक्टो (कार्योत्तर विधि) संचालन को इस अनुच्छेद द्वारा असंवैधानिक घोषित किया गया है। और सरल शब्दों में, यह अनुच्छेद प्रावधान करता है कि किसी व्यक्ति को केवल उसी अपराध का दोषी ठहराया जा सकता है, जो ऐसा अपराध किए जाने के समय अपराध घोषित किया गया था। इसके पीछे सिद्धांत यह है कि 'किसी को भी ऐसे अपराध का दोषी नहीं ठहराया जा सकता है जो उस दिन एक अपराध के रूप में मौजूद नहीं था जब वह किया गया था'।

अनुच्छेद 20(2) 'दोहरे खतरे' से सुरक्षा प्रदान करता है। इस अनुच्छेद के अनुसार, किसी भी व्यक्ति को एक ही अपराध के लिए उन्हीं तथ्यों के आधार पर जिनके आधार पर उसे पहले दोषी ठहराया गया था, एक बार से अधिक अभियोजित या दंडित नहीं किया जा सकता। इस अनुच्छेद के पीछे कानूनी सिद्धांत यह है कि 'किसी भी व्यक्ति को एक ही अपराध के लिए दो बार परेशान नहीं किया जाएगा'। लैटिन में इसे 'Nemo Debet Bis Vexari' कहते हैं।

अनुच्छेद 20(3) प्रत्येक व्यक्ति को आत्म दोषारोपण के विरुद्ध अधिकार प्रदान करता है। यह अमेरिकी संविधान के पाँचवें संशोधन पर आधारित है, जिसमें कहा गया है कि 'किसी भी व्यक्ति को किसी भी आपराधिक मामले में स्वयं के विरुद्ध साक्षी बनने के लिए बाध्य नहीं किया जाएगा।' इस अनुच्छेद के अनुसार, किसी भी व्यक्ति को, जिस पर किसी अपराध का आरोप लगाया गया है, अपने खिलाफ गवाही देने या कानून की अदालत में खुद के खिलाफ गवाह बनने के लिए मजबूर नहीं किया जाएगा।

एम.पी शर्मा बनाम सतीश चंद्र (1954) के मामले में अभियुक्तों पर धोखाधड़ी के अपराध का आरोप लगाया गया था। जाँच के अंतर्गत कई स्थानों पर तलाशी ली गई और तलाशी वारंट के अधिकार के तहत दस्तावेज जब्त किए गए। अभियुक्तों ने तलाशी वारंट को रद्द करने के रूप में अदालत से राहत माँगी क्योंकि उनका दावा था कि इस तरह की तलाशी के दौरान जब्त किए गए निजी दस्तावेज संविधान के अनुच्छेद 20 (3) के तहत दिए गए आत्म-दोषारोपण के खिलाफ उनके अधिकार का उल्लंघन करते थे। इस मामले में सुप्रीम कोर्ट के समक्ष उठाए गए दो प्रश्न इस प्रकार हैं-

(i) क्या एक गवाह द्वारा बाध्य होकर साक्ष्य के मौखिक और दस्तावेजी, दोनों प्रकार के सबूत प्रस्तुत करना अनुच्छेद 20(3) के तहत आत्म-दोषारोपण के बराबर है ?

(ii) क्या वारंट के माध्यम से तलाशी और जब्ती अनुच्छेद 20(3) का उल्लंघन हैं ?

पहले सवाल का जवाब कोर्ट ने 'हाँ' में दिया। यह माना गया कि 'गवाह होने' और 'सबूत प्रस्तुत करने' के बीच अंतर मौजूद है। एक गवाह को ऐसी जानकारी देने की आवश्यकता होती है जो उसके लिए व्यक्तिगत है। एक गवाह का ऐसी जानकारी या सूचना पर पूर्ण अधिकार होता है और वह इसे दूसरों के साथ साझा न करने का विकल्प चुन सकता है। जबकि साक्ष्य प्रस्तुत करने का अर्थ केवल मामले से संबंधित सामग्री प्रस्तुत करना है। साथ ही, तलाशी पुलिस अधिकारी द्वारा ली जाती है। तलाशी के दौरान एकत्र किए गए सबूतों को अपने आप में अभियोगात्मक नहीं कहा जा सकता है, लेकिन अन्य प्रासंगिक तथ्यों और परिस्थितियों के मौजूद होने पर वे अभियोगात्मक हो जाते हैं। इसी तर्क के आधार पर कोर्ट ने दूसरे सवाल का जवाब 'नहीं' में दिया। अदालत ने कहा कि वारंट के माध्यम से तलाशी और जब्ती अनुच्छेद 20(3) के तहत दिए गए अधिकार का उल्लंघन नहीं है।

19

डी.के. बसु बनाम पश्चिम बंगाल राज्य (1997), 1 SCC 416 गिरफ्तारी और हिरासत के मामले में, दिशा-निर्देशों का पालन किया जाना आवश्यक है।

तथ्य: डी.के. बसु ने पुलिस हिरासत में मौतों के बारे में कुछ खबरों पर अपना ध्यानाकर्षण प्रस्तुत करते हुए भारत के सर्वोच्च न्यायालय को एक पत्र संबोधित किया। 14/08/1987 को अदालत ने सभी राज्य सरकारों को नोटिस जारी करते हुए आदेश जारी किए और एक नोटिस कानून आयोग को भी जारी किया गया जिसमें दो माह की अवधि के भीतर उनसे उचित सुझाव देने का अनुरोध था।

निर्णय: अनुच्छेद 21 जीवन और व्यक्तिगत स्वतंत्रता का अधिकार सुनिश्चित करता है और उसे मानवीय गरिमा के साथ रहने के अधिकार को शामिल करने के लिए अभिनिर्धारित किया गया है। इस प्रकार इसमें राज्य या उसके पदाधिकारियों द्वारा यातना और हमले के खिलाफ गारंटी भी शामिल है। अदालत ने गिरफ्तारी और निरोध के सभी मामलों में संवैधानिक और वैधानिक सुरक्षा उपायों के अलावा 11 दिशा-निर्देशों की एक सूची जारी की-

- पुलिस कर्मियों को सटीक, दृश्यमान और स्पष्ट पहचान धारण करनी होगी।
- कम-से-कम एक गवाह द्वारा देखा गया गिरफ्तारी का एक ज्ञापन तैयार करना होगा।
- गिरफ्तार व्यक्ति को अधिकार होगा कि उसके किसी मित्र या रिश्तेदार या अन्य परिचित व्यक्ति को जितनी जल्दी संभव हो, सूचित किया जाए।
- बंदी को हिरासत में लेने के समय, हिरासत में लेने के स्थान और कैद में रखने के स्थान की सूचना देनी होगी।
- गिरफ्तार किए गए व्यक्ति को उसके अधिकारों से अवगत कराना होगा।
- केस डायरी अगले मित्र के नाम का भी खुलासा करेगी।
- गिरफ्तार व्यक्ति की उसकी गिरफ्तारी के समय जाँच करनी होगी और बड़ी और मामूली चोटों को, यदि उसके शरीर पर मौजूद हैं, उस समय दर्ज करना होगा।

- बंदी को हिरासत में रहने के दौरान, आवश्यकता होने पर, प्रत्येक 48 घंटे में एक प्रशिक्षित चिकित्सक द्वारा एक चिकित्सीय परीक्षा से गुजरना होगा।
- सभी दस्तावेजों की प्रतियाँ पंजीकरण के लिए मजिस्ट्रेट को भेजनी होंगी।
- गिरफ्तार व्यक्ति को पूछताछ के दौरान अपने वकील से मिलने की अनुमति देनी होगी।
- एक पुलिस नियंत्रण कक्ष प्रदान करना होगा।

20

अतिरिक्त जिला मजिस्ट्रेट, जबलपुर बनाम शिवकांत शुक्ला, AIR 1976, SC 1207
आपातकाल के दौरान, व्यक्तिगत स्वतंत्रता पर रोक लगाई जा सकती है।

तथ्यः

- 25 जून, 1975 – भारतीय संविधान के अनुच्छेद 352(1) द्वारा प्रदान किए गए अपने अधिकारों के प्रयोग में राष्ट्रपति ने घोषणा की कि एक गंभीर आपातकाल था जिसके तहत भारत की सुरक्षा को आंतरिक गड़बड़ियों द्वारा खतरा था।
- 27 जून, 1975 को – अनुच्छेद 359 के खंड (1) द्वारा प्रदान किए गए अधिकारों के प्रयोग में, राष्ट्रपति द्वारा घोषणा की गई कि विदेशियों सहित किसी भी व्यक्ति का संविधान के अनुच्छेद 14, 21 और 22 द्वारा उन्हें प्रदान किए गए अधिकारों के प्रवर्तन के लिए किसी अदालत में अपील करने का अधिकार निलंबित रहेगा।
- 8 जनवरी, 1976 – संविधान के अनुच्छेद 352 के तहत दिए गए अधिकारों का प्रयोग करके, राष्ट्रपति ने एक अधिसूचना पारित की, जिसमें यह घोषणा की गई कि किसी भी व्यक्ति का संविधान के अनुच्छेद 19 के तहत उसे दिए गए अधिकार को लागू करने के लिए किसी अदालत में अपील करने का अधिकार निलंबित रहेगा।
- कई अवैध गिरफ्तारियाँ हुईं जिनमें जयप्रकाश नारायण, मोरारजी देसाई, अटल बिहारी वाजपेयी और एल.के. आडवाणी जैसे कुछ प्रमुख नेता शामिल थे जिन्हें बिना किसी आरोप और मुकदमे के हिरासत में रखा गया था।

निर्णयः

- न्यायमूर्ति खन्ना को छोड़कर चार न्यायाधीशों की राय थी कि आपातकाल के दौरान यदि सरकार द्वारा कोई कार्यवाही की जाती है, चाहे वह स्वेच्छाचारी हो या अवैध, तो ऐसी कार्यवाही पर सवाल नहीं उठाया जा सकता है। ऐसा इसलिए है क्योंकि ऐसी परिस्थितियों में सरकार अपनी असाधारण शक्तियों का

उपयोग करके राष्ट्र के जीवन की रक्षा करती है, और जो उन्हें प्रदान की गई हैं, क्योंकि आपातकाल भी एक असाधारण कारक है। इसलिए, चूँकि स्वतंत्रता कानून का एक उपहार है, उसे कानून द्वारा जब्त भी किया जा सकता है।

- अनुच्छेद 359 (1) का प्रयोजन और उद्देश्य जो राष्ट्रपति के आदेश में उल्लिखित किसी भी मौलिक अधिकार के प्रवर्तन को रोकना था, उसे आपातकाल के दौरान निलंबित कर दिया जाना चाहिए। यहाँ तक कि आपराधिक प्रक्रिया संहिता के अनुच्छेद 491 के तहत हेबियस कॉर्पस के लिए आवेदन भी उच्च न्यायालय के समक्ष एक साथ दायर नहीं किया जा सकता है।
- **असहमतिपूर्ण राय:** राज्य को अनुच्छेद 21 की अनुपस्थिति में भी कानून के अधिकार के बिना किसी व्यक्ति को उसके जीवन और स्वतंत्रता से वंचित करने का अधिकार नहीं है। यह परस्पर विरोधी दृष्टिकोणों को संतुलित करने की दृष्टि से है कि संविधान के निर्माताओं ने निवारक निरोध के लिए द्रुतगामी प्रावधान किए और साथ ही उन अधिकारों के दुरुपयोग को रोकने और उन प्रावधानों की कठोरता को कम करने के लिए सुरक्षा उपाय समाविष्ट किए।

21

श्रीमती सेल्वी बनाम कर्नाटक राज्य (2010), 7 SCC 263

नार्को एनालिसिस टेस्ट अनैच्छिक रूप से नहीं किया जा सकता।

इस मामले में कोर्ट के सामने नार्को एनालिसिस टेस्ट की संवैधानिकता पर सवाल उठाया गया था। अदालत ने माना कि इस तरह के परीक्षण के माध्यम से साक्ष्य का अनिवार्य निष्कर्षण असंवैधानिक है और अनुच्छेद 20(3) के तहत दिए गए आत्म-दोषारोपण के खिलाफ अधिकार का उल्लंघन करता है। अदालत ने कहा कि इस तरह का परीक्षण जब अनैच्छिक रूप से किया जाता है तो असंवैधानिक होता है।

अनुच्छेद 21

कानून द्वारा स्थापित प्रक्रिया के अलावा किसी भी व्यक्ति को उसके जीवन या व्यक्तिगत स्वतंत्रता से वंचित नहीं किया जाएगा।

यह अनुच्छेद जीवन और व्यक्तिगत स्वतंत्रता का अधिकार सुनिश्चित करता है। यद्यपि, यह पूर्ण रूप से सही नहीं है। इसे कानून द्वारा स्थापित प्रक्रिया के अनुसार प्रतिबंधित किया जा सकता है। यह प्रक्रिया जो किसी व्यक्ति की व्यक्तिगत स्वतंत्रता को छीन लेती है, अनुच्छेद 19 के अंतर्गत विचारित कानून की उचित प्रक्रिया होने का परीक्षण पास करने के लिए पर्याप्त रूप से उपयुक्त है, जिसका अर्थ है एक गैर-मनमानी, न्यायपूर्ण, निष्पक्ष और उचित प्रक्रिया।

अनुच्छेद 21 कहता है-कोई भी व्यक्ति कानून द्वारा स्थापित प्रक्रिया के अलावा अपने जीवन या व्यक्तिगत स्वतंत्रता से वंचित नहीं किया जाएगा। वाक्यांश 'कानून द्वारा स्थापित प्रक्रिया' पर संविधान सभा में स्पष्ट रूप से बहस हुई थी। मुख्य बहस इस बात को लेकर थी कि जब नागरिकों को उनके व्यक्तिगत स्वतंत्रता के अधिकार से वंचित करने की बात आती है तो क्या कानून द्वारा स्थापित

प्रक्रिया या कानून की उचित प्रक्रिया प्रबल होगी। अंततः सभा ने 'कानून द्वारा स्थापित प्रक्रिया' वाक्यांश पर निर्णय लिया। इस प्रकार, विधायिका नागरिकों की व्यक्तिगत स्वतंत्रता उसके लिए प्रावधान करने वाले कानून को पारित करके छीन सकती है। न्यायपालिका की भूमिका केवल इस बात की जाँच करने तक सीमित थी कि इस तरह के कानून द्वारा निर्धारित प्रक्रिया का विधिवत् पालन किया जाता है या नहीं।

(1) आर.सी. कूपर बनाम भारत संघ (1970)

(2) खड़क सिंह बनाम यू.पी. राज्य (1963)

(3) मेनका गाँधी बनाम भारत संघ (1978)

22

ए.के. गोपालन बनाम मद्रास राज्य
AIR 1950, SC 27
प्रत्येक मौलिक अधिकार को अलग से आँका जाना है।

तथ्यः यह पहली बार था जब भारत के सर्वोच्च न्यायालय को संविधान के व्याख्याकार की अपनी भूमिका निभानी पड़ी और मौलिक अधिकारों के बारे में व्याख्या करनी पड़ी। इस मामले में, एक राजनीतिक कार्यकर्ता को प्रिवेंटिव डिटेंशन एक्ट (निवारक नजरबंदी अधिनियम), 1950 के तहत हिरासत में लिया गया था। अदालत के समक्ष अपनी दलील में उसने दावा किया था कि प्रिवेंटिव डिटेंशन एक्ट के तहत उसकी नजरबंदी अनुच्छेद 19 (1)(d) के तहत आने-जाने के उसके मौलिक अधिकार का उल्लंघन है जो अनुच्छेद 21 के तहत व्यक्तिगत स्वतंत्रता के अधिकार का एक घटक था। अदालत के समक्ष यह तर्क दिया गया था कि मौलिक अधिकारों को सामूहिक रूप से पढ़ा जाएगा न कि अलग से। इसलिए, यदि कोई कानून जो नागरिकों की व्यक्तिगत स्वतंत्रता को छीनने का प्रावधान करता है, संविधान के भाग तीन के तहत दिए गए किसी अन्य मौलिक अधिकार का उल्लंघन करता है, तो ऐसे कानून को असंवैधानिक घोषित किया जाएगा।

मुद्दाः क्या मौलिक अधिकारों को अलग से पढ़ा जाना चाहिए या संविधान के भाग तीन के तहत दिए गए अन्य मौलिक अधिकारों के साथ सामंजस्य में?

निर्णयः अदालत ने अनुच्छेद 21 के तहत 'कानून द्वारा स्थापित प्रक्रिया' वाक्यांश का सख्ती से अध्ययन करते हुए कहा कि जब किसी एक मौलिक अधिकार को चुनौती दी जाती है, तो उसकी संवैधानिकता को अन्य मौलिक अधिकारों के संबंध में नहीं आँका जाना चाहिए। याचिकाकर्ता के तर्क को खारिज करते हुए, अदालत का विचार था कि मौलिक अधिकारों को अलग से पढ़ा जाना चाहिए और अन्य मौलिक अधिकारों के साथ सामंजस्य में नहीं।

यद्यपि, अपने बाद के निर्णयों में, अदालत गोपालन मामले में अपने निर्णय से हट गई। **आर.सी. कूपर बनाम भारत संघ (1970)** में अदालत

ने कहा कि अनुच्छेद 21 के अंतर्गत प्रदान किए गए जीवन और स्वतंत्रता के अधिकार को संविधान के भाग तीन के अंतर्गत दिए गए अन्य मौलिक अधिकारों के साथ सामंजस्यपूर्ण रूप से पढ़ा जाना चाहिए। इसलिए अनुच्छेद 19 के तहत किसी व्यक्ति को दी गई स्वतंत्रता का अस्तित्व समाप्त नहीं होता है, यदि ऐसे व्यक्ति को अनुच्छेद 21 के तहत निर्धारित कानून के अनुसार हिरासत में लिया जाता है।

मौलिक अधिकारों का ऐसा उदार और सामंजस्यपूर्ण वाचन **खड़क सिंह बनाम उत्तर प्रदेश राज्य (1963)** के मामले में जारी रहा।

23

मेनका गाँधी बनाम भारत संघ
AIR 1978, SC 597
कानून की उचित प्रक्रिया को मान्यता दी जाएगी।

यह मामला भारतीय न्यायपालिका के सबसे काले चरणों में से एक, राष्ट्रीय आपातकाल के बाद उत्पन्न हुआ। यह वह समय था जब न्यायपालिका की स्वतंत्रता में नागरिकों का विश्वास डगमगा गया था। एडीएम जबलपुर/बंदी प्रत्यक्षीकरण (Habeas Corpus) प्रकरण में सर्वोच्च न्यायालय द्वारा सुनाए गए निर्णय ने न्यायपालिका की छवि पर धब्बा लगा दिया था।

तथ्य: पूर्व प्रधानमंत्री इंदिरा गाँधी की बहू मेनका गाँधी एक पत्रिका चलाती थीं जो तत्कालीन सरकार और उसके मंत्रियों के विषय में आलोचनात्मक सामग्री प्रकाशित करती थी। उन्हें एक वार्ता में भाग लेने के लिए विदेश यात्रा करनी थी, लेकिन इससे पहले कि वह अपनी उड़ान में सवार हो पातीं, अधिकारियों द्वारा पासपोर्ट अधिनियम की धारा 10(3) (c) के तहत 'जनहित' में उनका पासपोर्ट जब्त कर लिया गया। तब उन्होंने अधिकारियों से उनके पासपोर्ट को जब्त करने के पीछे एक तर्कपूर्ण आदेश के लिए अनुरोध किया लेकिन उनके अनुरोध को अस्वीकार कर दिया गया।

मुद्दा: क्या वाक्यांश 'कानून द्वारा स्थापित प्रक्रिया' को सख्ती से पढ़ा जाना चाहिए?

निर्णय: मामले का निर्णय सात जजों की संवैधानिक बेंच ने किया था। बेंच ने निर्णय किया कि जिस प्रक्रिया से किसी व्यक्ति को व्यक्तिगत स्वतंत्रता से वंचित किया जाना है वह न्यायपूर्ण, निष्पक्ष और उचित होनी चाहिए। और वह दमनकारी, काल्पनिक और मनमानी नहीं हो सकती। इस मामले में अदालत ने विदेश यात्रा के अधिकार को भी अनुच्छेद 21 के दायरे के अंतर्गत मौलिक अधिकार माना। अंत में, अदालत ने कहा कि जिस सरकारी आदेश के तहत श्रीमती गाँधी का पासपोर्ट जब्त किया गया था वह मनमाना था और विभिन्न मौलिक अधिकारों का उल्लंघन करता था, जैसे कि अनुच्छेद 19 के तहत आवागमन की स्वतंत्रता और अनुच्छेद 14 के तहत समानता का अधिकार। इसलिए, उसे अदालत द्वारा असंवैधानिक घोषित किया गया। भारतीय न्यायपालिका के इतिहास में ऐसा पहली बार हुआ था कि 'कानून की उचित प्रक्रिया' का अमेरिकी सिद्धांत 'कानून द्वारा स्थापित प्रक्रिया' पर हावी रहा।

24

ओल्गा टेलिस बनाम बंबई नगर निगम (1985) मानवाधिकार को मौलिक अधिकार के समान सुरक्षा प्राप्त हो सकती है।

मानवाधिकार न्यूनतम बुनियादी अधिकार हैं जो गरिमापूर्ण जीवन के लिए आवश्यक हैं। उन्हें तीन प्रकार/पीढ़ियों में विभाजित किया जा सकता है-पहली पीढ़ी के मानवाधिकार, जिन्हें नागरिक और राजनीतिक अधिकार भी कहा जाता है; दूसरी पीढ़ी के मानवाधिकार या आर्थिक, सामाजिक और सांस्कृतिक; और तीसरी पीढ़ी के मानवाधिकार/सामूहिक और एकजुटता अधिकार। जब भारत के संविधान का निर्माण हुआ था तो इसमें मौलिक अधिकारों के रूप में केवल पहली पीढ़ी के नागरिक और राजनीतिक अधिकारों को शामिल किया गया था। दूसरी पीढ़ी के मानवाधिकारों को संविधान के भाग चार में राज्य नीति के निदेशक सिद्धांतों के शीर्षक के तहत रखा गया था। यह संविधान का गैर-न्यायिक हिस्सा है।

शुरुआती दशकों में, अदालतें केवल पहली पीढ़ी के मानवाधिकारों, यानी संविधान के भाग तीन के तहत दिए गए अधिकारों को सही ठहराती थीं। हालाँकि, बाद के दशकों में, भारतीय न्यायपालिका में सक्रियतावाद के उदय के साथ, अदालत ने संविधान के अनुच्छेद 21 के तहत जीवन के अधिकार के एक अन्तर्निहित भाग के रूप में पढ़ कर दूसरी पीढ़ी के मानवाधिकारों को लागू करना आरंभ कर दिया। ऐसा ही एक मामला ओल्गा टेलिस का था जहाँ अदालत ने अनुच्छेद 21 के तहत झुग्गीवासियों को आश्रय देने के अधिकार को मौलिक अधिकार के रूप में रखा।

तथ्यः 1981 में, बंबई नगर निगम ने बीएमसी अधिनियम की धारा 312-14 के तहत फुटपाथ पर रहने वालों के खिलाफ एक बेदखली अभियान शुरू किया। इस अभियान को सर्वोच्च न्यायालय में चुनौती दी गई थी।

निर्णयः इस मामले में याचिकाकर्ताओं ने तर्क दिया कि संविधान के अनुच्छेद 21 के तहत झुग्गीवासियों को जीवन और स्वतंत्रता का अधिकार था और आजीविका का अधिकार जीवन के अधिकार के तहत निहित है। अदालत ने इस

तर्क को स्वीकार किया और पुष्टि की कि झुग्गीवासियों को आश्रय का अधिकार अनुच्छेद 21 के तहत एक मौलिक अधिकार है। अदालत ने कहा कि इस तरह के अधिकार को कानून द्वारा स्थापित प्रक्रिया के माध्यम से ही छीना जा सकता है। हालाँकि ऐसी प्रक्रिया न्यायोचित, निष्पक्ष और तर्कसंगत होगी। अदालत ने कहा कि बीएमसी अधिनियम की धारा 312-14 द्वारा निर्धारित प्रक्रिया जिसके तहत बेदखली अभियान चलाया जा रहा था, उचित, निष्पक्ष और तर्कसंगत थी और इसलिए संवैधानिक रूप से मान्य भी थी। इसलिए अदालत ने बेदखली अभियान की इजाजत दे दी।

के.एस. पुट्टास्वामी जस्टिस (सेवानिवृत्त) बनाम भारत संघ 2015 (8), एससीसी 735 आधार कार्ड जारी करना निजता के अधिकार का उल्लंघन नहीं है।

तथ्यः इस मामले को आधार मामले के नाम से भी जाना जाता है क्योंकि इस मामले में आधार अधिनियम की संवैधानिक वैधता को चुनौती दी गई थी। आधार अधिनियम आधार कार्ड के लिए एक व्यक्ति के बायोमेट्रिक्स के संग्रह का प्रावधान करता था और कई सरकारी लाभों का दावा करने के लिए कार्ड को आवश्यक बनाता था। अधिनियम को इस आधार पर चुनौती दी गई थी कि किसी व्यक्ति की बायोमेट्रिक्स जैसी संवेदनशील जानकारी का संग्रह और भंडारण उसके निजता के अधिकार का उल्लंघन है। मामले की सुनवाई नौ जजों की बेंच ने की थी।

मुद्दाः क्या निजता का अधिकार एक मौलिक अधिकार है ?

निर्णयः इस मामले में कोर्ट ने **एम.पी.शर्मा बनाम सतीश चन्द्र (1954)** मामले में आठ जजों की पीठ (बेंच) के निर्णय को और **खड़क सिंह बनाम यू.पी. राज्य (1964)** मामले में चार जजों की पीठ के निर्णयों को उलट दिया, जहाँ उन्होंने माना था कि निजता का अधिकार मौलिक अधिकार नहीं है। पुट्टास्वामी मामले में, अदालत ने निर्णय दिया कि निजता का अधिकार संविधान के अनुच्छेद 21 के अंतर्गत प्रदान किए गए जीवन और स्वतंत्रता के अधिकार के तहत एक मौलिक अधिकार है। यह निर्णय नवतेज जौहर के मामले में अदालत के निर्णय का आधार बना जहाँ अदालत ने समलैंगिकता को अपराधमुक्त कर दिया।

सर्वोच्च न्यायालय ने निम्नलिखित टीका-टिप्पणी की :

इस **देश में भ्रष्टाचार** और काले धन का संकट खतरनाक अनुपात में पहुँच गया है। यह उस आर्थिक प्रगति को नष्ट कर रहा है जिसे देश अन्यथा प्राप्त कर रहा है। इस खतरे के विभिन्न कारणों में जाने की आवश्यकता नहीं है। यद्यपि, यह टिप्पणी करना उचित होगा कि काले धन पर न्यायमूर्ति एम.बी.शाह की अध्यक्षता में विशेष जाँच दल (एसआईटी) की टिप्पणियों के अनुसार भी, इसका एक कारण यह है कि व्यक्तियों के पास वित्तीय/व्यावसायिक लेनदेन करते समय अपने पैन या यूआईडी या पासपोर्ट नंबर या ड्राइविंग लाइसेंस या पहचान के किसी अन्य प्रमाण

को उद्धृत करने का विकल्प होता है। पहचान के प्रमाण देने के इन बहुविध तरीकों के कारण, आईडी के प्रत्येक स्वतंत्र प्रमाण के साथ उपलब्ध डेटा एकत्र करने के लिए वर्तमान में कोई तंत्र/प्रणाली नहीं है। इसी वजह से एसआईटी ने भी सुझाव दिया था कि इन डेटाबेसों को परस्पर जोड़ दिया जाए। भारत और विदेशों में काले धन से निपटने के उपायों पर अध्यक्ष, सीबीडीटी की अध्यक्षता वाली समिति की सिफारिश भी इसी प्रभाव के लिए है, जिसमें फेक कंपनियों की आड़ में ऐसे व्यक्तियों द्वारा कर चोरी करने के लिए की जा रही धन-शोधन (मनी लॉन्ड्रिंग) की समस्या पर भी चर्चा की गई है, जिनके पास अलग-अलग नामों या उनके नामों के रूपांतरों के तहत एकाधिक फर्जी पैन नंबर हैं। इस समस्या को दूर करना तभी संभव हो सकता है जब पहचान का एक समान प्रमाण, अर्थात् यूआईडी अपनाया जाए। उक्त बीमारी की जाँच करने और उसे कम करने में यह काफी सहायक हो सकता है।

आधार या यूआईडी, जिसे आज सबसे उन्नत और परिष्कृत बुनियादी ढाँचे के रूप में जाना जाता है, कुछ हद तक आतंकवाद की समस्या से निपटने के लिए कानून प्रवर्तन एजेंसियों को सुविधा प्रदान कर सकता है और अपराध की रोकथाम करने में और जाँच एजेंसियों को अपराध सुलझाने में भी सहायक हो सकता है। इसमें कोई संदेह नहीं है कि पूर्वोक्त को, और इसी प्रकार के कुछ अन्य मान्य विचारों को देखते हुए, सरकार का इरादा आधार आंदोलन को बढ़ावा देना और इस देश के लोगों को आधार योजना के तहत स्वयं को नामांकित करने के लिए प्रोत्साहित करना है। अत: आधार कार्ड जारी करना निजता के मौलिक अधिकार का उल्लंघन नहीं है।

26

अनीता कुशवाहा बनाम पुष्प सूदन
(2016) 8 SCC 509
न्याय तक पहुँच जीवन का अधिकार है।

तथ्यः स्थानांतरण याचिकाओं का प्रतिवादियों द्वारा विरोध किया जाता है, **अन्य बातों के साथ-साथ** (inter alia), इस आधार पर कि सिविल प्रक्रिया संहिता की धारा 25 और दंड प्रक्रिया संहिता की धारा 406 के प्रावधान, जो इस न्यायालय को नागरिक और आपराधिक मामलों के हस्तांतरण को क्रमशः एक राज्य से दूसरे में निर्देशित करने का अधिकार देते हैं, जम्मू और कश्मीर राज्य तक विस्तारित नहीं होते हैं, और इसलिए किसी भी स्थानांतरण को निर्देशित करने के लिए इनका आह्वान नहीं किया जा सकता है। इसके अलावा, जम्मू और कश्मीर सिविल प्रक्रिया संहिता, 1977 और जम्मू और कश्मीर दंड प्रक्रिया संहिता, 1989 में ऐसा कोई प्रावधान नहीं है जो सर्वोच्च न्यायालय को किसी भी मामले को उस राज्य से बाहर की अदालत में स्थानांतरित करने या इसके विपरीत करने का अधिकार देता हो। उसने उत्तरदाताओं की ओर से यह तर्क भी दिया कि, इस न्यायालय को दीवानी या आपराधिक मामलों को जम्मू और कश्मीर राज्य से या राज्य में सीधे स्थानांतरित करने के लिए सशक्त बनाने वाले किसी भी प्रावधान के अभाव में, इस न्यायालय द्वारा ऐसे किसी भी अधिकार का आह्वान या प्रयोग नहीं किया जा सकता है।

निर्णयः अनुच्छेद 142 के तहत जम्मू और कश्मीर राज्य की एक अदालत से राज्य के बाहर की अदालत में मामलों के सीधे हस्तांतरण या इसके विपरीत करने के अधिकार के उपयोग के खिलाफ कोई निषेध नहीं है। हालाँकि, एक सक्षम प्रावधान की अनुपस्थिति के मामलों को जम्मू और कश्मीर राज्य में या राज्य से स्थानांतरित करने के खिलाफ निषेध के रूप में नहीं समझा जा सकता है। समान रूप से महत्त्वपूर्ण यह देखना है कि क्या ऐसे निषेध में सार्वजनिक नीति का कोई मूलभूत सिद्धांत अंतर्निहित है। न तो इस तरह के निषेध और न ही किसी सार्वजनिक नीति को प्रस्तुत मामलों में देखा जा सकता है, किसी मौलिक सिद्धांत पर आधारित सार्वजनिक नीति तो दूर की बात है। इसलिए, अनुच्छेद 32, 136 और 142 के प्रावधान इस

अदालत को उपयुक्त परिस्थितियों में ऐसे हस्तांतरण निर्देशित करने के लिए सशक्त करने को पर्याप्त रूप से व्यापक हैं, भले ही केंद्रीय सिविल और आपराधिक प्रक्रिया संहिता राज्य तक विस्तारित न हो और न ही सिविल और आपराधिक प्रक्रिया के राज्य कोड में ऐसा कोई प्रावधान हो जो इस अदालत को मामले स्थानांतरित करने का अधिकार देता हो। अदालत ने आगे कहा कि, "यदि "जीवन" का अर्थ न केवल भौतिक अर्थों में जीवन है, बल्कि अधिकारों का एक समूह है जो जीवन को जीने लायक बनाते हैं, तो यह मानने का कोई न्यायिक या अन्य आधार नहीं है कि "न्याय तक पहुँच" से इनकार मानव जीवन की गुणवत्ता को प्रभावित नहीं करेगा ताकि न्याय तक पहुँच को अनुच्छेद 21 के तहत सुनिश्चित जीवन के अधिकार के दायरे से बाहर किया जा सके। इसलिए, हमें यह कहने में कोई झिझक नहीं है कि न्याय तक पहुँच वास्तव में संविधान के अनुच्छेद 21 के तहत सुनिश्चित किए गए जीवन के अधिकार का एक पहलू है।"

27

सुभाष शर्मा बनाम भारत संघ
AIR 1991, SC 631
न्यायाधीशों की स्वीकृत संख्या बनी रहनी चाहिए।

हर अदालत में बकाया मामलों की एक बड़ी संख्या है, जिससे पूरे देश के लाखों वादियों को विलंब, खर्चे और अन्य परेशानियाँ होती हैं। सर्वोच्च न्यायालय पर भी बकाया मामलों का बोझ है। एक समय न्यायाधीशों की संख्या स्वीकृत संख्या की आधी ही थी। न्यायाधीशों की नियुक्तियाँ अक्सर राजनीति में फँस जाती हैं क्योंकि नियुक्ति प्राधिकारी-कार्यपालिका, उच्च न्यायालयों के मुख्य न्यायाधीश और सर्वोच्च न्यायालय अलग-अलग दिशाओं में खींचते हैं। इन तीनों याचिकाओं में इस समस्या का समाधान माँगा गया था।

तथ्य: याचिकाएँ वकील सुभाष शर्मा, सुप्रीम कोर्ट एडवोकेट्स-ऑन-रिकॉर्ड एसोसिएशन और बंबई बार एसोसिएशन के मानद सचिव द्वारा दायर की गई थीं। उन्होंने अदालत से माँग की कि वह केंद्र सरकार को उच्चतम न्यायालय और उच्च न्यायालय में रिक्त पदों को भरने का निर्देश दे।

निर्णय: केंद्र सरकार ने यह तर्क देते हुए याचिका की सुनवाई को चुनौती दी कि यह ऐसा मामला नहीं था जिसमें अदालत आदेश पारित कर सकती है। लेकिन अदालत ने उसे खारिज कर दिया और कहा कि स्वीकृत संख्या निर्धारित हो जाने के बाद, संस्वीकृत संख्या को बनाए रखना केंद्र सरकार का दायित्व था।

याचिकाएँ 1985 में दायर की गई थीं और अदालत समय-समय पर केंद्र सरकार को निर्दिष्ट तिथियों के भीतर रिक्तियाँ भरने के अंतरिम निर्देशों के साथ सुनवाई स्थगित कर रही थी। अंतरिम निर्देशों द्वारा इस निगरानी के परिणामस्वरूप, 1991 तक स्थिति कुछ हद तक आसान हो गई। लेकिन सेवानिवृत्ति और अन्य संबंधित घटनाक्रमों के साथ, रिक्तियों की संख्या बढ़ती रही। इसका उपाय किया जाना चाहिए।

यह निर्णय जजों की नियुक्तियों के विस्तृत पहलुओं की पड़ताल करता है। यह परामर्श प्रक्रिया और न्यायाधीशों की संख्या के निर्धारण में भारत के मुख्य न्यायाधीश की स्थिति पर अपने 1981 के निर्णय से संतुष्ट नहीं था। इसलिए, इसने उन दो प्रश्नों को उच्चतम न्यायालय की नौ जजों की पीठ को पुनर्विचार के लिए भेज दिया।

28

रोमिला थापर बनाम भारत संघ
(2018) 10 SCC 802
विशेष जाँच की माँग स्वीकार्य नहीं है।

तथ्यः 28 अगस्त को, महाराष्ट्र पुलिस ने भारत के विभिन्न हिस्सों में एक साथ छापेमारी की थी, जिसके परिणामस्वरूप पाँच सक्रियतावादियों की गिरफ्तारी हुईः वरवरा राव, सुधा भारद्वाज, गौतम नवलखा, वर्नोन गोंजाल्वेस और अरुण फरेरा। महाराष्ट्र पुलिस ने आरोप लगाया कि सक्रियतावादी एल्गार परिषद् के लिए जिम्मेदार थे, जिसने कथित तौर पर भीमा कोरेगाँव हिंसा को उत्प्रेरित किया था। पुलिस ने दावा किया कि सक्रियतावादी एक प्रतिबंधित संगठन, कम्युनिस्ट पार्टी ऑफ इंडिया (माओवादी) के सदस्य हैं। भीमा कोरेगाँव हिंसा 01 जनवरी, 2018 को भीमा कोरेगाँव में एक वार्षिक उत्सव सभा के दौरान हिंसा को संदर्भित करती है, जो भीमा कोरेगाँव की लड़ाई की 200वीं वर्षगाँठ को चिन्हित करने के लिए आयोजित थी। सभा में असामाजिक तत्त्वों द्वारा हिंसा और पथराव के परिणामस्वरूप एक 28 वर्षीय युवा की मौत हो गई थी और पाँच अन्य लोग घायल हो गए थे। वार्षिक उत्सव, जिसे एल्गार परिषद् सम्मेलन भी कहा जाता है, का आयोजन सेवानिवृत्त न्यायमूर्तियों बी.जी. कोल्टे पाटिल और पी.बी. सावंत द्वारा किया गया था। न्यायमूर्ति पी.बी.सावंत ने दावा किया कि "एल्गार" शब्द का अर्थ जोरदार निमंत्रण या जोरदार घोषणा है। 30 अगस्त, 2018 को, रोमिला थापर, देवकी जैन, प्रभात पटनायक, सतीश देशपांडे और माजा दारूवाला ने अगस्त में गिरफ्तार किए गए लोगों की मनमानी गिरफ्तारी को चुनौती देते हुए सर्वोच्च न्यायालय को एक संयुक्त याचिका प्रस्तुत की। याचिकाकर्ताओं ने कहा कि पुलिस ने कार्यकर्ताओं के कानून के समक्ष समानता (अनुच्छेद 14), अभिव्यक्ति की स्वतंत्रता (अनुच्छेद 19) और व्यक्तिगत स्वतंत्रता (अनुच्छेद 21) के अधिकारों का उल्लंघन किया था। उन्होंने तर्क दिया कि गिरफ्तारियाँ असंतोष पर अंकुश लगाने के लिए मनमाने ढंग से की गई थीं। उन्होंने इस बात पर जोर दिया कि कार्यकर्ताओं पर ड्रैकोनियन यूएपीए (गैर-कानूनी गतिविधियाँ प्रतिबंध कानून) के तहत मामला दर्ज किया गया था। इसके अलावा, महाराष्ट्र पुलिस ने छापे के दौरान गंभीर प्रक्रियात्मक चूकें की थीं।

निर्णय: बहुमत ने पाँच मानवाधिकार कार्यकर्ताओं की गिरफ्तारी के संबंध में विशेष जाँच टीम (SIT) द्वारा जाँच करवाए जाने की याचिका को खारिज कर दिया। अस्वीकृति को **नर्मदा बाई बनाम गुजरात राज्य और अन्य** के मामले से संदर्भित किया जा सकता है, जहाँ अदालत ने कहा था कि मामले के पक्षकार अपनी व्यक्तिगत पसंद और वरीयता के अनुसार जाँच ब्यूरो का निर्धारण नहीं कर सकते हैं। सर्वोच्च न्यायालय ने नजरबंदी को चार साल के लिए बढ़ा दिया। अदालत ने कहा कि अधिकारियों ने पर्याप्त और प्रासंगिक सबूत प्रस्तुत किए थे और इस विवाद से असहमति जताई कि गिरफ्तारी सबूतों की कमी के साथ की गई थी।

29

बाबू सिंह बनाम उत्तर प्रदेश राज्य
1978, AIR 527
त्वरित न्याय एक मौलिक अधिकार है।

तथ्य: सभी याचिकाकर्ताओं पर आईपीसी की धारा 302 के तहत हत्या के अपराध का आरोप लगाया गया था, लेकिन उन सभी को सत्र न्यायाधीश द्वारा 4 नवंबर, 1972 को बरी कर दिया गया। राज्य ने रिहाई के खिलाफ सफलतापूर्वक अपील की और उच्च न्यायालय ने 20 मई, 1977 के अपने निर्णय द्वारा, सत्र अदालत के निष्कर्षों को उलटते हुए, उन सभी को दोषी ठहराया और सभी को आजीवन कारावास की सजा सुनाई। याचिकाकर्ता अपील के अपने वैधानिक अधिकार का प्रयोग करते हुए सर्वोच्च न्यायालय आए। अपील के निपटान को लंबित करते हुए, उन्होंने जमानत के लिए एक आवेदन किया जिसे 7 सितंबर, 1977 को अस्वीकार कर दिया गया। याचिकाकर्ताओं ने जमानत के लिए एक और आवेदन किया।

निर्णय:

- अनुच्छेद 21 का महत्त्व और विस्तार स्वतंत्रता के अभाव को अल्पकालिक या स्थायी बना देता है, जो गंभीर चिंता का विषय है और केवल तभी अनुमत है जब इसे अधिकृत करने वाला कानून उचित, निष्पक्ष और समुदाय की भलाई और राज्य-आवश्यकता के लक्ष्यों के अनुरूप हो। अनुच्छेद 19 में, युक्तियुक्तता बुद्धिपूर्ण देखभाल को दर्शाती है और निश्चयपूर्वक कहती है कि जमानत से इनकार करके स्वतंत्रता से वंचित करना दंडात्मक उद्देश्य के लिए नहीं है, बल्कि शामिल व्यक्ति और प्रभावित समाज के न्याय दोनों के हितों के लिए है।
- हमारी न्याय, प्रणाली, गंभीर मामलों में भी, धीमी गति बीमारी से पीड़ित है जो "निष्पक्ष विचारण" के लिए घातक है, अंतिम निर्णय चाहे जो भी हो। 'तीव्र गति न्याय सामाजिक न्याय का एक घटक है क्योंकि समुदाय, समग्र रूप से, अपराधी के एक उचित अवधि के अंदर उपयुक्त रूप से और अंततः सजा पाने को लेकर और निर्दोष के प्रति आपराधिक कार्यवाही की अत्यधिक कठिन अग्नि-परीक्षा से बरी होने को लेकर चिंतित रहता है।

30

हुसैनआरा खातून बनाम गृह सचिव, बिहार राज्य 1979, AIR 1369

विचाराधीन कैदियों को उनकी सजा की अधिकतम अवधि से अधिक नहीं रखा जा सकता है।

तथ्य:

- बिहार राज्य में विचाराधीन कैदियों की रिहाई की सुनवाई के लिए कोर्ट के समक्ष याचिका आई। बिहार राज्य को एक संशोधित तालिका दायर करने का निर्देश दिया गया था, जिसमें विचाराधीन कैदियों को दो व्यापक श्रेणियों में विभाजित करने के बाद, अर्थात् छोटे अपराध और बड़े अपराध जिनका वर्ष-वार ब्रेक-अप दिखाना था, नहीं किया गया।
- न्यायालय के निर्देश के जवाबी हलफनामे में यह दावा किया गया है कि पटना सेंट्रल जेल, मुजफ्फरपुर सेंट्रल जेल और रांची सेंट्रल जेल में कैद कई विचाराधीन कैदियों को, जो यहाँ याचिकाकर्ता हैं, उनकी रिहाई से पहले नियमित रूप से कई बार मजिस्ट्रेट के सामने पेश किया गया और उन्हें बार-बार न्यायिक हिरासत में भेजा गया है।

निर्णय:

- न्यायालय ने निर्देश दिया कि ये विचाराधीन कैदी, जिनके नाम और विवरण दायर की गई सूची में दिए गए हैं, तत्काल रिहा किए जाने चाहिए क्योंकि उनकी हिरासत को जारी रखना अवैध और संविधान के अनुच्छेद 21 के तहत उनके मौलिक अधिकार का उल्लंघन है क्योंकि वे जेल में उस अधिकतम अवधि से, जितनी उन्हें सजा मिलनी चाहिए थी, अधिक समय तक रह चुके हैं।
- अदालत ने पाया कि जिन विचाराधीन कैदियों की सूची अदालत के समक्ष दायर की गई थी, वे जेल में उस अधिकतम अवधि से अधिक समय से हैं, जिसके लिए उन्हें दोषी ठहराए जाने पर सजा दी जा सकती थी। अदालत ने कानूनी और न्यायिक प्रणाली की उपेक्षा और व्यक्तिगत स्वतंत्रता की अनुचित वंचना को पहचाना/स्वीकार किया। अदालत ने विचाराधीन कैदियों की दुर्दशा को भी महसूस किया, जो ज्यादातर समय जमानत पर रिहाई के अपने अधिकार से अनजान होते हैं या गरीबी के कारण वकील रखने में असमर्थ होते हैं। इसके लिए एक पर्याप्त और व्यापक कानूनी सेवा कार्यक्रम की आवश्यकता है।

- जोर उन विचाराधीन कैदियों पर दिया जाता है जो कारावास की उस अधिकतम अवधि का, जिसके लिए उन्हें दोषी ठहराए जाने पर सजा हो सकती थी, आधे से अधिक समय जेल में बिता चुके हैं। कोई कारण नहीं है कि इन विचाराधीन कैदियों को जेल में सड़ने दिया जाए, केवल राज्य की गलती के कारण जिसने उचित अवधि के भीतर उन पर मुकदमा नहीं चलाया। उनमें से कुछ के उन आरोपों से बरी होने की संभावना जो उनके खिलाफ लगाए गए थे, उन अपराधों के लिए कई साल जेल में बिताने के बाद, जो अंततः पाया गया कि उन्होंने नहीं किए थे, उनकी व्यक्तिगत स्वतंत्रता के अधिकार के लिए हानिकारक होगा। इसलिए, अपराधों के आरोपी व्यक्तियों की त्वरित सुनवाई यह सुनिश्चित करने के लिए आवश्यक हो जाती है कि अभियुक्तों को जेल में उससे अधिक समय तक न रहना पड़े जितना कि नितांत आवश्यक है।

31

पंजाब राज्य और अन्य बनाम जगजीत सिंह और अन्य
AIR 2016 SC 5176 = 2017(1), SCC 148
समान काम के लिए समान वेतन

तथ्य: उपरोक्त पैराग्राफों 7 से 24 में सूचित सभी निर्णय, नियमित आधार पर कार्यरत कर्मचारियों से संबंधित हैं, जो 'समान काम के लिए समान वेतन' के सिद्धांत के तहत उच्च वेतन का दावा कर रहे थे। ऐसे कर्मचारियों द्वारा किए गए दावे का आधार यह था कि उनके द्वारा निभाए जा रहे कर्त्तव्य और उत्तरदायित्व अन्य सरकारी विभागों में समान पद के विरुद्ध थे जिसके लिए उच्च वेतनमान दिया जा रहा था या वैकल्पिक रूप से, उनके कर्त्तव्य और उत्तरदायित्व विभिन्न पदनामों वाले अन्य पदों के समान ही थे, लेकिन उन्हें निचले पैमाने पर रखा गया था। इस अदालत द्वारा निर्धारित मापदंडों को परिश्रमपूर्वक विस्तार से समझते हुए, जिसमें 'समान काम के लिए समान वेतन' के सिद्धांत को लागू किया गया था और माना गया था, इस प्रकार न्यायालय द्वारा निर्धारित मापदंडों का वर्णन करना न्यायपूर्ण और उचित होगा। उक्त मापदंडों को दर्ज करने में, हमने अस्थायी कर्मचारियों से संबंधित कुछ अन्य निर्णयों की ओर भी ध्यान आकर्षित किया है (इस निर्णय में निपटाया भी है), जिनमें भी, इस अदालत के पास 'समान काम के लिए समान वेतन' के सिद्धांत के संदर्भ में कानूनी स्थिति व्यक्त करने का अवसर था।

निर्णय: इस तथ्य को देखते हुए कि ऊपर वर्णित घोषणाओं ने संविधान के अनुच्छेद 21 में आने वाले "जीवन" शब्द की जीवन के अधिकार के लिए प्रासंगिक और/या अभिन्न माने जाने वाले अधिकारों के स्थूल क्रम में व्याख्या की है और समझा है, ऐसा कोई वास्तविक कारण नहीं है कि न्याय तक पहुँच को उक्त अधिकारों के वर्ग और श्रेणी के बाहर क्यों माना जाना चाहिए, जिसे पहले से ही भारत के संविधान के अनुच्छेद 21 के एक अभिन्न अंग के रूप में मान्यता प्राप्त है।

यदि "जीवन" का अर्थ न केवल भौतिक अर्थों में जीवन है, बल्कि अधिकारों का एक समूह है जो जीवन को जीने लायक बनाता है, तो यह मानने का कोई न्यायिक या अन्य आधार नहीं है कि "न्याय तक पहुँच" से इनकार मानव जीवन की गुणवत्ता को प्रभावित नहीं करेगा, ताकि न्याय तक पहुँच को अनुच्छेद 21 के तहत गारंटीकृत

जीवन के अधिकार के दायरे से बाहर ले जाया जाए। इसलिए, हमें यह मानने में कोई हिचकिचाहट नहीं है कि न्याय तक पहुँच वास्तव में संविधान के अनुच्छेद 21 के तहत गारंटीकृत जीवन के अधिकार का एक पहलू है। हमें केवल यह जोड़ने की आवश्यकता है कि न्याय तक पहुँच संविधान के अनुच्छेद 14 के तहत गारंटीकृत अधिकार का पहलू भी हो सकता है, जो न केवल नागरिकों को बल्कि गैर-नागरिकों को भी कानून के समक्ष समानता और कानूनों के समान संरक्षण की गारंटी देता है। हम ऐसा इसलिए कहते हैं क्योंकि कानून के समक्ष समानता और कानूनों का समान संरक्षण अपने अनुप्रयोग में कानून को लागू करने वाली कार्यकारी कार्यवाही के दायरे तक सीमित नहीं है। यह अदालतों और ट्रिब्यूनल के समक्ष कार्यवाही के संबंध में भी उतना ही उपलब्ध है जहाँ कानून लागू होता है और न्याय प्रशासित होता है।

अधिकारों और दायित्वों के निर्धारण के लिए प्रदान की गई अदालतों या किसी अन्य सहायक तंत्र तक पहुँचने में नागरिकों की अक्षमता के परिणामस्वरूप कानून के समक्ष समानता के साथ-साथ कानूनों की समान सुरक्षा के संबंध में अनुच्छेद 14 में निहित गारंटी से इनकार किया जाना तय है। कहने की आवश्यकता नहीं है, कि न्यायिक तंत्र की अनुपस्थिति या ऐसे तंत्र की अपर्याप्तता, उन लोगों को रोकने के लिए बाध्य है जो निवारण की चाह में कानूनों के समक्ष अपने समानता के अधिकार और कानूनों के समान संरक्षण को लागू करने की माँग कर रहे हैं, और इस प्रकार वह कानूनों के समक्ष समानता या कानूनों की समान सुरक्षा की गारंटी को नकारती है और उसे केवल चिढ़ाने वाले भ्रम में बदल देती है। संविधान के अनुच्छेद 21 के अलावा, न्याय तक पहुँच को अनुच्छेद 14 में निहित गारंटी का हिस्सा भी कहा जा सकता है।

चार मुख्य पहलू जो न्याय तक पहुँच का सार बनाते हैं वे हैं-

(1) राज्य को एक प्रभावी अधिनिर्णय (न्यायिक) तंत्र प्रदान करना चाहिए;

(2) प्रदान किया गया तंत्र दूरी के संदर्भ में यथोचित रूप से सुलभ होना चाहिए;

(3) अधिनिर्णयन की प्रक्रिया तीव्र होनी चाहिए; और

(4) अधिनिर्णय प्रक्रिया तक विवादी की पहुँच किफायती होनी चाहिए।

(i) न्यायिक तंत्र की आवश्यकता

नागरिकों को न्याय तक पहुँच प्रदान करने के लिए सबसे बुनियादी आवश्यकताओं में से एक अधिनिर्णयन तंत्र की स्थापना करना है, चाहे वह न्यायालय, न्यायाधिकरण, आयोग या प्राधिकरण के रूप में वर्णित हो या किसी अन्य नाम से पुकारा जाता हो, जहाँ एक

नागरिक अपनी शिकायत को लेकर वादविवाद कर सकता है और किसी अन्य नागरिक या राज्य या उसके किसी एक तंत्र द्वारा अपने अधिकार के उल्लंघन के रूप में जो कुछ भी महसूस करता हो, उसके बारे में न्यायनिर्णयन की माँग कर सकता है। न्याय तक पहुँचने के एक नागरिक के अधिकार की रक्षा करने के लिए, इस प्रकार प्रदान किया गया तंत्र न केवल प्रभावी होना चाहिए बल्कि अपने दृष्टिकोण में न्यायपूर्ण, निष्पक्ष और उद्देश्यपूर्ण भी होना चाहिए। इसी प्रकार न्यायनिर्णयन के लिए न्यायालय, ट्रिब्यूनल या प्राधिकरण द्वारा अपनाई जाने वाली प्रक्रिया भी अपने आप में न्यायसंगत, निष्पक्ष और प्राकृतिक न्याय के सुविचारित सिद्धांतों के अनुरूप होनी चाहिए।

(ii) दूरी के मामले में तंत्र आसानी से सुलभ होना चाहिए

अदालतों/न्यायाधिकरणों के पदानुक्रम में स्थित मंच/तंत्र को न्याय तक पहुँच के लिए दूरी के मामले में उचित रूप से सुलभ होना चाहिए क्योंकि बहुत कुछ इस तरह की राहत प्रदान करने के लिए अपनी शिकायत प्रभावी रूप से अदालत/न्यायाधिकरण/ट्रिब्यूनल/सक्षम प्राधिकारी के समक्ष रखने की विवादी की क्षमता पर निर्भर करता है।

(iii) अधिनिर्णय प्रक्रिया तीव्र होनी चाहिए

एक संवैधानिक मूल्य के रूप में "न्याय तक पहुँच" एक भ्रम मात्र होगा यदि न्याय शीघ्रता से नहीं होगा। एक प्रसिद्ध कहावत है, कि न्याय में देरी न्याय से वंचित करना है। यदि न्यायकरण की प्रक्रिया न्याय चाहने वालों के लिए इतना अधिक समय लगने वाली, श्रमसाध्य, अकर्मण्य और निराशाजनक होगी कि वह उन्हें इस प्रक्रिया को एक विकल्प के रूप में चुनने के बारे में विचार करने से भी मना करती है या रोकती है, तो यह न केवल न्याय तक पहुँच को, बल्कि स्वयं न्याय को नकारने के समान होगा। शीला बरसे के मामले में इस न्यायालय ने त्वरित सुनवाई (स्पीडी ट्रायल) को जीवन के अधिकार का एक पहलू घोषित किया, क्योंकि यदि किसी नागरिक का मुकदमा अंतहीन रूप से चलता है तो उसके जीवन के अधिकार का ही उल्लंघन होता है। न्यायशास्त्रीय रूप से, एक ओर आपराधिक मामले में त्वरित सुनवाई से इनकार और दूसरी ओर सिविल मुकदमे, अपील या अन्य कार्यवाही के बीच कोई गुणात्मक अंतर नहीं है, क्योंकि हम जानते हैं

कि कभी कभी सिविल विवादों का एक नागरिक के जीवन या उसकी गुणवत्ता पर अधिक नहीं तो समान रूप से गंभीर प्रभाव हो सकता है। इसलिए, न्याय तक पहुँच का संवैधानिक मूल्य किसी महत्त्व और उपयोगिता का तभी होगा जब नागरिक को प्रदान किया गया न्याय त्वरित हो, अन्यथा, न्याय तक पहुँच का अधिकार नागरिक के लिए एक अनुपयोगी या प्रेरणा रहित किसी खोखले नारे से अधिक कुछ नहीं है। यह जानकर खुशी होती है कि पिछले लगभग छह दशकों में देश में स्थापित अदालतों की संख्या उस समय की तुलना में कई गुना बढ़ गई है जो देश में तब मौजूद थीं जब देश ने स्वतंत्रता अर्जित की थी। आज लगभग हर तालुका में जूनियर या सीनियर डिवीजन सिविल जज की एक अदालत और हर जिले में एक जिला और सत्र न्यायाधीश है। एक नागरिक को कितनी दूरी तय करनी चाहिए, इस दृष्टि से सुगमता के संदर्भ में, अंग्रेजों के देश छोड़ने के बाद से हम एक लंबा सफर तय कर चुके हैं। यद्यपि, साक्षरता में वृद्धि, जागरूकता, समृद्धि और कानूनों के प्रसार ने अधिनिर्णय की प्रक्रिया को धीमा और समय लेने वाला बना दिया है, मुख्य रूप से अधिक कार्यभार और कर्मचारियों की कमी से जूझती न्यायिक प्रणाली, जो अदालतों में दायर किए जा रहे मामलों की बढ़ती संख्या और अधीनस्थ अदालतों में तीस मिलियन से अधिक मामलों के बढ़ते बैकलॉग से प्रभावी ढंग से निपटने के लिए आवश्यक मानव संसाधन और बुनियादी ढाँचे के साथ अतिरिक्त अदालतों के निर्माण की माँग कर रही है।

जबकि राज्यों ने नागरिक या आपराधिक संघर्षों के समाधान के लिए बुनियादी न्यायिक तंत्र प्रदान करने के मामले में अपना काम कर दिया है, अन्य देशों की तुलना में जजों की कम संख्या और असमान जज-केस अनुपात के कारण न्यायनिर्णयन प्रक्रिया पूरी होने में देरी से न्याय तक पहुँच एक बड़ा प्रश्नचिन्ह बना हुआ है।

(iv) न्यायनिर्णयन की प्रक्रिया विवादकर्ताओं के लिए किफायती होनी चाहिए

एक बार फिर, न्याय तक पहुँच एक भ्रम से अधिक नहीं होगी यदि प्रदान किया गया न्यायनिर्णय तंत्र इतना महंगा होगा कि किसी विवादी को इसका सहारा लेने से रोक दे। संविधान का अनुच्छेद 39-ए

जरूरतमंद वादियों को कानूनी सहायता प्रदान करने के एक प्रशंसनीय उद्देश्य को बढ़ावा देता है और राज्य को समाज के कम भाग्यशाली वर्गों के लिए न्याय तक पहुँच बनाने के लिए बाध्य करता है। माधव हयवदनराव होसकोट बनाम महाराष्ट्र राज्य के मामले में जरूरतमंदों को कानूनी सहायता कानून तक पहुँच के एक पहलू के रूप में मान्यता दी गई, जहाँ इस अदालत ने कहा:

"यदि एक कैदी जिसे कारावास की सजा सुनाई गई है, कानूनी सहायता के अभाव में, अपील करने के लिए विशेष अनुमति सहित वास्तव में अपील के अपने संवैधानिक और वैधानिक अधिकार का प्रयोग करने में असमर्थ है, तो संविधान के अनुच्छेद 21 और 39ए के साथ पठित अनुच्छेद 142 के तहत, पूर्ण न्याय करने के लिए ऐसे कैद व्यक्ति के लिए वकील नियुक्त करने की शक्ति अदालत में निहित है। यह संहिता द्वारा प्रदत्त और संविधान के अनुच्छेद 136 द्वारा अनुमत अपील के अधिकार की एक आवश्यक घटना है। यह अनुमान अवश्यंभावी है कि यह राज्य का कर्त्तव्य है न कि सरकार का दान। समान रूप से सकारात्मक निहितार्थ यह है कि जहाँ कानूनी सेवाएँ लाभार्थी के लिए नि:शुल्क होनी चाहिए, वहीं वकील को स्वयं अपनी सेवाओं के लिए यथोचित पारिश्रमिक देना होगा। निश्चित रूप से, पेशे की लोगों के प्रति सार्वजनिक प्रतिबद्धता है, लेकिन इसके सदस्यों का परोपकार लंबे समय में कम लाभ देता है। उनकी सेवाओं के लिए, विशेष रूप से जब वे राज्य की ओर से हैं, भुगतान किया जाना चाहिए। स्वाभाविक रूप से, संबंधित राज्य को एक उचित राशि का भुगतान करना होगा जो अदालत कैदी के लिए वकील नियुक्त करते समय तय कर सकती है। बेशक, अदालत स्थिति का आकलन कर सकती है और सभी कोणों से विचार कर सकती है कि न्याय के उद्देश्यों के लिए विशेष मामले में कानूनी सहायता उपलब्ध कराना आवश्यक है या नहीं।"

32

ज्ञान कौर बनाम पंजाब राज्य
1996, SSC (2)648
जीने के अधिकार में मरने का अधिकार शामिल नहीं है।

इस मामले में अदालत ने पी. रथिनम बनाम भारत संघ के निर्णय को खारिज कर दिया और आईपीसी की धारा 309 को संवैधानिक घोषित कर दिया। जीवन के अधिकार में मरने का अधिकार शामिल नहीं है और आत्महत्या करने के प्रयास को फिर से एक दोषी अपराध बनाया गया।

अनुच्छेद 14, 19 और 21 का स्वर्ण त्रिभुज

आर.सी. कूपर और मेनका गाँधी के मामलों में निर्णय से पहले अदालत ने ए.के. गोपालन मामले में यह कहा था कि मौलिक अधिकार एक-दूसरे के साथ संयोजन में नहीं बल्कि अलग-अलग पढ़े जाएँगे। यद्यपि, बाद में इस प्रथा को पलट दिया गया और अदालत ने मौलिक अधिकारों को संविधान के पूरे भाग तीन के प्रकाश में पढ़ना शुरू कर दिया। इस प्रकार **अनुच्छेद 14, 19 और 21 के स्वर्ण त्रिभुज** का उदय हुआ। प्रत्येक कानून जिसकी संवैधानिकता इन तीन अनुच्छेदों में से किसी एक के आधार पर निर्धारित की जानी है, उसे शेष दो अनुच्छेदों द्वारा निर्धारित संवैधानिकता की कसौटी पर भी खरा उतरना होगा। उदाहरण के लिए, यदि किसी कानून का यह परीक्षण किया जाना है कि वह अनुच्छेद 21 का उल्लंघन करता है या नहीं, तो ऐसे कानून को अनुच्छेद 14 और 19 की वेदी पर भी आँका जाएगा।

अनुच्छेद 22 का शीर्षक 'गिरफ्तारी और निरोध से संरक्षण' है। जैसा कि नाम से पता चलता है, यह अनुच्छेद कई प्रक्रियात्मक आवश्यकताओं के लिए प्रावधान करता है जो गैर-कानूनी गिरफ्तारी और नजरबंदी के खिलाफ सुरक्षा सुनिश्चित करता है।

(1) गिरफ्तार किए गए किसी भी व्यक्ति को ऐसी गिरफ्तारी के कारणों के बारे में यथाशीघ्र सूचित किए बिना अभिरक्षा में निरुद्ध (हिरासत में) नहीं रखा जाएगा, न ही उसे अपनी रुचि के विधि व्यवसायी से परामर्श करने और बचाव करने के अधिकार से वंचित किया जाएगा।

(2) प्रत्येक व्यक्ति को, जो गिरफ्तार किया गया है और अभिरक्षा में निरुद्ध रखा गया है, गिरफ्तारी के स्थान से मजिस्ट्रेट के न्यायालय तक यात्रा के लिए आवश्यक समय को छोड़कर ऐसी गिरफ्तारी से चौबीस घंटे की अवधि में निकटतम मजिस्ट्रेट के समक्ष पेश किया जाएगा और ऐसे किसी व्यक्ति को मजिस्ट्रेट के प्राधिकार के बिना उक्त अवधि से अधिक अवधि के लिए अभिरक्षा में निरुद्ध नहीं रखा जाएगा।

(3) खंड (1) और (2) की कोई भी बात ऐसे व्यक्ति पर लागू नहीं होगी :

(ए) जो तत्समय शत्रु अन्यदेशीय है; या

(बी) जिसे निवारक निरोध का उपबंध करने वाले किसी कानून के तहत गिरफ्तार या निरुद्ध किया गया है।

**(4)निवारक निरोध का उपबंध करने वाला कोई भी कानून किसी व्यक्ति का तीन माह से अधिक अवधि के लिए निरुद्ध किया जाना तब तक प्राधिकृत नहीं करेगा जब तक कि – (ए) ऐसे व्यक्तियों से, जो उच्च न्यायालय के न्यायाधीश हैं या न्यायाधीश रहे हैं या न्यायाधीश नियुक्त होने के लिए अर्हित हैं, मिलकर बने सलाहकार बोर्ड ने तीन मास की उक्त अवधि की समाप्ति से पहले यह प्रतिवेदन नहीं दिया है कि उसकी राय में ऐसे निरोध के लिए पर्याप्त कारण हैं : परंतु इस उपखंड की कोई बात किसी व्यक्ति का उस अधिकतम अवधि से अधिक अवधि के लिए निरुद्ध किया जाना प्राधिकृत नहीं करेगी जो खंड (7) के उपखंड (ख) के अधीन संसद द्वारा बनाई गई विधि द्वारा विहित की गई है; या (ख) ऐसे व्यक्ति को खंड (7) के उपखंड (क) और उपखंड (ख) के अधीन संसद द्वारा बनाई गई विधि के उपबंधों के अनुसार निरुद्ध नहीं किया जाता है।

(5) जब किसी व्यक्ति को निवारक निरोध का उपबंध करने वाले किसी कानून के अधीन किए गए आदेश के अनुसरण में निरुद्ध किया जाता है, तो आदेश देने वाला प्राधिकारी यथाशक्य शीघ्र उस व्यक्ति को यह संसूचित करेगा कि वह आदेश किन आधारों पर किया गया है और उस आदेश के विरुद्ध अभ्यावेदन करने के लिए उसे शीघ्रातिशीघ्र अवसर देगा।

(6) खंड (5) की किसी बात से ऐसा आदेश, जो उस खंड में निर्दिष्ट है, करने वाले प्राधिकारी के लिए ऐसे तनयों को प्रकट करना आवश्यक नहीं होगा जिन्हें प्रकट करना ऐसा प्राधिकारी लोकहित के विरुद्ध समझता है।

(7) संसद विधि द्वारा विहित कर सकेगी कि–

*(क) किन परिस्थितियों के अधीन और किस वर्ग या वर्गों के मामलों में किसी व्यक्ति को निवारक निरोध का उपबंध करने वाली किसी विधि के अधीन तीन मास से अधिक अवधि के लिए खंड (4) के उपखंड (क) के उपबंधों के अनुसार सलाहकार बोर्ड की राय प्राप्त किए बिना निरुद्ध किया जा सकेगा;

**(ख) किसी वर्ग या वर्गों के मामलों में कितनी अधिकतम अवधि के लिए किसी व्यक्ति को निवारक निरोध का उपबंध करने वाली किसी विधि के अधीन निरुद्ध किया जा सकेगा; और

(ग) ***खंड (4) के उपखंड (क) के अधीन की जाने वाली जाँच में सलाहकार बोर्ड द्वारा अनुसरण की जाने वाली प्रक्रिया क्या होगी।

यह विभिन्न प्रक्रियाओं का उल्लेख करता है जिसका पालन वह प्रत्येक कानून करेगा जिसका उद्देश्य गिरफ्तारी या हिरासत के माध्यम से किसी व्यक्ति के जीवन और स्वतंत्रता के अधिकार को कम करना है।

अनुच्छेद 22 का जनादेश दो प्रकार के कानूनों के तहत नजरबंदी को नियंत्रित करना है। जहाँ इस अनुच्छेद के खंड 1 और 2 एक सामान्य आपराधिक कानून के तहत गिरफ्तार व्यक्ति के अधिकारों से संबंधित हैं, खंड 3 से 7 एक निवारक निरोध कानून के तहत गिरफ्तार व्यक्ति के अधिकारों से संबंधित हैं।

अनुच्छेद 23 का शीर्षक है 'मनुष्यों के अवैध व्यापार और बलात् श्रम का निषेध।' भारतीय संविधान का अनुच्छेद 23 मानव तस्करी, बेगार (बलात् श्रम) और इसी प्रकार के अन्य बलात् श्रम के प्रकारों पर प्रतिबंध लगाता है, जिससे देश के लाखों अल्प-सुविधा प्राप्त और वंचित लोगों की रक्षा की जा सके।

अनुच्छेद 24 का शीर्षक है 'कारखानों आदि में बच्चों के नियोजन का निषेध।'

धर्म की स्वतंत्रता का अधिकार (अनुच्छेद 25-28)

भारत में धर्म जीवन का एक महत्त्वपूर्ण पहलू है। यह देश में व्यक्तिगत और राजनीतिक, दोनों तरह के जीवन के हर पहलू का हिस्सा बनता है। जब संविधान का मसौदा तैयार किया जा रहा था तब धर्म की स्वतंत्रता से संबंधित अधिकारों को, समाज और व्यक्ति दोनों के लिए, अनुच्छेद 25 से 28 तक 'धर्म की स्वतंत्रता का अधिकार' शीर्षक के अधीन रखा गया था। 42वें संशोधन अधिनियम के माध्यम से 'धर्मनिरपेक्ष' शब्द को संविधान की प्रस्तावना में जोड़ा गया। एस.आर.बोम्मई मामले (1994) में सर्वोच्च न्यायालय ने माना कि 'धर्मनिरपेक्षता' शब्द संविधान की मूल आत्मा का एक हिस्सा था।

अनुच्छेद 25 का शीर्षक है '**अंत:करण की और धर्म के अबाध रूप से मानने, आचरण और प्रचार करने की स्वतंत्रता।**'

(1) लोक व्यवस्था, नैतिकता और स्वास्थ्य तथा इस भाग के अन्य उपबंधों के अधीन रहते हुए, सभी व्यक्तियों को अंतरात्मा की स्वतंत्रता का और धर्म को अबाध रूप से मानने, आचरण करने और प्रचार करने का समान अधिकार होगा।

(2) इस अनुच्छेद की कोई बात किसी ऐसी विद्यमान विधि के प्रवर्तन पर प्रभाव नहीं डालेगी या राज्य को कोई ऐसी विधि बनाने से निवारित नहीं करेगी जो (क) धार्मिक आचरण से संबद्ध किसी आर्थिक, वित्तीय, राजनैतिक या अन्य लौकिक क्रियाकलाप का विनियमन या निर्बन्धन करती है। (ख) सामाजिक कल्याण और सुधार के लिए या सार्वजनिक प्रकार की हिंदुओं की धार्मिक संस्थाओं को हिंदुओं के सभी वर्गों और अनुभागों के लिए खोलने का उपबंध करती है।

स्पष्टीकरण I.—किरपान पहनना और धारण करना सिख धर्म को मानने का अंग समझा जाएगा।

स्पष्टीकरण II.—खंड (2) के उपखंड (ख) में हिंदुओं के प्रति निर्देश का यह अर्थ लगाया जाएगा कि उसके अंतर्गत सिक्ख, जैन या बौद्ध धर्म को मानने वाले व्यक्तियों के प्रति निर्देश है और हिंदुओं की धार्मिक संस्थाओं के प्रति निर्देश का अर्थ तदनुसार लगाया जाएगा।

अनुच्छेद 25 (1) लोगों को न केवल उनकी पसंद के धर्म का पालन करने की अनुमति देता है बल्कि अपने धर्म के अनुसरण में उस तरीके से कार्य करने की भी अनुमति देता है जैसा वे उचित समझते हैं। लेकिन इन अधिकारों का प्रयोग कुछ उचित प्रतिबंधों, जैसे लोक व्यवस्था, स्वास्थ्य और नैतिकता के अधीन है। इस अनुच्छेद के तहत उपलब्ध तीन व्यापक अधिकार निम्नलिखित हैं- अंतरात्मा की स्वतंत्रता, धर्म को मानने की स्वतंत्रता और धर्म का आचरण करने की स्वतंत्रता।

अनुच्छेद 25 का खंड दो, यानी अनुच्छेद 25(2) राज्य को धर्म से जुड़ी धर्मनिरपेक्ष गतिविधियों को विनियमित करने की अनुमति देता है। यद्यपि, 'धर्मनिरपेक्ष' शब्द को संविधान में कहीं भी परिभाषित नहीं किया गया है। अनुच्छेद 25(2)(क) राज्य को धर्मनिरपेक्ष गतिविधियों को विनियमित करने का अधिकार देता है, जैसे धर्म से जुड़े आर्थिक, वित्तीय, राजनीतिक आदि।

अनुच्छेद 25(2)(ख) राज्य को किसी भी हिंदू मंदिर/संस्थान को हिंदुओं की सभी जातियों के लिए खोलने का अधिकार देता है। यह खंड राज्य को सामाजिक सुधार करने की शक्ति देता है।

अनुच्छेद 26 का शीर्षक है 'धार्मिक मामलों के प्रबंधन की स्वतंत्रता।' यह सभी धार्मिक पंथों और धार्मिक संप्रदायों को उनके स्वयं के धार्मिक मामलों का प्रबंधन करने का; चल और अचल दोनों तरह की संपत्ति कानून के अनुसार खरीदने और प्रशासित करने का अधिकार प्रदान करता है। इस अनुच्छेद के तहत स्वतंत्रता का प्रयोग भी सार्वजनिक व्यवस्था, स्वास्थ्य और नैतिकता के उचित प्रतिबंधों के अधीन है।

अनुच्छेद 27 का शीर्षक है 'किसी विशेष धर्म के प्रचार के लिए करों के भुगतान से मुक्ति।'

अनुच्छेद 28 का शीर्षक है 'कुछ शैक्षणिक संस्थानों में धार्मिक निर्देशों या धार्मिक पूजा में उपस्थिति के संबंध में स्वतंत्रता।'

आवश्यक धार्मिक आचरण परीक्षण

जैसा कि अनुच्छेद 25 और 26 के पाठों के मात्र पठन से देखा जा सकता है कि जहाँ अनुच्छेद 25 एक व्यक्ति के धर्म के आचरण और प्रचार की स्वतंत्रता के अधिकार से संबंधित है, वहीं दूसरी ओर अनुच्छेद 26 एक पंथ या संप्रदाय द्वारा धार्मिक मामलों के प्रबंधन की स्वतंत्रता प्रदान करता है। लेकिन तब क्या हो जब दो अधिकार, अर्थात् एक व्यक्ति के और समुदाय के आपस में टकराते हैं। इसके लिए प्रावधान संविधान में नहीं पाए जाते हैं। स्वतंत्रता के कुछ ही समय बाद, अदालतों के सामने ऐसे मामले आने लगे जहाँ एक व्यक्ति का धर्म की स्वतंत्रता का अधिकार और एक संप्रदाय द्वारा अपने धार्मिक मामलों के प्रबंधन का अधिकार एक-दूसरे के विरोध में थे। ऐसे मामलों का निर्णय करने के लिए, अदालत आवश्यक धार्मिक अभ्यास परीक्षण लेकर आई। इस परीक्षण के अनुसार अदालत केवल उन्हीं प्रथाओं को संवैधानिक संरक्षण प्रदान करती थी जिन्हें वह धर्म के लिए आवश्यक समझती थी। इस परीक्षण में कई मामलों में कई बदलाव हुए। हालाँकि, आज तक, यह परीक्षण अदालत द्वारा निर्धारित सर्वाधिक विवादित परीक्षणों में से एक है। अदालत की अलग-अलग पीठों ने इसकी अलग-अलग व्याख्या की है, लेकिन इस पर कोई स्पष्ट सहमति नहीं है।

'अनिवार्य रूप से धार्मिक' शब्द का उल्लेख संविधान सभा की बहसों में बी.आर.अंबेडकर के शब्दों में भी मिलता है, जहाँ उन्होंने घोषित किया कि धर्म शब्द का अर्थ, जैसा कि संविधान के भाग तीन में प्रयोग किया गया है, उन आस्थाओं और अनुष्ठानों से परे नहीं होगा जिन्हें 'धर्म के लिए आवश्यक' माना जाता है।

33

सरदार सैयदना ताहिर सैफुद्दीन साहेब बनाम बंबई राज्य (1962), AIR 853

राज्य जातिच्युत मामले में हस्तक्षेप नहीं कर सकता।

तथ्य: इस मामले में, बॉम्बे प्रिवेंशन ऑफ एक्सकम्यूनिकेशन ऐक्ट, 1949 को सर्वोच्च न्यायालय के समक्ष चुनौती दी गई थी। यह जाति-बहिष्कार अधिनियम किसी भी धार्मिक समुदाय के भीतर किसी भी प्रकार के बहिष्कार को अवैध घोषित करता था। जाति-बहिष्कार किसी व्यक्ति को उस धार्मिक समुदाय की सदस्यता तक पहुँच से रोकने की प्रथा है जिससे वह पहले संबंधित था। यह प्राय: एक संस्था या एक संप्रदाय के प्रमुख द्वारा किया जाता है। शिया इसलाम की एक शाखा, दाउदी बोहरा समुदाय के पंथ के मुखिया ने इस जाति-बहिष्कार निवारण अधिनियम को सर्वोच्च न्यायालय में चुनौती दी। उनका मुख्य तर्क यह था कि यह अधिनियम संप्रदाय से किसी को बहिष्कृत करने के उनके अधिकार को छीनता था। यह अनुच्छेद 26 (ख) के अंतर्गत दिए गए संप्रदाय के अपने धार्मिक मामलों के प्रबंधन के अधिकार का उल्लंघन था।

निर्णय: अदालत ने 4-1 के बहुमत से याचिकाकर्ताओं की दलीलों को स्वीकार कर लिया और विवादित अधिनियम को रद्द कर दिया। यह अभिनिर्धारित किया गया कि अनुच्छेद 25 और 26 एक धर्म की आवश्यक प्रथाओं को संरक्षण प्रदान करते थे और वह भी उद्धृत अधिकृत मान्यता के आधार पर। यह अभिनिर्धारित किया गया कि संप्रदाय से बहिष्कृत करने का अधिकार एक आवश्यक धार्मिक प्रथा थी।

इसलिए, इस मामले के बाद यह सत्यापित करने के लिए एक दो-चरणीय परीक्षण विकसित हुआ कि कोई प्रथा आवश्यक धार्मिक आचरण परीक्षा उत्तीर्ण करती है या नहीं। पहला कदम यह देखना था कि क्या विचाराधीन प्रथा प्रकृति में धार्मिक थी या धर्मनिरपेक्ष? यदि वह एक धार्मिक प्रथा थी तो अगला कदम यह देखना था कि यह प्रथा धर्म के लिए आवश्यक थी या नहीं?

हालाँकि, इस परीक्षण के दायरे को इसके अभिन्न शब्द को शामिल करने के लिए विस्तृत किया गया था। **दरगाह समिति, अजमेर बनाम सैयद हुसैन अली (1962)** के मामले में, यह माना गया था कि किसी प्रथा को धर्म के संवैधानिक

रूप से संरक्षित भाग के रूप में माना जाता है तो ऐसी प्रथा धर्म के लिए 'आवश्यक और अभिन्न' दोनों होगी। मूल रूप से, इस मामले में पहले के मामलों में निर्धारित दो-चरणीय परीक्षण को समाप्त कर दिया गया था और दो चरणों को एक परीक्षण में मिला दिया गया था, अर्थात् 'आवश्यक और अभिन्न परीक्षण।' इसलिए न्यायिक हस्तक्षेप के लिए दायरा काफी बढ़ गया था।

एक धार्मिक संप्रदाय क्या होता है?

अनुच्छेद 26 में प्रयुक्त 'धार्मिक संप्रदाय' शब्द का अर्थ **एस.पी. मित्तल बनाम भारत संघ (1983)** के मामले में समझाया गया था। इस मामले में, याचिकाकर्ताओं ने, जो श्री अरबिंदो सोसाइटी के अनुयायी थे, अरबिंदो अधिनियम की संवैधानिकता को चुनौती दी थी। इस अधिनियम में अरबिंदो सोसाइटी द्वारा विकसित किए जा रहे ऑरोविले नामक एक टाउनशिप के अधिग्रहण के लिए प्रावधान किया गया था। याचिकाकर्ताओं का तर्क था कि विवादित अधिनियम अनुच्छेद 26 के तहत उन्हें प्रदान किए गए धर्म की स्वतंत्रता के अधिकार का उल्लंघन करता था। यह माना गया था कि अनुच्छेद 26 के प्रयोजन के तहत एक धार्मिक संप्रदाय बनाने के लिए, निम्नलिखित तीन शर्तों को पूरा करना होगा-

(1) उसे आस्था की एक विशेष प्रणाली में अनुयायियों का समूह होना चाहिए जिसे वे अपने आध्यात्मिक कल्याण के लिए अभिन्न मानेंगे।

(2) व्यक्तियों के ऐसे समूह का एक आम संगठन होगा।

(3) ऐसे संगठन का एक विशिष्ट नाम होगा।

यदि एक समूह उपरोक्त तीनों शर्तों को पूरा करता है तो उसे 'धार्मिक संप्रदाय' कहा जाएगा। इस परीक्षण के आधार पर, अदालत ने 4-1 की बहुमत से यह माना कि अरबिंदो समाज अनुच्छेद 26 के उद्देश्य से एक धार्मिक संप्रदाय नहीं था।

सांस्कृतिक शैक्षिक अधिकार

अनुच्छेद 29 और 30 'सांस्कृतिक और शैक्षिक अधिकार' शीर्षक के अंतर्गत आते हैं। यह अल्पसंख्यकों को उनकी संस्कृति को संरक्षित करने और प्रचारित करने के लिए कुछ निश्चित अधिकार सुनिश्चित करने की बात करता है। इन अधिकारों के माध्यम से संविधान निर्माताओं का उद्देश्य देश में विविधता को मान्यता देना था। ये मूल्य प्रस्तावना में प्रयुक्त 'धर्मनिरपेक्ष' शब्द में निहित हैं।

अनुच्छेद 29

29(1) भारत के राज्यक्षेत्र या उसके किसी भाग के निवासी नागरिकों के किसी अनुभाग को, जिसकी अपनी विशेष भाषा, लिपि या संस्कृति है, उसे बनाए रखने का अधिकार होगा।

29(2) राज्य द्वारा पोषित या राज्य-निधि से सहायता पाने वाली किसी शिक्षा संस्था में प्रवेश से किसी भी नागरिक को केवल धर्म, मूलवंश, जाति, भाषा या इनमें से किसी के आधार पर वंचित नहीं किया जाएगा।

इसे अल्पसंख्यकों के हितों की सुरक्षा का नाम दिया गया है। अनुच्छेद 29(1) विभिन्न संप्रदायों के लोगों को उनकी विशिष्ट भाषा, लिपि और संस्कृति के संरक्षण की गारंटी देता है। इस अधिकार का प्रयोग विभिन्न माध्यमों से किया जा सकता है जैसे शैक्षणिक संस्थानों की स्थापना करना और ऐसी भाषा में शिक्षा प्रदान करके भाषा को बढ़ावा देना।

अनुच्छेद 29(2) नागरिकों को शैक्षणिक संस्थान में प्रवेश का अधिकार देता है। यह प्रावधान करता है कि केवल धर्म, नस्ल, जाति, भाषा के आधार पर किसी को भी किसी शैक्षणिक संस्थान में प्रवेश से वंचित नहीं किया जाएगा।

अनुच्छेद 30 का शीर्षक है 'शिक्षा संस्थानों की स्थापना और प्रशासन के लिए अल्पसंख्यकों का अधिकार।' यह अनुच्छेद धार्मिक और भाषाई, दोनों अल्पसंख्यकों को सुरक्षा प्रदान करता है। अनुच्छेद 30 के तहत शैक्षणिक संस्थान राज्य से सहायता प्राप्त कर सकते हैं।

यद्यपि अनुच्छेद 29 और 30 अल्पसंख्यकों को शैक्षिक और सांस्कृतिक अधिकार प्रदान करते हैं, किंतु संविधान अपने किसी भी अनुच्छेद में 'अल्पसंख्यक' शब्द को परिभाषित नहीं करता है। 'अल्पसंख्यक' शब्द को ठोस रूप से परिभाषित करने का प्रयास संविधान लागू होने से पहले भी कई बार किया जा चुका है। कई पूर्व-संवैधानिक रिपोर्टें, जैसे नेहरू रिपोर्ट (1928) और सप्रू रिपोर्ट (1945) ने देश में अल्पसंख्यकों के लिए विशेष प्रावधान करने के संबंध में सिफारिशें की थीं। वह **टी.एम.ए.पाई बनाम कर्नाटक राज्य (2003)** के मामले में ग्यारह-न्यायाधीशों की पीठ थी जिसने अल्पसंख्यक को दो इकाइयों में से छोटा होने के तौर पर परिभाषित किया। यह एक सापेक्ष शब्द है और इसे कई अर्थों में इस्तेमाल किया जा सकता है, जैसे कि राजनीतिक अल्पसंख्यक, भाषाई अल्पसंख्यक आदि। यद्यपि, टी.एम.ए.पाई मामले में अदालत ने यह भी कहा कि अल्पसंख्यक की गणना राज्यवार की जाएगी न कि देशवार।

34

बचन सिंह बनाम पंजाब राज्य
(1980), 2 SCC 684
केवल दुर्लभ से दुर्लभतम अपराध में ही मृत्युदंड दिया जाना चाहिए।

तथ्यः यह मामला माननीय सर्वोच्च न्यायालय के 5 न्यायाधीशों की खंडपीठ द्वारा दिया गया एक ऐतिहासिक निर्णय है। इस मामले में सर्वोच्च न्यायालय ने "दुर्लभ से दुर्लभतम" सिद्धांत निर्धारित करके मृत्युदंड पर महत्त्वपूर्ण सीमाओं की घोषणा की।

इस मामले में एक बचन सिंह को अपनी पत्नी की हत्या के लिए दोषी ठहराया गया था और आजीवन कारावास की सजा सुनाई गई थी। अपनी रिहाई पर वह अपने चचेरे भाई हुकम सिंह और उनके परिवार के साथ रहने लगा। कुछ समय बाद उस पर एक और अपराध के लिए मुकदमा चलाया गया, यानी उसके भाई की पत्नी की हत्या के लिए, और सत्र न्यायाधीश द्वारा भारतीय दंड संहिता की धारा 302 के तहत मौत की सजा सुनाई गई। उच्च न्यायालय ने सत्र न्यायाधीश द्वारा दी गई उसकी मौत की सजा की पुष्टि की और उसकी अपील खारिज कर दी। इसके बाद बचन सिंह ने सर्वोच्च न्यायालय में अपील की। अपील में उठाया गया सवाल यह था कि क्या उसके मामले के तथ्य मृत्यु दंड देने के लिए दंड प्रक्रिया संहिता की धारा 354(3) के अनुसार "विशेष कारण" कहलाने के योग्य हैं।

आपराधिक प्रक्रिया संहिता विशेष रूप से उल्लेख करती है कि मौत की सजा केवल उन मामलों में दी जानी चाहिए जो अपवाद हैं। इसमें एक शर्त भी शामिल है कि यदि मौत की सजा दी जाती है, तो अदालत को वह देने के लिए विशेष कारण दर्ज करने चाहिए।

निर्णयः सुप्रीम कोर्ट ने आईपीसी की धारा 302 और सीआरपीसी की धारा 354(3) की संवैधानिकता से संबंधित बचन सिंह की अपील को खारिज कर दिया। अदालत ने कहा कि सीआरपीसी की धारा 354(3) में अभिव्यक्त "विशेष कारण" का अर्थ मृत्युदंड देने में "दुर्लभ से दुर्लभतम मामले" हैं। हत्या के दोषियों को आजीवन कारावास दिए जाने का नियम है और मौत की सजा एक अपवाद है।

35

डॉ. एम. इस्माइल फारुकी बनाम भारत संघ और अन्य
1994 (6) SCC 360
मसजिद इसलाम का आवश्यक हिस्सा नहीं है।

तथ्य: डॉ. इस्माइल फारूकी ने अयोध्या अधिनियम, 1993 में निश्चित क्षेत्र के अधिग्रहण की, जिसके द्वारा केंद्र ने बाबरी मसजिद और उसके आसपास 67.703 एकड़ जमीन का अधिग्रहण किया था, वैधता को चुनौती देती एक याचिका दायर की थी।

निर्णय: सर्वोच्च न्यायालय ने उच्च न्यायालय के आगे दायर याचिकाओं का हस्तांतरण करवाया, संविधान के अनुच्छेद 143(1) के तहत दिए गए संदर्भ के साथ सभी मामलों की सामूहिक सुनवाई की।

सर्वोच्च न्यायालय की खंडपीठ ने कहा कि एक मसजिद "इसलाम के धर्म के आचरण का एक अनिवार्य हिस्सा" नहीं थी और नमाज कहीं भी पढ़ी जा सकती थी और इसलिए, "उसका अधिग्रहण (राज्य द्वारा) भारतीय संविधान के प्रावधानों द्वारा निषिद्ध नहीं है।" अयोध्या अधिनियम, 1993 में निश्चित क्षेत्र का अधिग्रहण असंवैधानिक होने के कारण रद्द कर दिया गया था। अधिनियम की वैधता को चुनौती देने वाली याचिकाओं को अनुमति दे दी गई।

सर्वोच्च न्यायालय के उपरोक्त निर्णय के मद्देनजर, उच्च न्यायालय ने गुण-दोष के आधार पर मामलों पर विचार किया, किंतु एक अंतर के साथ, अर्थात्, उसने अब इन सभी मामलों में विचार किए जाने वाले विवाद के क्षेत्र को घटा दिया। विवादित क्षेत्र अब उस क्षेत्र तक सीमित है जिसके भीतर संरचना (ऐसी संरचना के आंतरिक और बाहरी परिसर सहित) मौजूद थी। उपरोक्त से आगे की भूमि अयोध्या अधिनियम की धारा 3 के तहत वैध रूप से अधिगृहीत किए जाने के कारण इन मामलों के दायरे से बाहर है।

36

डी.सी. वाधवा बनाम बिहार राज्य (1987), SCC (1) 378

राज्यपाल असीमित संख्या में अध्यादेश जारी नहीं कर सकते हैं।

1967 और 1981 के बीच बिहार के राज्यपाल ने संविधान के अनुच्छेद 213 के अंतर्गत राज्यपाल को प्रदान किए गए अध्यादेश बनाने के अधिकार का उपयोग करते हुए 256 अध्यादेश प्रख्यापित किए। यह अनुच्छेद एक राज्यपाल को विधायिका के अवकाश के दौरान अध्यादेश जारी करने की अनुमति देता है। इस तरह के अध्यादेशों को विधायिका द्वारा अनुमोदित होना चाहिए, लेकिन इस मामले में राज्यपाल समय-समय पर पुनः प्रख्यापन करके एक से चौदह वर्ष के बीच की अवधि के लिए समान अध्यादेशों को सदन द्वारा अनुमोदित करवाए बिना प्रख्यापित करते रहे। राज्य विधायिका के सत्र का सत्रावसान होने के बाद, वही अध्यादेश जिनका संचालन बंद हो गया था, लगभग एक नियमित तरीके से समान प्रावधान के साथ फिर से प्रख्यापित कर दिए जाते थे।

इस मामले में याचिकाकर्ता ने संविधान के अनुच्छेद 213 के तहत राज्यपाल के अधिकार से संबंधित सवाल उठाया था।

इस मामले में उठाया गया मुख्य मुद्दा यह है कि क्या राज्यपाल के पास बार-बार अध्यादेश जारी करने का अधिकार है, और क्या राज्यपाल इस प्रकार से कानून बनाने का अधिकार अपने पास ले सकते हैं, और अनुच्छेद 213 के अंतर्गत राज्यपाल को प्रदान किए गए अध्यादेश बनाने के अधिकार की सीमा क्या है ?

मामले में निर्णय

इस मामले में सर्वोच्च न्यायालय ने कहा कि संविधान के अनुच्छेद 213 के अंतर्गत अध्यादेश जारी करने का राज्यपाल का अधिकार केवल ऐसे समय में उन्हें तत्काल कार्यवाही करने में सक्षम बनाने के उद्देश्य से है जब राज्य की विधायिका सत्र में नहीं है। यह अनिवार्य रूप से एक असाधारण स्थिति का सामना करने के लिए प्रयोग किया जाने वाला अधिकार है और इसे "राजनीतिक उद्देश्यों की पूर्ति के

लिए विकृत" होने की अनुमति नहीं दी जाएगी। इस मामले में अदालत ने कहा, कि "अनुच्छेद 213 का उद्द्देश्य यह है कि चूँकि अध्यादेश जारी करने के लिए राज्यपाल को दिया गया अधिकार एक आकस्मिक अधिकार है जिसका उपयोग तब किया जा सकता है जब विधान मंडल का सत्र नहीं चल रहा हो, इसलिए ऐसी स्थिति से निपटने के लिए राज्यपाल द्वारा जारी अध्यादेश का जिसके लिए तत्काल कार्यवाही आवश्यक है और जो विधान मंडल के पुन: समवेत होने तक प्रतीक्षा नहीं कर सकता, आवश्यक रूप से सीमित जीवन होना चाहिए। इसीलिए यह प्रावधान किया गया है कि विधान मंडल के समवेत होने की तारीख से छह सप्ताह की समाप्ति पर अध्यादेश का प्रभाव समाप्त हो जाएगा।"

इस मामले के निर्णय में स्पष्ट रूप से कहा गया है कि एक संवैधानिक प्राधिकरण अप्रत्यक्ष रूप से वह नहीं कर सकता जो उसे प्रत्यक्ष रूप से करने की अनुमति नहीं है। इसकी अनुमति देना संवैधानिक प्रावधान के साथ स्पष्ट धोखाधड़ी होगी।

न्यायालय ने तदनुसार बिहार इंटरमीडिएट शिक्षा परिषद् अध्यादेश, 1985 को रद्द कर दिया, जो असंवैधानिक और अमान्य के तौर पर चल रहा था।

37

नवतेज सिंह जौहर बनाम भारत संघ
AIR 2018, SC 4321
IPC की धारा 377 के तहत समलैंगिकता अनुमत है।

तथ्य: भारतीय दंड संहिता की धारा 377 समलैंगिकता के कृत्य को दंडित करती है। यह सहमति और गैर-सहमति, दोनों से बने समलैंगिक संबंधों को दंडित करती है। दुनिया भर में प्रगतिशील कानून बनाए गए हैं जो समलैंगिक संबंधों को अनुमति देते हैं। देश में इस दमनकारी औपनिवेशिक कानून को रद्द करने की माँग करती आवाजें मजबूत हो गई थीं। यह इसी मामले में था कि भारत के सर्वोच्च न्यायालय ने भारतीय दंड संहिता की धारा 377 के उस हिस्से को रद्द कर दिया, जो सह-संवेदी, या सहमति से बने समलैंगिक संबंधों को दंडित करता था। मामला एक याचिका पिटीशन के जरिए सर्वोच्च न्यायालय पहुँचा था। सर्वोच्च न्यायालय की पाँच न्यायाधीशों की खंडपीठ ने मामले की सुनवाई की। याचिका में माँग की गई थी कि "यौन संबंध के अधिकार", "यौन स्वायत्तता के अधिकार" और "यौन साथी की पसंद के अधिकार" को भारत के संविधान के अनुच्छेद 21 के तहत गारंटीकृत जीवन के अधिकार का एक हिस्सा घोषित किया जाए। याचिका में सर्वोच्च न्यायालय से भारतीय दंड संहिता की धारा 377 को असंवैधानिक घोषित करने की माँग भी की गई।

निर्णय: इस मामले में अदालत ने यह माना कि भारतीय दंड संहिता की धारा 377 अनुच्छेद 14 के तहत दिए गए अधिकारों का, अर्थात् समानता के अधिकार का उल्लंघन करती थी क्योंकि यह सेक्स के समलैंगिक और विषमलैंगिक रूपों के बीच अंतर करती थी, गैर-विषमलैंगिक लोगों के बीच सहमति से बनी सभी यौन गतिविधियों को अप्राकृतिक के रूप में वर्गीकृत करती थी, केवल उनके यौन अभिविन्यास के आधार पर। अदालत ने आगे कहा कि धारा 377 अनुच्छेद 19(1)(a) के अंतर्गत प्रदान की गई अभिव्यक्ति की स्वतंत्रता का उल्लंघन करती थी। इस अवलोकन के लिए उद्धृत कारण यह था कि धारा 377 ने एलजीबीटी व्यक्तियों से उनकी कामुकता और यौन भागीदारों की उनकी पसंद को व्यक्त करने की स्वतंत्रता छीन ली थी। चूँकि यह निर्णय पुट्टास्वामी निर्णय के बाद सुनाया गया था, जहाँ सर्वोच्च न्यायालय ने निजता के अधिकार को अनुच्छेद 21 के तहत एक मौलिक

अधिकार घोषित किया था, इस मामले में सर्वोच्च न्यायालय ने पुट्टास्वामी के निर्णय का हवाला देते हुए घोषित किया कि आईपीसी की धारा 377 अनुच्छेद 21 में निहित निजता के मौलिक अधिकार का उल्लंघन करती थी। इस मामले में अदालत ने पुट्टास्वामी बनाम भारत संघ मामले में निर्धारित सिद्धांतों को बरकरार रखा। उसने माना कि गोपनीयता में अपना यौन साथी चुनने का अधिकार शामिल है।

इस निर्णय का चारों ओर व्यापक रूप से जश्न मनाया गया क्योंकि इसने सबसे बुनियादी अधिकारों में से एक, यानी देश में समलैंगिक वयस्कों को अपना यौन साथी चुनने का अधिकार प्रदान कर दिया था।

38

राष्ट्रीय कानूनी सेवा प्राधिकरण बनाम भारत संघ
AIR 2014 SC 1863
भारत में तृतीय लिंग (थर्ड जेंडर) को मान्यता प्राप्त है।

तथ्य: यह मामला भारतीय राष्ट्रीय विधिक सेवा प्राधिकरण (NALSA) द्वारा कानूनी रूप से ऐसे व्यक्तियों की पहचान करने के लिए दायर किया गया था जो पुरुष/महिला लिंग द्विआधारी (बाइनरी) से बाहर हैं, उन लोगों सहित जो "तृतीय लिंग" के रूप में पहचाने जाते हैं।

निर्णय: कोर्ट ने केंद्र और राज्य सरकारों को लिंग पहचान की कानूनी मान्यता देने का निर्देश दिया है, चाहे वह पुरुष हो, महिला हो या तीसरा लिंग हो:

- **तीसरे लिंग के लिए कानूनी मान्यता:** न्यायालय ने माना कि तीसरे लिंग के लिए भी मौलिक अधिकार उसी तरह उपलब्ध हैं जैसे वे पुरुषों और महिलाओं के लिए हैं। इसके अलावा, विवाह, गोद लेने, तलाक आदि से संबंधित आपराधिक और नागरिक, दोनों कानूनों में तीसरे लिंग की गैर-मान्यता, ट्रांसजेंडर (उभयलिंगी या किन्नर) के लिए भेदभावपूर्ण है।
- **पुरुष/महिला बाइनरी के भीतर परिवर्तन करने वाले व्यक्तियों के लिए कानूनी मान्यता:** मान्यता की प्रक्रिया के लिए, व्यक्ति के मानस को देखें और 'जैविक परीक्षण' के विपरीत "मनोवैज्ञानिक परीक्षण" का उपयोग करें; किसी का लिंग बदलने की शर्त के रूप में सेक्स रिअसाइनमेंट सर्जरी (एसआरएस) पर जोर देना अवैध है।
- **सार्वजनिक स्वास्थ्य और स्वच्छता:** अस्पतालों में उभयलिंगियों को चिकित्सीय देखभाल और अलग सार्वजनिक शौचालय और अन्य सुविधाएँ प्रदान की जाएँ। इसके अलावा, उभयलिंगियों के लिए अलग एचआईवी/सेरो-निगरानी उपाय प्रदान की जाएँ।
- **सामाजिक-आर्थिक अधिकार:** सामाजिक कल्याण योजनाएँ लागू की जाएँ, समुदाय को सामाजिक और आर्थिक रूप से पिछड़े वर्गों के रूप में माना जाए और शैक्षणिक संस्थानों में और सार्वजनिक नियुक्तियों के लिए आरक्षण का विस्तार किया जाए।

- **कलंक और जन जागरूकता:** केंद्र और राज्य सरकारों को उभयलिंगियों को समाज में शामिल करने और उनके प्रति अछूतों के रूप में व्यवहार को समाप्त करने में बेहतर मदद करने के लिए सार्वजनिक जागरूकता पैदा करने के कदम उठाने होंगे; समाज में उनका सम्मान और स्थान वापस पाने के उपाय करने होंगे; और भय, शर्म, लिंग डिस्फोरिया, सामाजिक दबाव, अवसाद, आत्महत्या की प्रवृत्ति और सामाजिक कलंक जैसी समस्याओं के गंभीरता से समाधान ढूँढ़ने होंगे।

39

जोसेफ शाइन बनाम भारत संघ
2018, SC 1676
व्यभिचार को लेकर आईपीसी की धारा 497 असंवैधानिक है।

तथ्यः अक्टूबर 2017 में, एक अनिवासी केरलवासी जोसेफ शाइन ने संविधान के अनुच्छेद 32 के तहत जनहित याचिका दायर की। याचिका में सीआरपीसी की धारा 198(2) के साथ पठित आईपीसी की धारा 497 के तहत व्यभिचार अर्थात जारकर्म के अपराध की संवैधानिकता को चुनौती दी गई थी।

निर्णयः सुप्रीम कोर्ट ने व्यभिचार के दंडात्मक प्रावधान की संवैधानिक वैधता पर अपना निर्णय दिया और निर्णय सुनाया कि "विवाह के विघटन के लिए व्यभिचार को नागरिक अपराध माना जा सकता है, लेकिन आपराधिक अपराध नहीं।" अपना निर्णय सुनाते हुए, शीर्ष अदालत ने कहा, "समानता एक प्रणाली का शासी सिद्धांत है। पति पत्नी का स्वामी नहीं होता।" अदालत ने आगे कहा कि "ऐसा कोई सामाजिक लाइसेंस नहीं हो सकता है जो एक घर को नष्ट कर दे। व्यभिचार दुखी विवाह का कारण नहीं हो सकता है, वह एक दुखी विवाह का परिणाम हो सकता है।"

- धारा 497 को असंवैधानिक माना गया है क्योंकि व्यभिचार स्पष्ट रूप से स्वेच्छाचारी है। एक कानून जो महिलाओं को मुकदमा चलाने के अधिकार से वंचित करता है, लिंग-तटस्थ नहीं है। धारा 497 के तहत, व्यभिचारी पुरुष की पत्नी वैवाहिक बेवफाई के लिए अपने पति पर मुकदमा नहीं चला सकती है। इसलिए यह प्रावधान, महिलाओं के खिलाफ पूर्वदृष्ट्या भेदभावपूर्ण, और अनुच्छेद 14 का उल्लंघन है।
- एक विवाहित व्यक्ति द्वारा विवाह के बाहर सहमति से यौन संबंध बनाने की स्वतंत्रता, अनुच्छेद 21 के तहत सुरक्षा सुनिश्चित नहीं करती है। अनुच्छेद 21 के संदर्भ में, राज्य द्वारा गोपनीयता के हस्तक्षेप को एक उचित और वैध कानून के आधार पर न्यायोचित ठहराया जाना चाहिए। इस प्रकार के हस्तक्षेप को तीन आवश्यकताएँ पूरी करनी होंगी, जैसा कि न्यायमूर्ति के.एस.पुट्टास्वामी (सेवानिवृत्त)और अन्य बनाम यूओआई और अन्य में माना गया था:
  - ❖ वैधता, जो कानून के अस्तित्व को मानती है;
  - ❖ आवश्यकता, एक वैध राज्य हित के संदर्भ में परिभाषित, और
  - ❖ आनुपातिकता, वस्तु और अपनाए गए साधन के बीच एक तर्कसंगत संबंध।

40

पी. रत्नम बनाम गुजरात राज्य और अन्य 1993(2) स्केल पुलिस हिरासत में दुष्कर्म पीड़िता को मुआवजा दिया गया।

तथ्यः पुलिस अत्याचार के एक मामले में, एक आदिवासी महिला, गुंताबेन का पुलिस हिरासत में कथित रूप से उसके पति की उपस्थिति में बलात्कार किया गया था। एक सामाजिक कार्यकर्ता एक नियमित आपराधिक याचिका याचिका के माध्यम से मामले को सर्वोच्च न्यायालय के ध्यान में लाया। अदालत ने तथ्यों का पता लगाने के लिए एक आयोग नियुक्त किया। आयोग ने बताया कि घटना सत्य थी। उसने उन अधिकारियों की ओर इशारा किया जो निष्क्रियता या कर्त्तव्य की अवहेलना के दोषी थे। 1986 में गुजरात सरकार द्वारा अदालत को बताया गया कि दोषी अधिकारियों के विरुद्ध कार्यवाही की जा रही थी। लेकिन सरकार ने छोटे-छोटे कदम उठाने में कई वर्ष लगा दिए और इसलिए अदालत ने एक समय सीमा दी जिसके भीतर सभी जाँच पूरी की जानी थी और आपराधिक कार्यवाही की जानी थी।

निर्णयः जबकि आदेश का पहला भाग पुलिस अधिकारियों के विरुद्ध की जाने वाली कार्यवाही से संबंधित था, दूसरे भाग में कहा गया : "बलात्कार की शिकार श्रीमती गुंताबेन, पत्नी श्री हन्ना रामजी को गुजरात राज्य द्वारा अंतरिम मुआवजे के रूप में 50,000 रुपए की राशि का भुगतान किया जाएगा। उक्त राशि स्टेट बैंक ऑफ इंडिया, राजपिपला, जिला भरूच में आज से छह सप्ताह की अवधि के भीतर जमा की जाएगी.... महिला उक्त राशि का उपयोग उस तरह से करने के लिए स्वतंत्र होगी, जैसा वह उचित समझे।"

यद्यपि, मामले का निस्तारण नहीं हुआ। अदालत ने उसे सरकार द्वारा उठाए कदमों की निगरानी के लिए लाइव रजिस्टर में रखा है। यह एक दुर्लभ मामला है जिसमें सुप्रीम कोर्ट ने लगभग एक दशक तक बलात्कार की शिकायत का अनुवर्तन किया।

तुकाराम बनाम महाराष्ट्र राज्य/मथुरा बलात्कार मामला

AIR 1979, SC 185

निष्क्रिय प्रतिरोध बलात्कार नहीं है।

यह मामला मथुरा बलात्कार मामले के नाम से मशहूर है। यह बलात्कार के अपराध से संबंधित कानूनों पर बहस आरंभ करने के लिए जाना जाता है। इस मामले में अदालत द्वारा सुनाए गए निर्णय ने पूरे देश में भारी प्रतिक्रिया उत्प्रेरित की थी जिसके बाद सरकार ने बलात्कार की कानूनी परिभाषा में बड़े बदलाव किए थे।

तथ्यः 1972 में, पीड़िता के भाई ने देसाईगंज पुलिस स्टेशन में यह दावा करते हुए रिपोर्ट दर्ज कराई थी कि उसकी बहन मथुरा का उसके पति द्वारा अपहरण कर लिया गया था। हेड कांस्टेबल बाबूराव मथुरा और उसके पति सहित तीनों व्यक्तियों को थाने ले आए। रात में उसने अन्य दो व्यक्तियों को थाने से जाने के लिए कहा जबकि मथुरा को वहीं रुकने के लिए कहा गया। इसके बाद वह उसे शौचालय में ले गया और उसके साथ दुष्कर्म किया। उसके बाद दूसरे अधिकारी तुकाराम ने उसके साथ छेड़छाड़ की और बलात्कार करने की कोशिश की, लेकिन चूँकि वह बहुत अधिक नशे में था, इसलिए वह सफल नहीं हुआ।

निचली अदालत ने कहा कि चूँकि मथुरा के शरीर पर प्रतिरोध के कोई निशान नहीं थे, इसलिए उसके साथ बलात्कार नहीं किया गया था और सेक्स सहमति से हुआ था। बंबई हाईकोर्ट ने अपील पर निचली अदालत के निर्णय को उलट दिया और कहा कि निष्क्रिय समर्पण और सहमति के बीच एक बड़ा अंतर है। उसने कहा, "शरीर का केवल निष्क्रिय या असहाय समर्पण और धमकियों या भय से प्रेरित दूसरे की वासना के प्रति उसके समर्पण की बराबरी इच्छा या मर्जी के साथ नहीं की जा सकती, न ही केवल इस तथ्य से कोई उत्तर दिया जा सकता है कि यौन क्रिया ऐसी इच्छा या उल्लंघन के विरोध में नहीं थी। दूसरी ओर, उसकी स्थिति का लाभ उठाते हुए, इस बात की अधिक संभावना है कि यौन इच्छा को संतुष्ट करने की पहल अभियुक्त की ओर से की गई हो, और वह संभोग के कृत्य के लिए इच्छुक पक्ष न रही हो। बाद में न केवल अपने रिश्तेदारों के, बल्कि भीड़ के सदस्यों के सामने

तुरंत बयान देने के उसके आचरण से कोई संदेह नहीं रह जाता है कि उसके साथ जबरन संभोग किया गया था।

दोषियों ने सर्वोच्च न्यायालय में अपील की।

निर्णय: सर्वोच्च न्यायालय ने उच्च न्यायालय के निर्णय को पलट दिया और कहा कि चूँकि मेडिकल रिपोर्ट में कोई चोट नहीं दिखाई गई है, इसलिए महिला के साथ बलात्कार नहीं किया गया था।

सर्वोच्च न्यायालय के इस निर्णय की भारी आलोचना हुई तथा इस निर्णय को बाद में विभिन्न मामलों में उपयुक्त रूप से संशोधित किया गया है।

42

मुकेश और अन्य बनाम राज्य राजधानी क्षेत्र (निर्भया केस) 2012 (16) SCC1

बेबस बलात्कार पीड़िताओं के अपराधियों को फाँसी की सजा मिलनी चाहिए।

तथ्य: हत्या के साथ बलात्कार का सबसे प्रसिद्ध मामला निर्भया का है जिसके साथ चार आरोपी व्यक्तियों ने, जो एक बस के चार कर्मचारी थे, हमला किया तथा बलात्कार किया। निर्भया, जो कि एक फार्मासिस्ट थी रात के समय उस बस में अपने मित्र के साथ घर लौट रही थी। बलात्कार के बाद पीड़िता और उसके मित्र को अर्धनग्न हालत में बस से बाहर फेंक दिया गया था। पीड़िता गंभीर रूप से घायल थी और उसकी हालत नाजुक थी। काफी उपचार के बावजूद, निजी अंगों में लगी चोटों के कारण उसने दम तोड़ दिया। इस घटना पर इतना सार्वजनिक हंगामा हुआ कि अदालतें भी प्रभावित हुईं और इस तरह के अपराधों पर यह मामला एक ऐतिहासिक निर्णय बन गया। अंतत: तीन आरोपियों को फाँसी दी गई और एक आरोपी ने जेल में आत्महत्या कर ली। भारत सरकार ने सभी राज्यों को आवर्ती बजट के रूप में हजार करोड़ का बजट आवंटित किया ताकि भारत में ऐसी घटनाओं की पुनरावृत्ति न हो।

निर्णय: सर्वोच्च न्यायालय ने इस मामले के निर्णय में स्थापित किया कि सिर हिलाने और इशारे करने के आधार पर रिकॉर्ड किया गया बयान भी न केवल स्वीकार्य है बल्कि उसका साक्ष्य मूल्य भी है। सर्वोच्च न्यायालय ने यह भी कहा कि क्षमादान देने का राज्यपाल या राष्ट्रपति का विवेकाधिकार भी न्यायिक समीक्षा के अधीन है, और अभियुक्तों को फाँसी देने का आदेश दिया जिससे आम जनता की भावना को कुछ संतुष्टि मिली।

फाँसी की सजा से निपटने के लिए, अदालतों ने "क्राइम टेस्ट", "क्रिमिनल टेस्ट" और "रेयरेस्ट ऑफ द रेयर टेस्ट" लागू किए हैं। ये परीक्षण इस बात की जाँच करते हैं कि क्या समाज ऐसे अपराधों से घृणा करता है और क्या ऐसे अपराध समाज की अंतरात्मा को झकझोरते हैं और समुदाय में तीव्र और अत्यधिक आक्रोश पैदा करते हैं। अदालतों ने आगे यह माना है कि जहाँ पीड़ित असहाय महिलाएँ, बच्चे या बूढ़े हैं और आरोपी ने नीच मानसिकता प्रदर्शित की है, और एक शैतानी तरीके

से अपराध को अंजाम दिया है, वहाँ अभियुक्त के प्रति कोई सहानुभूति नहीं दिखाई जानी चाहिए और उसे मौत की सजा दी जानी चाहिए।

सर्वोच्च न्यायालय ने सामान्य तौर पर ऐसी परिस्थितियाँ निर्धारित की हैं जिनमें बलात्कार सहित हत्या के जघन्य मामलों को अदालतों द्वारा निपटाया जाना चाहिए।

गंभीरता बढ़ाने वाली परिस्थितियाँ

(1) किसी गंभीर अपराध के लिए सजा के पूर्व रिकॉर्ड वाले अभियुक्त द्वारा किए गए हत्या, बलात्कार, सशस्त्र डकैती, अपहरण, आदि जैसे जघन्य अपराधों से संबंधित अपराध, या गंभीर हमलों और आपराधिक दोषसिद्धि के पर्याप्त इतिहास वाले व्यक्ति द्वारा किए गए अपराध।

(2) अपराध तब किया गया था जब अपराधी एक और गंभीर अपराध करने में लिप्त था।

(3) अपराध बड़े पैमाने पर जनता में भय मनोविकृति पैदा करने के इरादे से किया गया था और एक सार्वजनिक स्थान पर एक हथियार या उपकरण द्वारा किया गया था जो स्पष्ट रूप से एक से अधिक व्यक्तियों के जीवन के लिए खतरनाक हो सकता था।

(4) हत्या का अपराध फिरौती या किसी समान अपराध के लिए या धन या मौद्रिक लाभ प्राप्त करने के लिए किया गया था।

(5) पैसे देकर करवाई गई हत्याएँ।

(6) पीड़ित के साथ अमानवीय व्यवहार और यातना को शामिल करते हुए अपराध केवल आवश्यकता के लिए अपमानजनक रूप से किया गया था।

(7) अपराध एक व्यक्ति द्वारा वैध हिरासत में रहते हुए किया गया था।

(8) हत्या या अपराध किसी व्यक्ति को अपने या किसी अन्य के कानूनी कारावास के स्थान पर गिरफ्तारी या हिरासत जैसे कर्त्तव्य को कानूनी रूप से पूरा करने से रोकने के लिए किया गया था। उदाहरण के लिए, हत्या एक ऐसे व्यक्ति की हो जिसने दंड प्रक्रिया संहिता की धारा 43 के तहत अपने कर्त्तव्य के वैध निर्वहन में कार्य किया था। जब अपराध अनुपात में बहुत बड़ा हो, जैसे पूरे परिवार या किसी विशेष समुदाय के सदस्यों की हत्या का प्रयास करना। जब पीड़ित निर्दोष हो, लाचार हो या जब कोई व्यक्ति रिश्ते और सामाजिक मानदंडों के भरोसे पर निर्भर हो, जैसे कि एक बच्चा, असहाय महिला, एक बेटी या एक भतीजी जो पिता/चाचा के साथ रहती है और ऐसे विश्वसनीय व्यक्ति द्वारा अपराध को अंजाम दिया जाता है।

(9) जब हत्या एक ऐसे मकसद के लिए की गई है जो पूर्ण खोखलेपन और क्षुद्रता का सबूत हो।

(10) जब हत्या बिना किसी उकसावे के सोच समझपूर्वक निर्दयता से की गई हो।

(11) अपराध इतनी क्रूरता से किया गया हो कि वह न केवल न्यायिक विवेक बल्कि समाज की अंतरात्मा को भी झकझोरता हो।

गंभीरता कम करने वाली परिस्थितियाँ

(1) वे तरीके और परिस्थितियाँ जिनमें और जिनके तहत अपराध किया गया था, उदाहरण के लिए, सामान्य स्थिति में इन सभी स्थितियों के विपरीत अत्यधिक मानसिक या भावनात्मक अशांति या अत्यधिक उत्तेजना।

(2) अभियुक्त की आयु एक प्रासंगिक विचार है लेकिन अपने आप में एक निर्धारक कारक नहीं है।

(3) अभियुक्त के फिर से अपराध में शामिल न होने की संभावना और अभियुक्त के सुधार और पुनर्वास की संभावना।

(4) अभियुक्त की स्थिति से पता चलता हो कि वह मानसिक रूप से दोषपूर्ण था और उस दोष ने अपने आपराधिक आचरण की परिस्थितियों को समझने की उसकी क्षमता को क्षीण कर दिया था।

(5) वे परिस्थितियाँ जो, जीवन के सामान्य क्रम में, इस तरह के व्यवहार को संभव बनाती हों और निरंतर उत्पीड़न जैसी स्थिति में मानसिक असंतुलन पैदा करने का प्रभाव डाल सकती हैं या, वास्तव में, मानव व्यवहार के ऐसे चरम पर ले जाती हों, जिसमें, मामले के तथ्यों और परिस्थितियों में, अभियुक्त मानने लगे कि वह अपराध करने के लिए नैतिक रूप से न्यायसंगत था।

(6) जहाँ साक्ष्य के उचित मूल्यांकन पर अदालत का विचार हो कि अपराध पूर्व निर्धारित तरीके से नहीं किया गया था और यह कि मृत्यु एक अन्य अपराध के किए जाने के परिणामस्वरूप हुई थी और उसे प्राथमिक अपराध के किए जाने के परिणामों के रूप में समझे जाने की संभावना थी।

(7) जहाँ एकमात्र चश्मदीद की गवाही पर भरोसा करना बिल्कुल असुरक्षित हो, हालाँकि अभियोजन पक्ष ने अभियुक्त का अपराध सफलतापूर्वक साबित कर दिया हो।

43

शशांक शेखर माइती बनाम यूनियन भारत संघ (1980) 4 SCC 716

बँटाईदारों को अधिकार प्रदान करना एक सार्वजनिक उद्द्देश्य है।

तथ्यः वामपंथी शासन के दौरान पश्चिम बंगाल सरकार ने भूमि पर बँटाईदारों या बरगादारों को अभिलेखबद्ध करने के लिए दिशा-निर्देश जारी किए। इनमें से कुछ दिशा-निर्देश पूर्ववर्ती भूमि सुधार अधिनियम, 1955 में भी शामिल थे। पश्चिम बंगाल सरकार के कार्यकारी आदेश के बाद भूस्वामियों के स्वामित्व वाली भूमियों पर सरकार द्वारा लगभग 14 लाख बरगादार दर्ज किए गए। जमींदार अपनी जमीन की रक्षा के लिए अदालत में आए।

निर्णयः सर्वोच्च न्यायालय ने कहा कि एक कानून जिसका उद्द्देश्य 'भूमिधारी अधिकार' (पूर्ण स्वामित्व अधिकार) प्रदान करके किराएदारों (बँटाईदार जिन्हें पश्चिम बंगाल में बरगादार कहा जाता है) की स्थिति को ऊँचा करना है, उन्हें लोक उद्द्देश्य में न्यून नहीं कहा जा सकता है। यद्यपि कार्यकारी आदेश किसी व्यक्ति को उसकी संपत्ति से वंचित करने के लिए पर्याप्त नहीं हैं। इसी प्रकार, भूमि हदबंदी (सीलिंग) कानून/अधिनियम जो अंततः भूमिहीन व्यक्तियों को अधिकतम सीमा से अधिक अधिशेष निहित भूमि के वितरण के बाद भूमिधारी अधिकार प्रदान करते हैं, अभी भी संविधान के अनुच्छेद 31 बी और 31 सी द्वारा संरक्षित हैं क्योंकि इनमें से अधिकांश कानून/अधिनियम केशवानंद भारती मामले में निर्णय से पहले भारतीय संविधान की नौवीं अनुसूची में शामिल थे।

अनुच्छेद 31A(2) काश्तकारों, यानी बरगादारों या बँटाईदारों को संवैधानिक सुरक्षा प्रदान करता है। इस प्रकार, अनुच्छेद 31A में अधिकांश भूमि काश्तकारी शामिल है, जिसमें हर प्रकार की भूमि के अधिकार, जैसे बंजर भूमि, वन भूमि, चरागाह के लिए भूमि, खेती करनेवालों, खेतिहर मजदूरों और ग्रामीण कारीगरों के कब्जे वाले भवनों के स्थल शामिल हैं।

सर्वोच्च न्यायालय ने लगातार माना है कि एक लोक उद्द्देश्य है जहाँ श्रम को चालू रखने और आवश्यक वस्तुओं की आपूर्ति बनाए रखने के लिए संपत्ति का अधिग्रहण किया जाता है।

टिप्पणियाँ: केशवानंद भारती मामले में निर्णय के बाद, सर्वोच्च न्यायालय संविधान की IXवीं अनुसूची के अंतर्गत रखे गए अधिनियमों या विधियों का परीक्षण कर रहा है कि क्या वे संविधान की मूल विशेषता का उल्लंघन करते हैं। यह कसौटी कभी-कभी जोखिम भरी होती है क्योंकि भूमि एक बहुत ही जटिल विषय है जो भूमि अधिग्रहण को छोड़कर राज्य सरकारों के दायरे में है।

रत्नागिरी इंजीनियरिंग प्रा.लि.मामले में [(2009) 456 CC 453)] सर्वोच्च न्यायालय ने पश्चिम बंगाल एस्टेट अधिग्रहण अधिनियम, 1953 के प्रासंगिक प्रावधान को अमान्य करते हुए भूमि को औद्योगिक वर्गीकरण से रियल एस्टेट उद्देश्य में बदलने की अनुमति दे दी। इस मामले में राज्य सरकार ने सर्वोच्च न्यायालय के निर्णय को अमान्य करते हुए कानून पारित किया है। यह आशा की जाती है कि सर्वोच्च न्यायालय भूमिहीनों और बँटाईदारों के अधिकारों की रक्षा के लिए, जो देश में कृषि की रीढ़ हैं, एक दूरदर्शी उदाहरण अपनाएगा जैसा कि सर्वोच्च न्यायालय केशवानंद भारती मामले से पहले करता रहा है। इसके साथ ही राज्य सरकारें और भारत संघ यह सुनिश्चित करेंगे कि पर्याप्त सार्वजनिक उद्देश्य के बिना संविधान की IXवीं अनुसूची में कानून या अधिनियम का अंधाधुंध समावेश न हो।

पुणे नगर निगम और अन्य बनाम हरकचंद मिश्रीमल सोलंकी और अन्य
(2014) 3, SCC 183
राजकोष में भू-अर्जन के मुआवजे की जमा राशि भुगतान नहीं है।

तथ्य: भूस्वामियों द्वारा विशेष अनुमति से 18 अपीलें दायर की गई थीं। भूस्वामियों की ओर से यह तर्क दिया गया है कि भूमि अधिग्रहण, पुनर्वास और पुनर्स्थापन में उचित मुआवजा और पारदर्शिता का अधिकार अधिनियम, 2013 (संक्षेप में, '2013 अधिनियम') की धारा 24(2) को ध्यान में रखते हुए, भूमि अधिग्रहण अधिनियम, 1894 के तहत शुरू की गई विषयाधीन भूमि अधिग्रहण की कार्यवाही (संक्षेप में, '1894 अधिनियम') समाप्त हो गई है। निर्णय का प्रश्न जिस अभिव्यक्ति के सही अर्थ से संबंधित है, वह है : "मुआवजे का भुगतान नहीं किया गया है", जो 2013 अधिनियम की धारा 24(2) में आता है।

निर्णय: राज्य द्वारा अपने स्वयं के कोष में मुआवजा जमा करने को भूस्वामियों के "भुगतान" के बराबर नहीं माना जा सकता है। असाधारण परिस्थितियों में, जहाँ भूस्वामी मुआवजे से इनकार करता है, राशि अदालत में जमा की जा सकती है, लेकिन अपने स्वयं के खजाने में जमा करना पर्याप्त नहीं होगा। दूसरे शब्दों में, 1894 अधिनियम के तहत भूमि अधिग्रहण की कार्यवाही समाप्त हो जाएगी।

45

इंदौर विकास प्राधिकरण बनाम मनोहरलाल एवं अन्य (2020) SCC ऑनलाइन SC 316

न्यायालय में मुआवजा जमा न करने का अर्थ भूमि अधिग्रहण की कार्यवाही समाप्त होना नहीं है।

तथ्यः यह पुणे नगरपालिका तर्क लगभग तीन वर्षों तक बरकरार रखा गया था, किंतु फिर न्यायमूर्ति अरुण मिश्रा और अमिताभ रॉय की दो न्यायाधीशों की खंडपीठ ने दिसंबर 2017 में इंदौर विकास प्राधिकरण मामले में इसकी यथार्थता पर संदेह किया और इसे बड़ी खंडपीठ को संदर्भित कर दिया। तीन–न्यायाधीशों की पीठ ने (2:1 की बहुमत से) पुणे नगर निगम में निर्णय को गलत ठहराया। जबकि जस्टिस अरुण मिश्रा और ए.के गोयल बहुमत में थे, जस्टिस मोहन एम. शांतनगौदर ने यह कहते हुए असहमति जताई कि तीन जजों की खंडपीठ एक समन्वय खंडपीठ द्वारा निर्धारित मिसाल को खत्म नहीं कर सकती। कुछ ही समय बाद, एक तीन–न्यायाधीशों की एक अन्य खंडपीठ ने (न्यायमूर्ति मदन बी. लोकुर, कुरियन जोसेफ और दीपक गुप्ता की) इंदौर विकास प्राधिकरण मामले में न्यायमूर्ति अरुण मिश्रा ने नेतृत्व वाली पीठ द्वारा अपनाई गई इस पद्धति पर आपत्ति जताई और इंदौर विकास प्राधिकरण मामले के संचालन पर रोक लगा दी। इसके बाद ही न्यायमूर्ति अरुण मिश्रा की अध्यक्षता वाली दो जजों की खंडपीठ ने इस मुद्दे को सीजेआई के पास एक बड़ी बेंच द्वारा निर्धारण के लिए संदर्भित करना उचित समझा।

निर्णयः बेंच ने सर्वसम्मति से कहा कि वे भूमि मालिक जिन्होंने मुआवजा लेने से इनकार कर दिया था या जिन्होंने उच्च मुआवजे के लिए संदर्भ माँगा था, यह दावा नहीं कर सकते कि भूमि अधिग्रहण, पुनर्वास और पुनर्स्थापन अधिनियम, 2013 (भूमि अधिग्रहण अधिनियम, 2013) में उचित मुआवजे और पारदर्शिता के अधिकार की धारा 24(2) के तहत अधिग्रहण की कार्यवाही समाप्त हो गई थी। एक बार मुआवजे की राशि कोषागार में जमा हो जाने के बाद, मुआवजे के भुगतान के संबंध में राज्य का दायित्व पूरा हो जाता है। डीम्ड लैप्स का उद्देश्य भूस्वामियों को लाभान्वित करना था, जिन्हें 1894 अधिनियम के तहत शुरू की गई कार्यवाही के चूक का दावा करने की अनुमति दी जा सकती थी ताकि वे 2013 अधिनियम

के तहत अधिक अनुकूल कार्यवाही के अधीन हो सकें। 2013 के अधिनियम की धारा 24(2) के मुख्य भाग में दी गई अभिव्यक्ति में अदालत में मुआवजे की जमा राशि शामिल नहीं है।...मुआवजा (अदालत में) जमा नहीं करने पर भूमि अधिग्रहण की कार्यवाही समाप्त नहीं होती है। इसलिए, खंडपीठ ने निष्कर्ष निकाला कि जिन भूस्वामियों ने पहले अधिनियम के तहत मुआवजा लेने से इनकार कर दिया था, वे 2013 के नए अधिनियम की धारा 24 के तहत अधिग्रहण के डीम्ड लैप्स का लाभ नहीं ले सकते हैं।

46

वेल्लोर नागरिक कल्याण फोरम बनाम भारत संघ
1996 AIR 2715 = (1996) 5, SCC 647
प्रदूषण फैलाने वालों को भुगतान करना चाहिए।

इस मामले में सर्वोच्च न्यायालय ने ऐतिहासिक निर्णय दिया जहाँ उसने भारतीय न्यायिक प्रणाली में पर्यावरण कानून पर दो अंतरराष्ट्रीय स्तर पर मान्यता प्राप्त सिद्धांत, यानी प्रदूषक भुगतान सिद्धांत और एहतियाती सिद्धांत पेश किए।

तथ्य: वेल्लोर के 'नागरिक कल्याण फोरम' ने तमिलनाडु राज्य में चमड़े के कारखानों और अन्य उद्योगों के विरुद्ध एक जनहित याचिका दायर की, क्योंकि वे जल निकायों में और सड़क के किनारे अनुपचारित प्रवाह को छोड़कर प्रदूषण फैलाते थे। ये जल निकाय क्षेत्र के निवासियों के लिए जल आपूर्ति का मुख्य स्रोत थे।

निर्णय: चमड़े के कारखानों और अन्य उद्योगों को उनके कार्यों के लिए उत्तरदायी ठहराते हुए अदालत ने कहा कि जबकि उद्योग देश के विकास के लिए महत्त्वपूर्ण हैं, तथापि उन्हें पर्यावरण प्रदूषण का कारण बनने की अनुमति नहीं दी जा सकती है। अदालत ने कहा कि हर नागरिक को प्रदूषण मुक्त पर्यावरण का अधिकार है। इस तरह के अधिकार की जड़ सतत विकास के सिद्धांत में निहित है। सतत विकास का अर्थ है—"विकास जो भावी पीढ़ियों की अपनी आवश्यकताओं को पूरा करने क्षमता से समझौता किए बिना वर्तमान की आवश्यकताओं को पूरा करता है।" उसने आगे कहा कि "एहतियाती सिद्धांत" और "प्रदूषक भुगतान करे" "सतत विकास" के सिद्धांत के आवश्यक घटक हैं। "एहतियाती सिद्धांत" का अर्थ है राज्य सरकार और संबंधित अधिकारियों द्वारा पर्यावरण क्षरण के कारणों का अनुमान लगाने, रोकने और उन पर हमला करने के लिए किए जाने वाले विभिन्न उपाय। "प्रदूषक भुगतान करे" सिद्धांत का अर्थ है कि वह जो कोई हानिकारक गतिविधि करता है, इस तरह की गतिविधि से किसी अन्य व्यक्ति को होने वाले नुकसान की भरपाई के लिए उत्तरदायी होता है। इस निर्णय से पहले ये दोनों सिद्धांत भारतीय न्यायशास्त्र का हिस्सा नहीं थे, लेकिन इस मामले में, अदालत ने कहा कि स्वच्छ पर्यावरण का अधिकार जीवन के अधिकार का हिस्सा था जैसा कि अनुच्छेद 21 के अंतर्गत दिया गया है।

भारतीय युवा वकील संघ और अन्य बनाम केरल राज्य और अन्य (सबरीमाला मंदिर प्रवेश मामला) (2019) 17 SCC 1

महिलाओं को मंदिरों में प्रवेश करने से नहीं रोका जा सकता है।

तथ्य: सबरीमाला मंदिर प्रवेश मामला महिलाओं के अधिकारों और परंपरा के बीच संघर्ष के बारे में है। इस मुद्दे की मूल उत्पत्ति 1991 के एक मामले में है, जहाँ एक वकील ने भगवान अयप्पा के मंदिर के अंदर महिलाओं के प्रवेश की अनुमति देने के तत्कालीन केरल सरकार के निर्णय को चुनौती दी थी। इस मामले में केरल उच्च न्यायालय की खंडपीठ ने यह कहते हुए प्रवेश प्रतिबंध को बरकरार रखा कि यह प्रथा अनादि काल से प्रचलित है। उच्च न्यायालय ने आगे कहा कि परंपराओं पर निर्णय लेने का अधिकार केवल मुख्य पुजारी को दिया गया था। कोर्ट के निर्णय के बाद मंदिर में महिलाओं के प्रवेश पर पुनः रोक लगा दी गई।

उसके बाद 2006 में इस प्रतिबंध को संवैधानिक आधार पर अदालत में फिर से चुनौती दी गई। इस मामले में याचिकाकर्ताओं ने अदालत से केरल के हिंदू सार्वजनिक पूजा स्थल (प्रवेश नियमों का प्राधिकरण) 1965 के नियम 3 (बी) को असंवैधानिक घोषित करने की माँग की, क्योंकि यह सबरीमाला मंदिर में महिलाओं के प्रवेश को प्रतिबंधित करता है।

निर्णय: माननीय सर्वोच्च न्यायालय की 5 जजों की खंडपीठ ने 4:1 के बहुमत से सभी उम्र की महिलाओं को मंदिर में प्रवेश की अनुमति देने के पक्ष में निर्णय दिया। मुख्य न्यायाधीश दीपक मिश्रा, न्यायमूर्ति आर.एफ. नरीमन, न्यायमूर्ति ए.एम खानविलकर और न्यायमूर्ति डी.वाई चंद्रचूड़ बहुमत में शामिल थे, जबकि खंडपीठ की अकेली महिला न्यायाधीश, न्यायमूर्ति इंदु मल्होत्रा ने असहमति जताई।

अदालत ने अपने बहुमत के निर्णय में कहा कि मंदिर के अंदर महिलाओं के प्रवेश पर रोक लगाने की प्रथा प्रकृति में भेदभावपूर्ण थी और हिंदू महिलाओं के पूजा करने और धर्म का पालन करने के संवैधानिक अधिकार का उल्लंघन करती थी। उसने आगे कहा कि मासिक धर्म जैसी जैविक और शारीरिक विशेषताओं के आधार पर निषेध लिंग के आधार पर भेदभाव के बराबर है और इसलिए यह महिलाओं के समानता के अधिकार (संविधान के अनुच्छेद 14) का उल्लंघन करता है।

48

रुस्तम कवासजी कूपर बनाम भारत संघ
AIR 1970 SC 564 = 1970(1) SCC 248
बैंकों का राष्ट्रीयकरण अवैध घोषित।

तथ्य: 1969 में लगभग 14 वाणिज्यिक बैंकों का राष्ट्रीयकरण किया गया था। बैंकिंग कंपनी (अधिग्रहण और उपक्रमों का हस्तांतरण) अधिनियम, 1969 के 22 को लागू करके इस कठोर कदम को उठाने से पहले यह विवाद था कि जिन उद्देश्यों के लिए बैंकों का राष्ट्रीयकरण किया जाना चाहिए, क्या उन्हें बैंकिंग विनियमन अधिनियम के तहत भारत सरकार में निहित शक्तियों के प्रयोग द्वारा, जिसे बैंकों पर सामाजिक नियंत्रण कहा जाता है, बेहतर तरीके से पूरा किया जा सकता है। बैंकों पर सामाजिक नियंत्रण का अर्थ ऐसे नियमों और निर्देशों को जारी करना है जो सामाजिक भलाई के लिए बनाए गए कानूनों को लागू करने के लिए आवश्यक हो सकते हैं, जैसे भारत सरकार के सहयोग से व्यापार और कृषि को उदार शर्तों पर ऋण प्रदान करना। यह विवाद जनता के बीच गरमागरम बहस का कारण बना और तदनुसार बैंकिंग कंपनी (उपक्रमों का अधिग्रहण और हस्तांतरण) अधिनियम 22, 1969 पर सभी संभावित आधारों पर सवाल उठने लगे। उनमें से कोई भी आधार आज अस्तित्व में नहीं है क्योंकि संपत्ति के अधिकार से संबंधित संविधान के अनुच्छेद 31 तब से निरस्त कर दिया गया है। हालाँकि यह प्रश्न कि मुआवजे से संबंधित मामले को उस समय किस दृष्टिकोण से देखा गया था, इन निर्णयों में पाया जा सकता है।

निर्णय: मूल्यांकन के सिद्धांत में अंतर्निहित व्यापक उद्देश्य स्वामी को उसकी संपत्ति के बराबर मुआवजा देना है, मौजूदा लाभों और उसकी संभावनाओं सहित। जहाँ अधिगृहीत संपत्ति के लिए एक स्थापित बाजार है, वहाँ मूल्यांकन की समस्या थोड़ी कठिनाई प्रस्तुत करती है। जहाँ संपत्ति के लिए कोई स्थापित बाजार नहीं है, वहाँ मूल्यांकन के सिद्धांत का उद्देश्य स्वामी को उसके लिए भुगतान करना है जो उसने खोया है, वर्तमान के साथ-साथ भविष्य के फायदों के लाभ सहित, अधिग्रहण की अत्यावश्यकता, संपत्ति को छोड़ने के लिए स्वामी की अनिच्छा, और उस लाभ को जो अधिग्रहणकर्ता को अधिग्रहण से प्राप्त होने की संभावना है, ध्यान में रखे बिना। भूमि अधिग्रहण अधिनियमों के तहत भुगतान किया गया मुआवजा स्वामी के लिए भूमि का मूल्य है-उसकी सभी संभावनाओं और उसकी विशेष अनुकूलन

क्षमता सहित, जैसे यदि भूमि विशेष रूप से किसी विशिष्ट उपयोग के लिए उपयुक्त है, यदि वह अधिग्रहण की तारीख में बढ़ा हुआ मूल्य देती है।

मुआवजे के निर्धारण के महत्त्वपूर्ण तरीके निम्नलिखित हैं–

(i) समान संपत्तियों की बिक्री से निर्धारित बाजार मूल्य, अधिग्रहण की तारीख के समय के निकट, समान स्थिति में, और समान या समान लाभ रखने वाला और समान या समान नुकसान के अधीन। बाजार मूल्य वह कीमत होती है जो संपत्ति खुले बाजार में प्राप्त कर सकती है, यदि वह किसी विशेष खरीद की विशेष जरूरतों से अप्रभावित एक इच्छुक विक्रेता द्वारा बेची जाती है;

(ii) संपत्ति से शुद्ध वार्षिक लाभ का पूँजीकरण, सामान्य मामलों में गिल्ट-धारित प्रतिभूतियों से प्राप्त रिटर्न के बराबर दर पर। आम तौर पर संपत्ति का मूल्य अधिग्रहण की सूचना की तिथि पर बाजार में प्राप्त होने वाले शुद्ध वार्षिक मूल्य का पूँजीकरण करके निर्धारित किया जा सकता है;

(iii) जहाँ संपत्ति एक घर है, वह राशि जो एक समान घर के निर्माण के लिए खर्च किए जाने की संभावना हो, और उसके निर्माण के बाद से वर्षों की संख्या के मूल्यह्रास द्वारा घटाई गई;

(iv) बहाली का सिद्धांत, जहाँ यह संतोषजनक रूप से स्थापित हो जाता है कि किसी अन्य स्थान पर बहाली का इरादा सद्भावपूर्ण है, संपत्ति जिस उद्देश्य के लिए समर्पित है (उद्देश्य एक लोक उद्देश्य है) और जब तक कि अनिवार्य अधिग्रहण न हो, समर्पित रहेगी, उसके लिए कोई सामान्य बाजार नहीं है। यहाँ मुआवजे का आकलन बहाली की उचित लागत के आधार पर किया जाएगा;

(v) जब संपत्ति ने अपनी उपयोगिता को पार कर लिया है और वह आर्थिक उपयोग के लिए यथोचित रूप से अक्षम है, तो उसका मूल्यांकन भूमि जमा संरचना के ब्रेकअप मूल्य के रूप में किया जा सकता है। लेकिन यह तथ्य कि अधिग्रहणकर्ता उस संपत्ति का उपयोग उस उद्देश्य के लिए करने का इरादा नहीं रखता है जिसके लिए अधिग्रहण के समय उसका उपयोग किया जा रहा है और उसे ध्वस्त करने या अन्य उद्देश्य के लिए उपयोग करने की इच्छा रखता है, अप्रासंगिक है; और

(vi) अधिगृहीत की जाने वाली संपत्ति का मूल्यांकन आमतौर पर एक इकाई के रूप में किया जाना चाहिए। आम तौर पर विभिन्न घटकों के मूल्य का योग इकाई का मूल्य नहीं होगा।

यद्यपि, ये एकमात्र तरीके नहीं हैं। शुद्ध वार्षिक आय या लाभ के लिए एक उपयुक्त गुणक के आवेदन द्वारा संपत्ति के मूल्य का निर्धारण करने की विधि भवनों के साथ भूमि के मूल्यांकन का एक संतोषजनक तरीका है, लेकिन केवल तभी जब भूमि पूरी तरह से विकसित हो, यानी उसे पूर्ण उपयोग में लाया गया हो, कानूनी रूप से स्वीकार्य और आर्थिक रूप से न्यायोचित हो, और संपत्ति से होने वाली आय सामान्य वाणिज्यिक हो न कि नियंत्रित लाभ या विशेष परिस्थितियों के कारण मूल्यह्रास वाली वापसी। यदि संपत्ति पूरी तरह से विकसित नहीं है, या रिटर्न वाणिज्यिक नहीं है तो यह विधि एक भ्रामक परिणाम दे सकती है।"

टिप्पणीः इस संदर्भ में, संसद ने भविष्योन्मुखी कानून पारित करके न्यायालय के इस निर्णय को अप्रभावी बना दिया और न्यायपालिका पर अपनी सर्वोच्चता का प्रदर्शन किया जो आज तक देश का सर्वमान्य कानून है।

49

सीपीआईओ, सर्वोच्च न्यायालय बनाम सुभाष चंद्र अग्रवाल 2019 SCC ऑनलाइन SC 1459

भारत के मुख्य न्यायाधीश का कार्यालय भी आरटीआई अधिनियम के दायरे में आता है।

सक्रियतावादी सुभाष चंद्र अग्रवाल द्वारा 2009 में किए गए एक आरटीआई अनुरोध पर, केंद्रीय सूचना आयोग (CIC) ने भारत के सर्वोच्च न्यायालय को आदेश दिया कि यदि सर्वोच्च न्यायालय के न्यायाधीशों ने भारत के मुख्य न्यायाधीश को अपनी संपत्ति घोषित की थी, तो इसके बारे में विवरण का खुलासा करें। सर्वोच्च न्यायालय ने इस आदेश के खिलाफ खुद को अपील की। सर्वोच्च न्यायालय ने सीआईसी के आदेश पर रोक लगा दी। उसके बाद अदालत ने मामले को पाँच न्यायाधीशों की संविधान पीठ को संदर्भित कर दिया। न्यायालय ने निष्कर्ष निकाला कि न्यायालय एक "सार्वजनिक प्राधिकरण" है जैसा कि आरटीआई अधिनियम की धारा 2 (एच) में परिभाषित किया गया है और इसलिए आरटीआई आवेदनों पर विचार करने और मामले के आधार पर उनसे निपटने के लिए बाध्य है, यानी विचार-विमर्श करने और फिर तय करने के लिए कि जानकारी प्रस्तुत की जानी चाहिए या उससे छूट मिल सकती है।

सर्वोच्च न्यायालय ने माना कि भारत के मुख्य न्यायाधीश का कार्यालय पारदर्शिता कानून, सूचना का अधिकार (आरटीआई) अधिनियम के तहत एक सार्वजनिक प्राधिकरण है।

संविधान पीठ ने दिल्ली उच्च न्यायालय के 2010 के निर्णय को बरकरार रखा, जिसमें कहा गया था कि आरटीआई अधिनियम सीजेआई (CJI) के कार्यालय पर लागू होता है।

"पारदर्शिता न्यायिक स्वतंत्रता को कम नहीं करती है। न्यायिक स्वतंत्रता और जवाबदेही साथ-साथ चलते हैं। प्रकटीकरण सार्वजनिक हित का एक पहलू है।"

यह चेतावनी देते हुए कि आरटीआई का उपयोग निगरानी के उपकरण के रूप में नहीं किया जा सकता है, शीर्ष अदालत ने कहा कि पारदर्शिता से निपटने के दौरान न्यायिक स्वतंत्रता को ध्यान में रखा जाना चाहिए। उसने कहा कि कॉलेजियम द्वारा अनुशंसित न्यायाधीशों के नामों का ही खुलासा किया जा सकता है, कारणों का नहीं।

50

एम. सिद्दीक बनाम महंत सुरेश दास (बाबरी मसजिद मामला) 2019 ऑनलाइन SCC 958 विवादित स्थल हिंदुओं का है।

बाबरी मसजिद का निर्माण 1528-29 CE के आसपास मीर बकी ने करवाया था। हिंदू समुदाय के अनुसार उस मसजिद की स्थापना एक मंदिर को नष्ट करके की गई थी जो कि भगवान राम का जन्मस्थान भी था। स्थल के नियंत्रण पर सबसे पहला संघर्ष वर्ष 1853 में हुआ था जब ब्रिटिश राज के दौरान हिंदुओं और मुसलिमों दोनों ने स्थल की भूमि पर एक-दूसरे को अधिकार देने से इनकार कर दिया था। अंग्रेजों ने हिंदुओं को बाहरी क्षेत्र दिया और मुसलमानों को भीतरी क्षेत्र दिया गया। मामला इलाहाबाद हाई कोर्ट पहुँचा जिसने भूमि को पक्षकारों में बाँट दिया। निर्णय के खिलाफ अपील की गई। माननीय सर्वोच्च न्यायालय मुकदमे की 40 दिनों की सुनवाई और मामले की कार्यवाही के बाद एक निर्णय पर पहुँचा।

निम्नलिखित बिंदु सर्वोच्च न्यायालय द्वारा दिए गए निर्णय का सारांश प्रस्तुत करते हैं-

- मुसलिम विवादित संपत्ति पर दावा नहीं कर सकते क्योंकि उनके पास भूमि का स्वामित्व कभी नहीं था।
- एएसआई के निष्कर्षों के आधार पर जहाँ स्थल से हिंदू धार्मिक अवशेषों का पता चला था, यह पुष्टि हो गई कि भूमि हिंदुओं की थी।
- इस प्रकार 2.77 एकड़ की विवादित भूमि एक मंदिर के निर्माण के लिए हिंदुओं को दे दी गई। दूसरी ओर, मुसलमानों को मसजिद बनाने के लिए अयोध्या में किसी प्रमुख स्थान पर 5 एकड़ जमीन दी जाएगी।

टिप्पणियाँ: इस निर्णय से लंबे समय से चला आ रहा राष्ट्रीय विवाद सुलझ गया जो अन्य सभी समाधानों को विफल कर रहा था। श्रेय सर्वोच्च न्यायालय को जाता है और सर्वोच्च न्यायालय के विवेक और निर्णय में लोगों के विश्वास को दर्शाता है।

51

मो. अहमद खान बनाम शाह बानो बेगम
AIR 1979, SC 362
देश में समान नागरिक संहिता होनी चाहिए। मुसलमान महिलाओं को तलाक के पश्चात् दंड प्रक्रिया संहिता की धारा 125 के अनुसार भरण-पोषण का समान अधिकार है।

तीन तलाक को संविधान के अनुच्छेद 14 का उल्लंघन घोषित कर दिया गया है। इस फैसले को समानता और गरिमा के संवैधानिक मूल्यों को आगे बढ़ाने और एक लैंगिक न्यायपूर्ण समाज को प्राप्त करने की दिशा में एक कदम के रूप में जाना जाता है। अदालत ने कहा कि यह प्रथा संवैधानिक नैतिकता का उल्लंघन है। इस मामले में विचार किया गया सवाल यह था कि क्या मुसलिम पर्सनल लॉ (शरीयत) एप्लीकेशन एक्ट, 1937 द्वारा मान्यता प्राप्त तीन तलाक को भारत में अदालतों द्वारा पालन किए जाने वाले कानून के तहत एक नियम के रूप में मान्यता प्राप्त है? निर्णय के दौरान 1937 के अधिनियम को, पूर्व-संवैधानिक होने के कारण अदालत द्वारा अनुच्छेद 13(1) के तहत शून्य माना गया।

तथ्य: मो. अहमद खान ने 1932 में शाह बानो बेगम से शादी की। उनके पाँच बच्चे हुए। वर्ष 1975 में, यानी 43 साल के वैवाहिक जीवन के बाद पति ने अपनी पत्नी को घर से निकाल दिया। अप्रैल 1978 में, जब पत्नी ने धारा 125 आपराधिक प्रक्रिया संहिता के तहत अनुरक्षण के लिए आवेदन किया, तो पति ने जवाब दिया कि उसने अपनी पत्नी को 6 नवंबर, 1975 को तलाक दे दिया था और इसलिए मुसलिम कानून के अनुसार वह तलाकशुदा पत्नी को अनुरक्षण भत्ता देने के लिए उत्तरदायी नहीं था। हालाँकि, मजिस्ट्रेट ने पति को ₹ 25/- प्रति माह की दर से अनुरक्षण भत्ते के भुगतान का आदेश दिया, जिसे जुलाई 1980 में पत्नी द्वारा दायर एक पुनरीक्षण आवेदन, तथा पत्नी के दिये गए बयान के आधार पर कि उसका पति अधिवक्ता के रूप में प्रति वर्ष ₹ 60,000/- से अधिक कमाता है, मध्य प्रदेश

के उच्च न्यायालय द्वारा बढ़ाकर ₹179.20 पैसे प्रति माह कर दिया गया। सर्वोच्च न्यायालय के समक्ष पुनः अपीलकर्ता पति था। उसके तर्क के अनुसार, मुसलिम कानून के तहत तलाकशुदा पत्नी के भरण-पोषण के लिए पति की जिम्मेदारी **इद्दत** की अवधि तक सीमित होती है और उसके बाद नहीं। इस अपील में यह आग्रह किया गया था कि- इस मामले में निर्णय हेतु न्यायालय द्वारा **बाई ताहेरा** और **फाजिलुबी** मामले में दिए गए पहले के दो निर्णयों को आधार बनाते हुए कहा गया था कि मुसलिमों के निजी कानून के बावजूद, धारा 125 आपराधिक प्रक्रिया संहिता जो सामान्य कानून है, पति और पत्नी के संबंध वाले सभी व्यक्तियों पर लागू होता है, चाहे वे किसी भी धर्म को मानते हों- उच्चतम न्यायालय पुनर्विचार के लिए सहमत हो गया लेकिन उन निर्णयों की पुष्टि की कि तलाकशुदा मुसलिम पत्नी अपने पति से गुजारा भत्ता पाने की हकदार थी।

अदालत ने मुसलिम पर्सनल लॉ बोर्ड सहित अपीलकर्ता का समर्थन करने वाले हस्तक्षेपकर्ताओं द्वारा की गई प्रस्तुतियों को अस्वीकार करके और तलाकशुदा पत्नी के गुजारा भत्ते के दावे का समर्थन करनेवालों का मूल्यांकन करने के बाद सरकार से समान नागरिक संहिता को लागू करने के लिए जल्द कदम उठाने की सिफारिश की।

यह भी एक खेद का विषय है कि हमारे संविधान का अनुच्छेद 44 एक मृतप्राय पत्र बनकर रह गया है। यह प्रावधान करता है कि "राज्य भारत के पूरे क्षेत्र में नागरिकों के लिए एक समान नागरिक संहिता सुरक्षित करने का प्रयास करेगा।" देश के लिए एक समान नागरिक संहिता तैयार करने की किसी आधिकारिक गतिविधि का कोई प्रमाण नहीं है। एक विश्वास को बल मिल गया प्रतीत होता है कि यह मुसलिम समुदाय की जिम्मेदारी है कि वह अपने निजी कानून में सुधार लाने के मामले में आगे बढ़े। एक समान नागरिक संहिता परस्पर विरोधी विचारधाराओं वाले कानूनों के प्रति विभाजित निष्ठाओं को हटाकर राष्ट्रीय एकता के उद्देश्य में मदद करेगी। कोई भी समुदाय इस मुद्दे पर अनावश्यक रियायतें देकर बिल्ली के गले में घंटी नहीं बाँधेगा। वह राज्य है जिस पर देश के नागरिकों के लिए एक समान नागरिक संहिता हासिल करने का उत्तरदायित्व है और निर्विवाद रूप से, उसके पास ऐसा करने की विधायी क्षमता है। मामले में एक वकील ने कुछ श्रव्य रूप से फुसफुसाकर कहा, कि विधायी क्षमता एक बात है, और उस क्षमता का उपयोग करने का राजनीतिक साहस बिलकुल दूसरी बात है। हम विभिन्न धर्मों और मतों के लोगों को एक साझा मंच पर लाने में

आने वाली कठिनाइयों को समझते हैं। लेकिन, यदि संविधान को कोई अर्थ मिलना है तो शुरुआत तो होनी ही चाहिए। अनिवार्य रूप से, सुधारक की भूमिका अदालतों द्वारा ग्रहण की जानी चाहिए क्योंकि, जब अन्याय इतना स्पष्ट है, तो उसे सहने की अनुमति देना संवेदनशील दिमागों के धीरज से परे है। लेकिन पर्सनल लॉ के बीच की खाई को पाटने के लिए अदालतों के टुकड़े-टुकड़े प्रयास एक समान नागरिक संहिता का स्थान नहीं ले सकते। सभी के लिए न्याय एक मामले से दूसरे मामले में न्याय करने की तुलना में न्याय प्रदान करने का कहीं अधिक संतोषजनक तरीका है।

टिप्पणी: एक समान नागरिक संहिता को लागू करने के लिए कदम उठाने के बजाय, सरकार ने तलाक अधिनियम पर सन् 1986 में मुसलिम महिलाओं की सुरक्षा नामक एक विशेष कानून बनाया, जिसके तहत मुसलिम तलाकशुदा महिला अपने पति से गुजारा-भत्ते का दावा नहीं कर सकती थी, लेकिन धर्मार्थ भुगतान के लिए मुसलिम वक्फ बोर्ड से इस तरह का दावा कर सकती थी।

बाद में, **शायरा बानो बनाम भारत संघ** मामले में, 22 अगस्त, 2017 को सर्वोच्च न्यायालय ने 3:2 के बहुमत से निर्णय दिया कि तीन तलाक प्रथा अर्थात 'तलाक-ए-बिद्दत' असंवैधानिक थी, क्योंकि वह अन्य संवैधानिक स्वतंत्रताओं के बीच मुसलिम महिलाओं के समानता के अधिकार का उल्लंघन करती है। यह प्रकृति में स्पष्ट रूप से स्वेच्छाचारी है। (2017, 9 SCC1).

52

अनुराधा भसीन बनाम भारत संघ और अन्य
2020 SCC ऑनलाइन SC 25
इंटरनेट की आजादी पर अंकुश नहीं लगाया जा सकता।

भारत के माननीय सर्वोच्च न्यायालय ने **अनुराधा भसीन बनाम भारत संघ और अन्य** के मामले में दिनांक 10 जनवरी, 2020 के अपने निर्णय द्वारा यह माना है कि इंटरनेट के माध्यम से भाषण और अभिव्यक्ति की स्वतंत्रता एक मौलिक अधिकार है।

माननीय सर्वोच्च न्यायालय ने माना कि इंटरनेट के माध्यम से बोलने और अभिव्यक्ति की स्वतंत्रता संविधान के अनुच्छेद 19(1)(ए) के तहत एक मौलिक अधिकार है। इसके अलावा, उसने यह भी कहा कि इंटरनेट पर प्रतिबंधों को संविधान के अनुच्छेद 19(2) के तहत आनुपातिकता के सिद्धांतों का पालन करना होगा। इसके अलावा, अधिकारियों ने इंटरनेट के निलंबन पर अनिश्चितकाल के लिए प्रतिबंध लगा दिया है। उसने यह भी स्पष्ट किया है कि आपराधिक प्रक्रिया संहिता की धारा 144 के तहत प्रतिबंधात्मक आदेश किसी के विचार की वैध अभिव्यक्ति या शिकायत या किसी भी लोकतांत्रिक अधिकार के प्रयोग को दबाने के लिए लागू नहीं किए जा सकते।

माननीय सर्वोच्च न्यायालय ने अपने निर्णय में कहा है कि इंटरनेट के माध्यम से भाषण और अभिव्यक्ति की स्वतंत्रता और व्यापार और वाणिज्य की स्वतंत्रता भी अनुच्छेद 19(1) (जी) के तहत संवैधानिक रूप से संरक्षित अधिकार हैं।

भाग IV: राज्य के नीति-निदेशक सिद्धांत

अनुच्छेद 36-51 में राज्य के नीति-निदेशक सिद्धांत समाविष्ट हैं। ये कुछ तत्त्व हैं जिन्हें देश के शासन के लिए बुनियादी माना गया। संविधान के निर्माताओं का प्रयोजन प्रशासन और शासन से संबंधित मामलों के संबंध में सत्तारूढ़ सरकार के लिए मार्गदर्शक सिद्धांत बनाने का था। इनमें विचारधाराओं की एक विस्तृत श्रृंखला निहित है। कुछ निदेशक सिद्धांत जैसे कि ग्राम पंचायत का गठन और गोहत्या का उन्मूलन गाँधीवादी मूल्यों को प्रतिबिंबित करते हैं और कुछ निदेशक सिद्धांत जैसे स्वामित्व का वितरण और समुदाय के भौतिक संसाधनों का नियंत्रण समाजवादी सिद्धांतों को दर्शाता है। हालाँकि, निदेशक सिद्धांतों के संबंध में परेशानी यह है कि वे गैर-न्यायोचित हैं (अनुच्छेद 37)। इसका मतलब यह है कि अदालत द्वारा उनके उल्लंघन पर कोई कार्यवाही नहीं होगी। यद्यपि वे गैर-न्यायोचित हैं, फिर भी उनमें से कई को अनेक मामलों में संविधान के अभिन्न अंग के रूप में बरकरार रखा गया है। उदाहरण के लिए, **हुसैनआरा खातून बनाम बिहार राज्य** मामले में सुप्रीम कोर्ट ने अनुच्छेद 39ए के तहत प्रदान की गई निःशुल्क और कानूनी सहायता के अधिकार को मौलिक अधिकार माना था। इसी तरह, 'न्यायपालिका से कार्यपालिका के पृथक्करण' के नीति निदेशक सिद्धांत को संविधान की मूल संरचना का हिस्सा माना गया है।

53

केरल राज्य बनाम एन.एम. थॉमस
(1976) 2 SCC 310
संविधान के भाग III और भाग IV का सामंजस्यपूर्ण पठन।

इस मामले में, एक सरकारी आदेश की संवैधानिकता को, जिसमें अनुसूचित जाति और अनुसूचित जनजाति वर्ग से संबंधित उन कर्मचारियों को अस्थायी पदोन्नति दी गई थी जिनके पास आवश्यक योग्यता नहीं थी और जिन्हें आवश्यक योग्यता प्राप्त करने के लिए दो वर्ष का समय दिया गया था, सर्वोच्च न्यायालय में चुनौती दी गई थी। अदालत ने, अनुच्छेद 46 को अनुच्छेद 16 के साथ सामंजस्य में पढ़ते हुए, उस आदेश को वैध माना।

राज्य नीति के निदेशक सिद्धांत एक प्रणाली के रूप में मूल्यों की वह रूपरेखा बनाते हैं जिसने मौलिक अधिकारों के अध्याय में उल्लिखित सार अवधारणा को जीवन दिया। वह निदेशक सिद्धांत थे जिन्होंने इस बात का औचित्य प्रदान किया कि समानता की संवैधानिक दृष्टि समूह की हानि के प्रति संवेदनशील क्यों थी। इस निर्णय ने राज्य नीति के निदेशक सिद्धांतों के स्थिर तत्त्वों को गतिशील बना दिया।

54

एम.सी. मेहता बनाम भारत संघ
(1982) 4 SCC 483 और 1988 SCC 471
गंगा की सफाई सुनिश्चित होनी चाहिए।

तथ्यः

- गंगा नदी में अनुपचारित बहिस्रावों के छोड़े जाने के कारण नदी का पानी पीने, मछली पकड़ने और नहाने के उद्देश्यों के लिए असुरक्षित हो गया था, जो अनिवार्य रूप से एक सार्वजनिक मुसीबत पैदा कर रहा था।
- 1985 में एम.सी. मेहता ने गंगा नदी में घरेलू और औद्योगिक कचरे और अपशिष्टों का निपटान करने से इन चर्मशोधन कारखानों को रोकने के लिए परमादेश की प्रकृति में एक याचिका दायर की। इस याचिका को सर्वोच्च न्यायालय द्वारा मेहता I और मेहता II के नाम से दो भागों में विभाजित किया गया।

निर्णयः

- यह उद्योगों का उत्तरदायित्व है कि वे अपने व्यापारिक कचरे को इस तरह से उपचारित करें कि वह जिस पानी में मिले उसकी गुणवत्ता को खराब न करे, अन्यथा ऐसे प्रदूषित पानी का उपयोग नदी के अनुप्रवाह क्षेत्रों के निवासियों के लिए बहुत मुश्किल खड़ी कर देगा। कानपुर की नगर महापालिका को कानपुर शहर के पास नदी के प्रदूषण के लिए प्रमुख जिम्मेदारी वहन करनी पड़ी।
- गंगा नदी के प्रदूषण के कारण होने वाली परेशानी एक सार्वजनिक मुसीबत है, जो व्यापक रूप से फैली हुई है और अपने प्रभाव में बिना किसी भेदभाव के है और किसी व्यक्ति विशेष से यह अपेक्षा करना उचित नहीं होगा कि वह बड़े पैमाने पर समुदाय से अलग इसे रोकने के लिए कार्यवाही करे।
- कानपुर नगर महापालिका को श्रमिक कालोनियों में सीवरों का आकार बढ़ाने और गरीब लोगों के उपयोग के लिए सार्वजनिक शौचालयों और मूत्रालयों की संख्या बढ़ाने का आदेश दिया गया। न्यायालय ने आगे कहा कि चर्मशोधन कारखानों से प्राथमिक शोधन संयंत्र स्थापित करने की अपेक्षा करते समय उनकी वित्तीय क्षमता को अप्रासंगिक माना जाना चाहिए।

- न्यायालय ने हमारे संवैधानिक ढाँचे में कुछ प्रावधानों के महत्त्व पर प्रकाश डाला जो हमारे पर्यावरण की रक्षा के महत्त्व और आवश्यकता को स्थापित करते हैं। अनुच्छेद 48-ए प्रावधान करता है कि राज्य पर्यावरण की रक्षा और सुधार करने और देश के वनों और वन्य जीवन की रक्षा करने का प्रयास करेगा। भारतीय संविधान का अनुच्छेद 51-ए, वनों, झीलों, नदियों और वन्य जीवन सहित प्राकृतिक पर्यावरण की रक्षा और सुधार के लिए प्रत्येक नागरिक पर मौलिक कर्त्तव्य आरोपित करता है।
- न्यायालय ने जल (प्रदूषण की रोकथाम और नियंत्रण) अधिनियम, 1974 (जल अधिनियम) का महत्त्व बताया। यह अधिनियम जल प्रदूषण को रोकने और नियंत्रित करने तथा पानी की गुणवत्ता बनाए रखने के लिए पारित किया गया था। इस अधिनियम ने केंद्रीय और राज्य बोर्डों की स्थापना की और उन्हें जल प्रदूषण के नियंत्रण और रोकथाम से संबंधित अधिकार और कार्य प्रदान किए।

टिप्पणियाँ: राज्य को गंगा नदी और अन्य जल-स्रोतों में प्रदूषण की रोकथाम की व्यवस्था करनी चाहिए। इस निर्णय ने देश में गंगा नदी और अन्य नदियों को साफ करने के लिए प्रधानमंत्री के अधीन केंद्रीय गंगा प्राधिकरण के गठन को प्रोत्साहन दिया।

55

भारतीय पर्यावरण-कानूनी कार्यवाही परिषद्, याचिकाकर्ता और भारत संघ तथा अन्य प्रतिवादी AIR 1996 SC 1446 = 1996(3)SCC 212 प्रदूषक भुगतान करता है और स्वयं भुगतान करेगा।

तथ्यः पर्यावरणीय गिरावट और परिणामस्वरूप समस्या से चिंतित लोग रासायनिक उद्योगों से पर्यावरण की रक्षा के लिए किए जाने वाले उपायों की पूर्ण उपेक्षा के कारण पीड़ित थे, याचिकाकर्ता ने, जो एक सार्वजनिक सेवा निकाय था, सर्वोच्च न्यायालय का दरवाजा खटखटाया ताकि वह आपत्तिजनक उद्योगों को अपने प्रतिष्ठानों को दूरस्थ स्थानों पर ले जाने, स्थानीय लोगों के स्वास्थ्य को खतरे में डालने वाली हानिकारक सामग्री को हटाने और साथ ही रासायनिक प्रदूषण से प्रभावित सभी लोगों को मुआवजे का भुगतान करने के निर्देश दे।

सर्वोच्च न्यायालय ने याचिकाकर्ता की दलीलों को बरकरार रखा और कानून के नियम के रूप में इन सिद्धांतों की पुष्टि की कि प्रदूषक उद्योगों को स्थानांतरित करने की सभी लागतों के साथ-साथ उपचारात्मक उपायों के लिए आवश्यक सभी लागतों को वहन करेगा और उनका भुगतान करेगा। प्रदूषक उन सभी को मुआवजा भी देगा जो प्रदूषण से प्रभावित थे।

अदालत ने टिप्पणी की कि पर्यावरण संरक्षण अधिनियम केंद्र सरकार को उपरोक्त प्रकृति के और उपरोक्त प्रभाव के लिए निर्देश देने के अधिकार प्रदान करता है (अर्थात् प्रदूषक को सभी उपचारात्मक उपाय करने के निर्देश देने के लिए)। उपचारात्मक उपायों को पूरा करने के लिए आवश्यक लागत वसूल करना पर्यावरण संरक्षण अधिनियम की धारा 3 और 4 में निहित है, जो धाराएँ बहुत व्यापक भाषा में लिखी गई हैं। इसलिए, इस न्यायालय द्वारा उन अधिकारों को लागू करने और उनका प्रयोग करने के लिए केंद्र सरकार को उचित निर्देश दिए जा सकते हैं।

निर्णयः उपचारात्मक उपायों की लागत चुकाने के उत्तरदाताओं के दायित्व के प्रश्न को एक अन्य कोण से भी देखा जा सकता है, इसे अब एक ठोस सिद्धांत के

रूप में सार्वभौमिक रूप से स्वीकार किया जाने लगा है, अर्थात्, "प्रदूषक भुगतान करता है" सिद्धांत।

प्रदूषक भुगतान सिद्धांत माँग करता है कि प्रदूषण से होने वाली क्षति को रोकने या उनका उपचार करने की वित्तीय लागत उन उपक्रमों द्वारा वहन होनी चाहिए जो प्रदूषण का कारण बनते हैं, या उन चीजों का उत्पादन करते हैं जो प्रदूषण का कारण बनती हैं। सिद्धांत के तहत इस तरह की क्षति की रोकथाम या उपचारात्मक कार्यवाही करने में शामिल लागतों को पूरा करना सरकार की भूमिका नहीं है, क्योंकि इसका प्रभाव प्रदूषण की घटना के वित्तीय बोझ को करदाता पर स्थानांतरित करना होगा। 'प्रदूषक भुगतान करता है' के सिद्धांत को 1970 के दशक के दौरान आर्थिक सहयोग और विकास संगठन (OECD) द्वारा बढ़ावा दिया गया था जब पर्यावरण के मुद्दों में जनता की अत्यधिक दिलचस्पी थी। उस दौरान सरकार और अन्य संस्थानों से आधुनिक औद्योगिक समाज में प्रदूषण से उत्पन्न खतरों से पर्यावरण और जनता की सुरक्षा के लिए नीतियाँ और तंत्र शुरू करने की माँग की गई थी। तब से प्रदूषक भुगतान सिद्धांत की प्रकृति की काफी चर्चा हुई है, लेकिन सिद्धांत का सटीक दायरा और अतीत में इसमें शामिल लोगों के लिए इसके प्रभाव, या संभावित प्रदूषणकारी गतिविधियों पर कभी भी संतोषजनक सहमति नहीं हुई है।

सिद्धांत को परिभाषित करने में निहित कठिनाइयों के बावजूद, यूरोपीय समुदाय ने इसे पर्यावरणीय मामलों पर अपनी रणनीति के मूलभूत भाग के रूप में स्वीकार किया, और यह पर्यावरण पर चार सामुदायिक गतिविधि कार्यक्रमों के अंतर्निहित सिद्धांतों में से एक रहा है। वर्तमान फोर्थ एक्शन प्रोग्राम (1987) ओ.जे. सी 328/1) स्पष्ट करता है कि न्यूसेंस को रोकने और समाप्त करने की लागत सैद्धांतिक रूप से प्रदूषक द्वारा वहन की जानी चाहिए और प्रदूषक भुगतान का सिद्धांत अब पर्यावरण पर नए अनुच्छेदों के हिस्से के रूप में यूरोपीय समुदाय संधि में शामिल किया गया है जो 1986 के एकल यूरोपीय अधिनियम द्वारा पेश किए गए थे। संधि का अनुच्छेद 120R (2) कहता है कि पर्यावरण संबंधी विचारों को समुदाय की सभी नीतियों में एक भूमिका निभानी होगी, और यह कार्यवाही तीन सिद्धांतों पर आधारित होगी: निवारक कार्यवाही की आवश्यकता; पर्यावरणीय क्षति को स्रोत पर ठीक करने की आवश्यकता; और यह प्रदूषक को भुगतान करना चाहिए।

("हिस्टॉरिक पॉल्यूशन-डज द पॉल्यूटर पे?", कैरोलिन शेलबोर्न, जर्नल ऑफ प्लानिंग एंड एनवायर्नमेंटल लॉ। अगस्त, 1974 अंक)

इस प्रकार, इस सिद्धांत के अनुसार, क्षति को कम करने का उत्तरदायित्व आपत्तिजनक उद्योग का है। धारा 3 और 5 केंद्र सरकार को इस सिद्धांत को प्रभाव देने के लिए निर्देश देने और उपाय करने का अधिकार देती हैं। मामले की सभी परिस्थितियों में, हम यह उचित समझते हैं कि उपचारात्मक उपायों को अंजाम देने के लिए आवश्यक राशि का निर्धारण करने, उसकी वापसी/वसूली करने और उपचारात्मक उपाय करने का कार्य पर्यावरण (संरक्षण) अधिनियम, 1986 के प्रावधानों के आलोक में केंद्र सरकार के कंधों पर है और निश्चित रूप से, केंद्र सरकार के लिए राज्य सरकार, आर.पी.सी.बी या ऐसी अन्य एजेंसी या प्राधिकरण, जैसा वह उचित समझे, से सहायता और सहयोग लेने का विकल्प खुला है।

56

एम.सी. मेहता, याचिकाकर्ता, भारत संघ, प्रतिवादी
AIR 1999 SC 291 = 1998 (8) SCC 206
15 वर्ष से अधिक पुराने परिवहन वाहनों पर प्रतिबंध।

तथ्यः भूरेलाल समिति ने सिफारिश की थी कि 15 वर्ष से अधिक पुराने परिवहन वाहनों को सार्वजनिक सड़कों पर चलने से प्रतिबंधित कर देना चाहिए। सर्वोच्च न्यायालय ने निर्देश दिया कि 15 वर्ष से अधिक पुराने सभी वाहनों को 2 अक्टूबर, 1998 से राष्ट्रीय राजधानी क्षेत्र दिल्ली में चलने की अनुमति नहीं दी जाएगी। यह देखते हुए कि उक्त आदेश को लागू नहीं किया जा रहा है, सर्वोच्च न्यायालय ने दिनांक 22 सितंबर, 1998 के एक आदेश द्वारा यह अवधि एक श्रेणीबद्ध तरीके से 31 दिसंबर तक बढ़ा दी।

निर्णयः राष्ट्रीय राजधानी में सड़कों पर चल रहे मौजूदा वाहनों के संदर्भ में यह देखते हुए कि उन वाहनों की संख्या, जिनकी आयु 15 से 16 वर्ष से अधिक है, 2962 थी और 17 से 19 वर्ष की आयु वाले वाहनों की संख्या 3200 थी, और 19 वर्ष से 25 वर्ष तक की आयु के वाहनों की संख्या 9349 थी, अदालत ने पहले के आदेश को संशोधित कर दिया जो यह तय करता था कि 1 अक्टूबर, 1998 से कौन-से वाहन सड़कों पर चलने से प्रतिबंधित रहेंगे। संशोधित आदेश ने निर्देशित किया कि :

(ए) सभी वाणिज्यिक/परिवहन वाहन जो 20 वर्ष से अधिक पुराने हैं (9349), उन्हें चरणबद्ध तरीके से हटा दिया जाएगा और 2 अक्टूबर, 1998 के बाद राष्ट्रीय राजधानी क्षेत्र, दिल्ली में चलाने की अनुमति नहीं दी जाएगी;

(बी) ऐसे सभी वाणिज्यिक/परिवहन वाहन जो 17 से 19 वर्ष पुराने हैं (3200), उन्हें 15 नवंबर, 1998 के बाद चलाने की अनुमति नहीं दी जाएगी;

(सी) ऐसे वाणिज्यिक/परिवहन वाहन जो 15 और 16 वर्ष पुराने हैं (4962), उन्हें 31 दिसंबर, 1998 के बाद चलाने की अनुमति नहीं दी जाएगी।

यह आदेश सभी वाणिज्यिक/परिवहन वाहनों पर लागू होगा जो निर्धारित आयु से अधिक हैं, चाहे वे राष्ट्रीय राजधानी क्षेत्र दिल्ली में पंजीकृत हों या बाहर (लेकिन दिल्ली में चलते हों)।

यह प्रतिबंध आदेश उन सभी वाहनों पर भी लागू होगा जिनके पास राष्ट्रीय राजधानी क्षेत्र दिल्ली में चलने का कोई अधिकार या परमिट नहीं है।

उन वाणिज्यिक/परिवहन वाहनों के अलावा जो उपरोक्त नोटिस के अनुसार पंजीकृत हैं, हमें सूचित किया गया है कि राष्ट्रीय राजधानी क्षेत्र दिल्ली में ऐसे वाहन हैं जो या तो पंजीकृत नहीं हैं या जिन पर सड़क कर का भुगतान नहीं किया गया है। हम निर्देश देते हैं कि ऐसे सभी वाणिज्यिक/परिवहन वाहन जिन्हें रोड टैक्स या पंजीकरण के भुगतान के बिना चलाया जा रहा है, उन्हें तत्काल प्रभाव से राष्ट्रीय राजधानी क्षेत्र में चलने की अनुमति नहीं दी जाएगी और 2 अक्टूबर, 1998 के बाद से तो किसी भी स्थिति में नहीं।

टिप्पणी: इस मामले में, जब सर्वोच्च न्यायालय ने 15 साल से अधिक उम्र के सार्वजनिक वाहनों के सड़कों पर चलने पर पूर्ण प्रतिबंध लगाने के सवाल पर अपना पहला निर्देश जारी किया, तो न केवल संचालकों की ओर से, बल्कि आम लोगों की ओर से भी, जिसमें यात्री और स्कूल जाने वाले बच्चे शामिल थे, व्यापक विरोध प्रदर्शन हुए। उसी के जवाब में, सर्वोच्च न्यायालय ने चरणबद्ध और श्रेणीबद्ध तरीके से अदालत के आदेशों को लागू करने के लिए प्रशासन को सक्षम बनाने की दृष्टि से अपने निर्देशों को संशोधित किया था।

57

सुप्रीम कोर्ट एडवोकेट्स ऑन रिकॉर्ड बनाम यूनियन ऑफ इंडिया

1993(4) SCC 441

सुप्रीम कोर्ट में जजों की नियुक्ति और ट्रांसफर के लिए कॉलेजियम सिस्टम बहाल कर दिया गया है।

तथ्य:

- 2015 में, सुप्रीम कोर्ट एडवोकेट्स-ऑन-रिकॉर्ड एसोसिएशन और सीनियर एडवोकेट्स ने संविधान के निन्यानवें (99th) संशोधन और एनजेएसी अधिनियम, 2015 की संवैधानिकता को चुनौती देते हुए सुप्रीम कोर्ट के समक्ष याचिकाएँ दायर कीं। याचिकाओं में अन्य बातों के साथ-साथ आरोप लगाया गया कि एनजेएसी ने न्यायपालिका की स्वतंत्रता से समझौता करके संविधान के मूल ढाँचे का उल्लंघन किया है।
- 2014 में एनडीए सरकार ने संविधान (121वाँ संशोधन) विधेयक पेश किया, जो बाद में संसद के दोनों सदनों द्वारा पारित किया गया, 16 राज्य विधान सभाओं द्वारा अनुमोदित किया गया और राष्ट्रपति द्वारा स्वीकृत किया गया; 13 अप्रैल, 2015 से एनजेएसी अधिनियम और संवैधानिक संशोधन अधिनियम लागू हो गया।

निर्णय:

- न्यायाधीशों की नियुक्ति और स्थानांतरण के लिए कॉलेजियम प्रणाली को बहाल कर दिया गया। अदालत ने संविधान (निन्यानवेवाँ संशोधन) अधिनियम, 2014 और राष्ट्रीय न्यायिक नियुक्ति आयोग अधिनियम, 2014 को 4:1 के बहुमत से असंवैधानिक और अमान्य घोषित करते हुए रद्द कर दिया।
- अदालत ने कहा कि संविधान न्यायपालिका से संबंधित नियुक्तियों में न्यायिक प्रधानता को अनिवार्य करता है। संवैधानिक पाठ और लंबे समय से चली आ रही प्रथा के आधार पर, अदालत ने माना कि न्यायिक प्रधानता न केवल संवैधानिक रूप से आवश्यक है, बल्कि यह अपरिहार्य बुनियादी संरचना का हिस्सा भी है क्योंकि यह न्यायपालिका की स्वतंत्रता का अभिन्न अंग है। इस प्रकार, परिणामस्वरूप, NJAC को न्यायिक प्रधानता

और न्यायिक स्वतंत्रता की आवश्यकताओं का उल्लंघन करने के लिए असंवैधानिक ठहराया गया।

- 'न्यायपालिका की स्वतंत्रता' शब्द का समापन अनुच्छेद 12, 36 और 50 के सामूहिक पठन से होता है। कभी-कभी संविधान के प्रावधानों के एक सादे पठन से संबंधित "मूल संरचना" का निष्कर्ष निकालना संभव नहीं होता है। इसलिए, जब "न्यायपालिका की स्वतंत्रता" के संदर्भ में "बुनियादी ढाँचे" के उल्लंघन के आधार पर एक चुनौती पेश की जाती है, तो इसकी सही समझ है, और होनी चाहिए, कि अनुच्छेद 12, 36 और 50 एक ओर, और अनुच्छेद 124, 127 और 222 दूसरी ओर।

टिप्पणियाँ: इस निर्णय ने न्यायपालिका को उचित स्वायत्तता और स्वतंत्रता दी, और इस प्रकार सर्वोच्च न्यायालय को राज्य की गतिविधियों पर निगरानी रखने वाला प्रहरी बना दिया।

भाग V : चुनाव

इस भाग में अनुच्छेद 324 से लेकर अनुच्छेद 329 तक केवल पाँच अनुच्छेद हैं। विभिन्न अनुच्छेद चुनावों के विभिन्न पहलुओं और उनसे जुड़ी प्रक्रियाओं से संबंधित हैं।

अनुच्छेद 324 कहता है कि 'चुनावों का अधीक्षण, निर्देशन और नियंत्रण एक चुनाव आयोग में निहित होगा।' चुनाव आयोग में एक 'मुख्य चुनाव आयुक्त' और कुछ अन्य चुनाव आयुक्त होते हैं जिनकी संख्या राष्ट्रपति समय-समय पर तय कर सकते हैं। इस अनुच्छेद को लागू करने के पीछे संविधान सभा का उद्‌देश्य चुनाव आयोग की स्वतंत्रता सुनिश्चित करना था। इस अनुच्छेद को अधिनियमित करते समय, डॉ. बी.आर. अम्बेडकर ने कहा था, 'पूरी चुनाव मशीनरी एक केंद्रीय चुनाव आयोग के हाथों में होगी।'

मोहिंदर सिंह गिल और अन्य बनाम मुख्य चुनाव आयुक्त, नई दिल्ली और अन्य (1977) मामले में, अदालत ने माना कि अनुच्छेद 324 चुनाव से संबंधित मामलों पर लागू होता है जहाँ कानून मौजूद नहीं है और अधिकार और कर्त्तव्यों के प्रयोग के संबंध में व्यापक विवेकाधिकार मौजूद है। ऐसे अधिकार और कर्त्तव्य विधायी, प्रशासनिक या फिर न्यायिक भी हो सकते हैं। संविधान अनुच्छेद 324 के संचालन के क्षेत्र को विस्तृत रूप से परिभाषित नहीं करता है। यह राष्ट्रीय और राज्य चुनावों के संचालन के संबंध में संपूर्ण अधिकार और उत्तरदायित्व चुनाव आयोग में निहित करता है। इसलिए ईसीआई के विवेकाधीन अधिकार बहुत व्यापक हैं। यद्यपि, अधिकार का प्रयोग दुर्भावनापूर्वक, बिना सोचे-समझे या मनमाने ढंग से नहीं किया जाना चाहिए।

58

पब्लिक इंटरेस्ट फाउंडेशन बनाम भारत संघ डब्ल्यू.पी. (सी) 536/2011, 2018 नवीनतम केस कानून 706 SC

उम्मीदवार और राजनीतिक दल उम्मीदवार के इतिहास के बारे में घोषणा करेंगे।

तथ्यः

- 2011 में, एक एनजीओ, पब्लिक इंटरेस्ट फाउंडेशन ने संविधान के अनुच्छेद 32 के तहत, संसद/राज्य विधान सभाओं में सदस्यता की अयोग्यता के आधारों का विस्तार करने के लिए सर्वोच्च न्यायालय में एक याचिका याचिका दायर की। उन्होंने अदालत से जनप्रतिनिधित्व अधिनियम, 1951 (आरपी अधिनियम) के तहत उन उम्मीदवारों और विधायकों को अयोग्य घोषित करने के लिए कहा, जिनके खिलाफ अदालत द्वारा गंभीर आपराधिक आरोप तय किए गए हैं। इसके अलावा, उन्होंने अदालत से झूठे हलफनामे दाखिल करने वाले उम्मीदवारों को भी अयोग्य घोषित करने के लिए कहा।
- 8 मार्च, 2016 को, तीन न्यायाधीशों की एक खंडपीठ ने इस मामले को संविधान पीठ को सुनवाई के लिए भेजा। इस खंडपीठ ने संघ के इस तर्क को खारिज कर दिया कि इन प्रश्नों को मनोज नरूला मामले में संविधान पीठ द्वारा पहले ही सुलझा लिया गया था। मनोज नरूला मामले में, अदालत ने मंत्रियों को चुनने के प्रधानमंत्री के विवेक में हस्तक्षेप न करने का निर्णय किया था, हालाँकि कुछ मंत्री लंबित आपराधिक मामलों में विचाराधीन हो सकते थे।

निर्णयः

- खंडपीठ ने अपना निर्णय सुनाया और आरपी अधिनियम की धारा 8 के तहत अयोग्यता के लिए अतिरिक्त मानदंड जोड़ने से इनकार कर दिया, यह टिप्पणी करते हुए कि यह न्यायालयों का नहीं बल्कि विधान मंडल का काम था कि वह कानून में बदलाव लाए। आगे उसने संसद से यह सुनिश्चित करने के लिए कानून बनाने का आग्रह किया कि गंभीर आपराधिक आरोपों का सामना करने वाले व्यक्ति राजनीतिक धारा में प्रवेश न कर पाएँ।

- संविधान पीठ के पाँच–न्यायाधीशों ने निर्णय सुनाया कि उम्मीदवारों को केवल इसलिए बहिष्कृत नहीं किया जाना चाहिए क्योंकि उन्हें एक आपराधिक मामले में दोषी ठहराया गया था। पीठ ने विधायिका को यह सलाह भी दी कि वह राजनीति के गैर–अपराधीकरण को सुगम बनाने के लिए कानून को बदलने पर विचार करे। न्यायालय ने आगे कहा कि उम्मीदवार को चुनाव आयोग द्वारा दिए गए प्रपत्र को भरना चाहिए और प्रपत्र में सभी आवश्यक जानकारी होनी चाहिए। यदि नामांकित व्यक्ति के खिलाफ कोई लंबित आपराधिक कार्यवाही है, तो उसे प्रपत्र में मोटे अक्षरों में बताना चाहिए। जब कोई उम्मीदवार किसी विशिष्ट पार्टी के टिकट पर चुनाव लड़ना चाहता है, तो उससे अपेक्षा की जाती है कि वह अपने विरुद्ध लंबित आपराधिक कार्यवाही के बारे में पार्टी को सूचित करे। संबंधित राजनीतिक दल अपनी वेबसाइट पर आपराधिक रिकॉर्ड वाले उम्मीदवारों से संबंधित उपर्युक्त विवरण उपलब्ध कराने के लिए बाध्य होगा। उम्मीदवार और संबंधित राजनीतिक दल दोनों उम्मीदवार के इतिहास के बारे में व्यापक रूप से परिचालित स्थानीय समाचार पत्रों में एक घोषणा करेंगे और इलेक्ट्रॉनिक मीडिया में एक व्यापक प्रचार भी करेंगे।

भाग VI: राष्ट्रपति के अधिकार और भूमिका

राष्ट्रपति की संवैधानिक स्थिति को बेहतर ढंग से समझने के लिए अनुच्छेद 53, 74 और 75 का संदर्भ लिया जाएगा। अनुच्छेद 53 कहता है कि संघ की कार्यकारी शक्ति का प्रयोग राष्ट्रपति द्वारा संविधान के प्रावधानों के अनुसार किया जाएगा। अनुच्छेद 74 राष्ट्रपति को सहायता और सलाह देने के लिए मंत्रिपरिषद् का प्रावधान करता है। राष्ट्रपति अपने कार्यों का निर्वहन करते समय ऐसी सलाह के अनुसार कार्य करेंगे। इसका मतलब यह है कि राष्ट्रपति मंत्रिपरिषद् की सलाह से बँधे हैं, जिसका नेतृत्व एक प्रधानमंत्री करेंगे। अनुच्छेद 75(1) प्रावधान करता है कि प्रधानमंत्री को राष्ट्रपति द्वारा नियुक्त किया जाएगा और उनके मंत्रिमंडल के अन्य मंत्रियों को भी राष्ट्रपति द्वारा नियुक्त किया जाएगा, किंतु प्रधानमंत्री की सलाह पर। इन प्रावधानों से यह स्पष्ट हो जाता है कि राष्ट्रपति केवल संवैधानिक प्रमुख होता है जबकि वास्तविक शक्ति प्रधानमंत्री की अध्यक्षता वाली मंत्रिपरिषद् के पास होती है। **राम जवाया कपूर बनाम पंजाब राज्य (1955)** मामले में खंडपीठ ने कहा कि राष्ट्रपति केवल कार्यपालिका का संवैधानिक प्रमुख होता है, जबकि वास्तविक शक्ति मंत्रिपरिषद् के पास होती है, जिसकी कमान प्रधानमंत्री के पास होती है।

मंत्रिपरिषद् की सामूहिक जिम्मेदारी राष्ट्रपति को एक नाममात्र का शासक बनाती है। लेकिन आपातकाल की घोषणा या राज्य में राष्ट्रपति शासन लगाने जैसी कई महत्त्वपूर्ण स्थितियों में राष्ट्रपति अपने विवेक का प्रयोग कर सकता है। इस प्रकार, ऐसे दो नियंत्रण केंद्र हैं जिनमें भारत के लोगों की आस्था है।

59

यू.एन.आर. राव बनाम इंदिरा गाँधी
(1971) 2 SCC 635 = AIR 1971 SC 1002
प्रधानमंत्री और उनका मंत्रिमंडल संसद के भंग होने के बाद भी राष्ट्रपति को सहायता और सलाह देना जारी रखते हैं।

तथ्य: 1969 में कांग्रेस पार्टी के दो गुटों में विभाजित होने के बाद, तत्कालीन प्रधानमंत्री इंदिरा गाँधी ने राष्ट्रपति को अनुच्छेद 85(2) (बी) के तहत उनको दिए गए अधिकारों के प्रयोग के अनुसार लोक सभा भंग करने की सलाह दी। उनका (श्रीमती गाँधी का) मकसद देश में नए सिरे से आम चुनाव कराना था ताकि उनके नेतृत्व के संबंध में मौजूद सभी संदेहों को दूर किया जा सके। राष्ट्रपति ने उनकी सलाह के अनुसार कार्यवाही की और संसद या लोक सभा के निचले सदन को भंग कर दिया। यद्यपि, सदन के विघटन के बावजूद, श्रीमती इंदिरा गाँधी ने प्रधानमंत्री के रूप में कार्य करना जारी रखा। मद्रास उच्च न्यायालय के एक वकील, यू.एन.आर राव ने श्रीमती गाँधी के प्रधानमंत्री पद पर बने रहने को उच्चतम न्यायालय के समक्ष चुनौती दी। उनका प्राथमिक तर्क था कि एक बार जब निचला सदन भंग हो जाता है तो मंत्रिपरिषद् (प्रधानमंत्री और उनकी सलाह पर नियुक्त मंत्रियों सहित) को भी इस्तीफा देना चाहिए। उन्होंने अपना तर्क अनुच्छेद 75(3) पर आधारित किया जो कहता है कि मंत्रिपरिषद् सामूहिक रूप से लोक सभा के लिए उत्तरदायी होगी। अत: यह प्रश्न उठा कि यदि सदन को भंग कर दिया गया है तो मंत्रिपरिषद् (प्रधानमंत्री सहित) अपने पूर्व पदों पर कैसे बनी रह सकती है।

मुद्दा: क्या निचले सदन के भंग होने के बाद भी मंत्रिपरिषद् जारी रह सकती है ?

निर्णय: अदालत ने इंग्लैंड में मौजूद व्यवस्था के साथ समानता प्रस्तुत की। इंग्लैंड में, जब निचले सदन को भंग कर दिया जाता है, तब भी प्रधानमंत्री के नेतृत्व में कैबिनेट राष्ट्र के सुचारू प्रशासन को सुनिश्चित करने के लिए मौजूद रहता है।

अदालत ने यह भी कहा कि अनुच्छेद 74 राष्ट्रपति को सहायता और सलाह देने के लिए मंत्रिपरिषद् का प्रावधान करता है। अनुच्छेद 74(1) में 'करेगा' शब्द का प्रयोग राष्ट्रपति को अपनी कार्यकारी शक्ति का प्रयोग करने में सहायता और सलाह देने के लिए मंत्रिपरिषद् की आवश्यकता को 'अपरिहार्य' (एक अनिवार्य प्रावधान) बनाता है। इसलिए, याचिका खारिज कर दी गई और विघटन के बाद भी श्रीमती गाँधी और उनके मंत्रिमंडल के अपने पदों पर बने रहने को संवैधानिक रूप से वैध ठहराया गया।

60

एस.पी. आनंद बनाम एच.डी. देवेगौड़ा

AIR 1997 SC 271

सदन के गैर-सदस्य भी छह महीने तक पद पर बने रह सकते हैं।

तथ्यः वर्ष 1996 के आम चुनावों में, कोई भी दल या पार्टियों का गठबंधन सरकार बनाने के लिए बहुमत हासिल नहीं कर सका था। अंततः संयुक्त मोर्चा, कांग्रेस पार्टी के समर्थन से, सरकार बनाने में सफल रहा। उन्होंने प्रधानमंत्री पद के लिए आश्चर्यजनक रूप से श्री एच.डी. देवेगौड़ा का चुनाव किया, जो संसद के सदस्य नहीं थे। उनके चुनाव को सर्वोच्च न्यायालय में चुनौती दी गई थी।

मुद्दाः क्या संसद का गैर-सदस्य प्रधानमंत्री चुने जाने के योग्य होता है?

निर्णयः अदालत ने देवेगौड़ा की प्रधानमंत्री पद पर नियुक्ति को बरकरार रखा। उसने कहा कि अनुच्छेद 75(5) में स्पष्ट रूप से कहा गया है कि एक मंत्री जो संसद के किसी भी सदन के लिए निर्वाचित नहीं है, उसके पास संसद के किसी एक सदन के लिए चुने जाने के लिए छह माह का समय होता है। लेकिन 6 माह की समाप्ति पर यदि व्यक्ति निर्वाचित होने में विफल रहता है, तो वह मंत्री पद भी गँवा देता है। मंत्री शब्द में प्रधानमंत्री भी शामिल है। दोनों के बीच कोई अंतर नहीं है क्योंकि सभी मंत्री सामूहिक रूप से संसद या लोक सभा के निचले सदन के प्रति उत्तरदायी होते हैं। अंत में अदालत ने यह कहा कि जब तक एच.डी. देवेगौड़ा को सदन का विश्वास प्राप्त है और वे अनुच्छेद 75(5) की आवश्यकता को पूरा कर रहे हैं, वे पीएम चुने जाने के योग्य हैं।

राज्यपाल के अधिकार और भूमिका

अनुच्छेद 153 कहता है कि प्रत्येक राज्य के लिए एक 'राज्यपाल' होगा। अनुच्छेद 154 कहता है कि राज्य की कार्यकारी शक्ति राज्यपाल में निहित होगी और उनके अधीनस्थ अधिकारियों के माध्यम से उनके द्वारा प्रयोग की जाएगी। इसलिए राज्यपाल एक राज्य का संवैधानिक प्रमुख होता है, और उसी प्रकार राष्ट्रपति संघ का संवैधानिक प्रमुख होता है। राज्यपाल के अधिकारों और भूमिका की सीमा बताते हुए प्रावधान अनुच्छेदों 153-162 में निहित हैं।

भाग VII : अनुच्छेद 356 के तहत आपातकाल लागू करना

356 (1) यदि राष्ट्रपति, किसी राज्य के राज्यपाल 1*** की रिपोर्ट प्राप्त होने पर या तो संतुष्ट हो जाता है अन्यथा ऐसी स्थिति उत्पन्न हो जाती है जिसमें राज्य की सरकार को संविधान के प्रावधानों के अनुसार नहीं चलाया जा सकता है, तो राष्ट्रपति उद्घोषणा द्वारा– (i) राज्य की सरकार के सभी या किसी भी कार्य को और राज्यपाल 2*** या राज्य के विधान मंडल के अलावा राज्य में किसी अन्य या प्राधिकरण द्वारा निहित या प्रयोग करने योग्य सभी या किसी भी शक्ति को ग्रहण कर सकते हैं; (ii) घोषित कर सकते हैं कि राज्य के विधान मंडल के अधिकार संसद के प्राधिकार के तहत या उसके अधीन प्रयोग करने योग्य होंगे; (iii) इस तरह के प्रासंगिक और परिणामात्मक प्रावधान कर सकते हैं जो राष्ट्रपति को उद्घोषणा के उद्देश्यों को प्रभावी करने के लिए आवश्यक या वांछनीय प्रतीत होते हैं, जिसमें राज्य में किसी व्यक्ति या प्राधिकरण से संबंधित इस संविधान के किसी भी प्रावधान के संचालन को पूरी तरह या आंशिक रूप से निलंबित करने के प्रावधान शामिल हैं।

संविधान में राष्ट्रपति और राज्यपाल की सबसे विवादास्पद भूमिका अनुच्छेद 356 में पाई जाती है। अनुच्छेद 356 के खंड 1 में प्रावधान है कि राष्ट्रपति राज्यपाल की रिपोर्ट के आधार पर किसी राज्य में आपातकाल, या राष्ट्रपति शासन लगा सकता है। इसलिए राज्यपाल और राष्ट्रपति किसी राज्य में आपातकाल लागू करने में महत्त्वपूर्ण भूमिका निभाते हैं। अनुच्छेद 356 के तहत उनके अधिकार और उनकी भूमिकाओं की सीमा और विस्तार पर सर्वोच्च न्यायालय ने अपने कई निर्णयों में व्यापक रूप से चर्चा की है। उन निर्णयों में से दो सबसे ऐतिहासिक निर्णयों पर आगे चर्चा की गई है।

61

एस.आर. बोम्मई बनाम भारत संघ

AIR 1994 SC 1918

राज्य में राष्ट्रपति शासन लगाने से पहले फ्लोर टेस्ट कराया जाना चाहिए।

तथ्यः 1989 में, जब कर्नाटक राज्य के तत्कालीन मुख्यमंत्री एस.आर. बोम्मई ने अपने मंत्रिमंडल का विस्तार किया, तब उनकी पार्टी के कई सदस्य असंतुष्ट थे। जल्द ही उन असंतुष्ट सदस्यों में से कई ने दल बदल लिए। श्री बोम्मई ने राज्यपाल को अनुच्छेद 174 के तहत उनके अधिकार का प्रयोग करने और सदन का सत्र बुलाने की सलाह दी ताकि बहुमत साबित करने के लिए फ्लोर टेस्ट कराया जा सके। किंतु राज्यपाल ने उनकी सलाह पर ध्यान नहीं दिया और राष्ट्रपति से अनुच्छेद 356(1) के अनुसार राज्य में राष्ट्रपति शासन लागू करने के लिए कहा। राज्यपाल की सलाह पर कार्यवाही करते हुए राष्ट्रपति ने राज्य में आपातकाल लागू कर दिया। उसे एस.आर.बोम्मई द्वारा उच्च न्यायालय में चुनौती दी गई। अदालत ने निर्णय सुनाया कि वे आधार जिन पर राष्ट्रपति किसी राज्य में आपातकाल लगाने का निर्णय लेते हैं, न्यायिक समीक्षा के लिए खुले होते हैं। यद्यपि, उच्च न्यायालय ने आपातकाल की घोषणा को असंवैधानिक घोषित करने से इनकार कर दिया। बोम्मई ने इस निर्णय के खिलाफ अपील में सर्वोच्च न्यायालय जाने का निर्णय किया। इसी समय, बाबरी मसजिद विध्वंस के बाद तीन राज्यों—मध्य प्रदेश, हिमाचल प्रदेश और राजस्थान – में हुए दंगों को नियंत्रित करने में संवैधानिक तंत्र की विफलता के आधार पर इन तीनों राज्यों में राष्ट्रपति शासन लगा दिया गया था। अदालत ने इन सभी मामलों को एक साथ जोड़ दिया और मामलों का निर्णय करने के लिए नौ न्यायाधीशों की एक खंडपीठ का गठन किया।

निर्णयः इस मामले में कोर्ट ने अनुच्छेद 356 के तहत राष्ट्रपति शासन लगाने के संबंध में कुछ टिप्पणियाँ कीं। उनमें से कुछ निम्नलिखित हैं–

(i) राज्यपाल इस निष्कर्ष पर पहुँचने से पहले कि सदन में किसी भी पार्टी को बहुमत प्राप्त नहीं है, शक्ति परीक्षण या फ्लोर टेस्ट करवाएँगे। शक्ति परीक्षण कराने

के बाद ही, यदि कोई भी पार्टी बहुमत का दावा नहीं कर पाती है तो राज्यपाल द्वारा राष्ट्रपति को आपातकाल लगाने की सिफारिश की जा सकती है।

(ii) यद्यपि राज्यपाल द्वारा राष्ट्रपति को दी गई सलाह अनुच्छेद 361 के तहत न्यायिक समीक्षा से बाहर है, किंतु ऐसी सलाह जिस विषयवस्तु पर आधारित है, उसकी अदालत द्वारा दुर्भावना, मनमानी, अप्रासंगिकता इत्यादि जैसे आधारों पर जाँच की जा सकती है।

(iii) राष्ट्रपति राज्यपाल द्वारा रिपोर्ट प्राप्त करने के बाद आपातकाल लगाने पर अपने विवेक का बुद्धिमत्तापूर्ण उपयोग करेंगे।

(iv) राज्यपाल निष्पक्षता और गैर-पक्षपात प्रदर्शित करेंगे।

62

रामेश्वर प्रसाद बनाम भारत संघ
AIR 2006 SC 980
दल-बदल होने के बाद राज्यपाल की भूमिका सामने आती है।

तथ्य: 2004 में, कांग्रेस पार्टी के नेतृत्व वाली यूपीए ने केंद्र में सरकार बनाई। 2005 की बिहार विधान सभा ने चुनाव लड़ने वाली पार्टियों को खंडित जनादेश दिया था, जिसका परिणाम एक त्रिशंकु विधान सभा थी। बिहार के तत्कालीन राज्यपाल बूटा सिंह इस निष्कर्ष पर पहुँचे कि कोई भी पार्टी राज्य में बहुमत का दावा नहीं कर सकती थी। उन्होंने राष्ट्रपति को पत्र लिखकर राज्य में राष्ट्रपति शासन लगाने की सिफारिश की। उनकी सलाह पर अमल करते हुए राष्ट्रपति ने राज्य विधान सभा को निलंबित (लेकिन भंग नहीं) कर दिया और राज्य में राष्ट्रपति शासन लागू कर दिया। इस बीच पार्टियों ने राज्य विधान सभा में बहुमत का दावा करने के लिए राजनीतिक पुनर्गठन शुरू कर दिया। भाजपा के नेतृत्व में राष्ट्रीय जनतांत्रिक गठबंधन (एनडीए) विधान सभा में बहुमत हासिल करने के करीब पहुँच गया। इससे पहले कि एनडीए बहुमत का दावा करने के लिए राज्यपाल के कार्यालय में जाती, राज्यपाल बूटा सिंह ने राष्ट्रपति को दो रिपोर्ट भेजीं, जिनमें कहा गया था कि राज्य में खरीद-फरोख्त की घटनाएँ हो रही हैं। उन्होंने राष्ट्रपति से विधान सभा को निलंबित करने और नए सिरे से चुनाव कराने की सिफारिश की। राष्ट्रपति ने सिफारिशों को स्वीकार कर लिया और नए सिरे से चुनाव कराने का आदेश दे दिया। इस उद्घोषणा को सर्वोच्च न्यायालय में चुनौती दी गई थी।

इन याचिकाओं में चुनौती 23 मई, 2005 की अधिसूचना की संवैधानिक वैधता के बारे में है, जिसमें बिहार की विधान सभा को इस आधार पर भंग करने का आदेश दिया गया था कि अवैध तरीकों से बहुमत हासिल करके राज्य में सरकार बनाने का दावा पेश करने के प्रयास किए जा रहे हैं और यदि ये प्रयास जारी रहे, तो यह संवैधानिक प्रावधानों के साथ छेड़छाड़ करने जैसा होगा।

न्यायालय के समक्ष प्रश्न यह था कि क्या उक्त आधार पर संविधान के अनुच्छेद 356 (1) के तहत विधान सभा भंग करने का आदेश दिया जा सकता था। इस प्रश्न के साथ विधान सभा भंग किए जाने का औचित्य जुड़ा था, जो विधान सभा

के उचित गठन के बाद पहली बैठक और सदस्यों के शपथ लेने से पहले ही भंग की जा चुकी थी।

निर्णय: याचिकाकर्ताओं की ओर से अदालत के सामने दलील दी गई कि चूँकि विधान सभा की पहली बैठक भी नहीं हुई थी, इसलिए उसे भंग नहीं किया जा सकता। सर्वोच्च न्यायालय ने इस तर्क को खारिज कर दिया। अदालत ने फिर भी इस निर्णय को असंवैधानिक करार दिया। उसने कहा कि राज्यपाल की रिपोर्ट में, जिस पर विधान सभा को भंग करने का निर्णय लिया गया था, इस प्रकार के निष्कर्ष पर आने के लिए कोई विश्वसनीय जानकारी नहीं थी। अदालत ने यह भी टिप्पणी की कि एक राज्यपाल की भूमिका यह सुनिश्चित करने तक सीमित है कि कोई राजनीतिक दल या गठबंधन सरकार बना सकता है या नहीं। जहाँ तक चुनावी प्रक्रिया में पारदर्शिता सुनिश्चित करने का सवाल है, यह काम चुनाव आयोग पर छोड़ देना सबसे उत्तम है।

बहुमत ने माना कि ऐसा कोई अधिकार राज्यपाल के पास निहित नहीं है क्योंकि यह बहुमत के शासन के लोकतांत्रिक सिद्धांतों के विरुद्ध होगा। इसके परिणाम भयानक हो सकते हैं जो विघटन का द्वार खोल देंगे और इसके दूरगामी चिंताजनक और खतरनाक परिणाम होंगे। यह चुनाव के बाद गठबंधन और पुनर्गठबंधन को अस्वीकार करने का, इस आधार पर कि वह अनैतिक था, और इस प्रकार देश या राज्य को दूसरे चुनाव में धकेलने का एक जरिया भी हो सकता है। अदालत ने आगे कहा कि राज्यपाल के पास विघटन की सिफारिश करने के लिए कोई सामग्री नहीं थी, उसका प्रासंगिक होना तो दूर की बात थी, और विघटन की कठोर और चरम कार्यवाही को केवल राज्यपाल की हठधर्मी, सनक भरे संदेह और कल्पना के आधार पर उचित नहीं ठहराया जा सकता था। राज्यपाल को यह दलील देने की अनुमति नहीं दी जानी चाहिए कि कोई भी सरकार नहीं बनाई जा सकती, जब तक कि वे सभी संभावित विकल्पों पर विचार नहीं कर लेते, सदन को स्वयं अपने नेता का चुनाव करने का निमंत्रण देने सहित। राष्ट्रपति शासन लागू करने का चरम कदम चुनावी कवायद और जनता के निर्णय की अवमानना से कम नहीं था। इसके अलावा, तथाकथित हॉर्स ट्रेडिंग या खरीद फरोख्त का तर्क, जैसा कि गवर्नर रिपोर्ट में दिया गया है, सर्वाधिक अस्थिर है क्योंकि हॉर्स ट्रेडिंग और दल-बदल से निपटने का कार्य संविधान की 10वीं अनुसूची के तहत स्पीकर का है और राज्यपाल इन कार्यों को अपने हाथ में नहीं ले सकते हैं। 10वीं अनुसूची के तहत भी, कानून तभी लागू होता है, जब दल-बदल हो गया हो, न कि दल-बदल की किसी संभावना या खतरे पर।

भाग VIII: संसदीय विशेषाधिकार

अनुच्छेद 105 और 194 उन विशेषाधिकारों का उल्लेख करते हैं जो क्रमश: संसद सदस्य और राज्य विधान सभा के सदस्यों के लिए उपलब्ध हैं। ये विशेषाधिकार उन्हें संसद में उनके द्वारा कही गई किसी बात या उनके द्वारा दिए गए वोट के विरुद्ध किसी भी कार्यवाही या मुकदमे से सुरक्षा प्रदान करते हैं। हालाँकि, इन विशेषाधिकारों की सीमा को संविधान में परिभाषित नहीं किया गया है, अर्थात्, संविधान के अनुच्छेद 194(3) में कहा गया है कि राज्य विधान मंडल (विधान सभा और विधान परिषद्) के एक सदन के अधिकारों, विशेषाधिकारों और उन्मुक्तियों को एक कानून के माध्यम से विधायिका द्वारा परिभाषित किया जाएगा, और जब तक ऐसा कानून नहीं बनाया जाता है, तब तक राज्य विधान मंडल के सदन के अधिकार, विशेषाधिकार और उन्मुक्तियाँ यूनाइटेड किंगडम के हाउस ऑफ कॉमंस के समान होंगे। चूँकि ऐसा कोई कानून नहीं बनाया गया है जो ऐसे विशेषाधिकारों की सीमा को स्पष्ट रूप से परिभाषित करता हो, अदालत संसद और राज्य विधान सभाओं की यह सीमा निर्धारित करने के लिए यूनाइटेड किंगडम के हाउस ऑफ कॉमंस के अधिकार, विशेषाधिकार और उन्मुक्तियों की व्याख्या पर निर्भर करती है।

63

शिबू सोरेन बनाम दयानंद सहाय और अन्य
(2001) 7 SCC 425
सांसद के लाभ का पद परिभाषित है।

तथ्यः अपीलकर्ता ने सर्वाधिक मत प्राप्त किए थे और उसे राज्यसभा चुनाव के लिए निर्वाचित घोषित किया गया था। प्रतिवादी नंबर 1 हार गया था, और उसने इस आधार पर एक चुनाव याचिका दायर की कि अपना नामांकन पत्र भरने के समय, अपीलकर्ता अंतरिम झारखंड क्षेत्र स्वायत्त परिषद् (JAAC) के अध्यक्ष के रूप में राज्य सरकार के अधीन "लाभ का पद" धारण कर रहा था, और इस प्रकार चुनाव लड़ने के लिए अयोग्य था। अपीलकर्ता ने दावा किया कि अंतरिम जेएएसी के अध्यक्ष का कार्यालय राज्य सरकार के अधीन 'लाभ का कार्यालय', बल्कि एक 'कार्यालय' भी नहीं था और चुनाव याचिकाकर्ता को रिटर्निंग ऑफिसर के समक्ष नामांकन पत्रों की जाँच के समय यह आपत्ति नहीं उठाने के कारण चुनौती देने से वर्जित है। वह अपने 'फुटकर खर्चों' को पूरा करने के लिए केवल मानदेय और भत्ते प्राप्त कर रहा था। अपीलकर्ता द्वारा उठाई गई एक अतिरिक्त दलील के अनुसार, उसकी अयोग्यता, यदि कोई थी, संसद (अयोग्यता निवारण) अधिनियम, 1959 द्वारा हटा दी गई थी क्योंकि उसने अंतरिम परिषद् के अध्यक्ष के रूप में कार्य करते हुए एक मंत्री का दर्जा प्राप्त किया था। पटना उच्च न्यायालय ने याचिका को स्वीकार कर लिया और अपीलकर्ता के चुनाव को रद्द कर दिया। यह अपील पटना उच्च न्यायालय के दिनांक 19 मई, 2000 के निर्णय के विरुद्ध है।

निर्णयः इस मामले में शीर्ष अदालत के समक्ष निर्णय के लिए तीन पहलू– 'कार्यालय', 'लाभ का' और 'सरकार के अधीन' आए। सर्वोच्च न्यायालय ने शिबू सोरेन का राज्यसभा का निर्वाचन रद्द कर दिया, इस आधार पर कि वह जेएएसी के अध्यक्ष के रूप में राज्य सरकार के अधीन "“लाभ का पद" धारण कर रहे थे। 'सरकार के अधीन' अभिव्यक्ति की भी व्याख्या की गईः "लाभ के पद" के संबंध में, जो जानना आवश्यक था, यह था कि क्या संबंधित व्यक्ति को उस कार्यालय से, जहाँ वह कार्य करता है, प्राप्त राशि उसे उसके फुटकर खर्चे पूरे करने के लिए मुआवजे के अलावा कुछ आर्थिक लाभ भी प्रदान करती है।" शीर्ष अदालत ने कहा कि सोरेन "राज्य सरकार की खुशी पर" कार्यालय सँभाल रहे थे। अदालत ने कहा

कि सरकार के पास उस पद के धारक को हटाने या खारिज करने का अधिकार था, अंतरिम परिषद् के कामकाज के तरीके को नियंत्रित करने और अंतरिम परिषद् के लिए धन उपलब्ध कराने के अलावा, जिसमें से अपीलकर्ता को 1750 रुपये प्रति माह का मानदेय, और साथ ही दैनिक भत्ता, किराया-मुक्त आवास और राज्य के खर्च पर चालक द्वारा संचालित कार का भुगतान किया जाता था। भारत के मुख्य न्यायाधीश ने आगे कहा कि यह सब "संसद सदस्य के रूप में अपीलकर्ता के कर्त्तव्य और हित के बीच संघर्ष लाने में सक्षम एक लाभ था- सटीक दोष जो अनुच्छेद 102(1) (ए) को आकर्षित करता है।"

64

पी.वी. नरसिम्हा राव बनाम राज्य, (1998) 4 SCC 626

संसद के अंदर वोट देने के लिए रिश्वत देना शामिल नहीं है।

तथ्यः 10वीं लोक सभा (1991) के आम चुनाव में कांग्रेस (आई) सबसे बड़े दल के रूप में उभरी और उसने पी.वी. नरसिम्हा राव के नेतृत्व में सरकार बनाई। अविश्वास प्रस्ताव को विफल करने के लिए 14 सदस्यों के समर्थन की आवश्यकता थी। अविश्वास प्रस्ताव विफल हो गया। लोक सभा के कुछ सदस्यों ने, जो झारखंड मुक्ति मोर्चा (झामुमो), जनता दल, और अजीत सिंह समूह (जद, एएस) के प्रति निष्ठा रखते थे, अविश्वास प्रस्ताव के विरुद्ध मतदान किया था। एक श्री रवींद्र कुमार ने सीबीआई में शिकायत दर्ज कराई, और आरोप लगाया कि जुलाई 1993 में एक आपराधिक साजिश रची गई थी, जिसके अनुसरण में उपरोक्त सदस्यों ने रिश्वत लेने के लिए सहमति व्यक्त की और प्राप्त की, जिसके बाद उन्हें पी.वी. नरसिम्हा राव, सांसद और प्रधानमंत्री एवं अन्य लोगों के साथ अविश्वास प्रस्ताव के खिलाफ मतदान करना था। एक अभियोजन शुरू किया गया और संज्ञान विशेष न्यायाधीश, दिल्ली द्वारा लिया गया। उन व्यक्तियों ने, जिन्हें उपरोक्त के अनुसार आरोपित किए जाने की माँग की गई थी, आरोपों को रद्द करने की माँग करते हुए दिल्ली उच्च न्यायालय में याचिका दायर की। उच्च न्यायालय ने याचिकाएँ खारिज कर दीं। तत्पश्चात भारत के सर्वोच्च न्यायालय में एक अपील दायर की गई।

निर्णयः कई सांसदों को रिश्वतखोरी के अभियोग से मुक्त रखा गया, क्योंकि कथित दलाली एक संसदीय वोट के 'संबंध में थी', जो संसदीय प्रतिरक्षा द्वारा संरक्षित है। यद्यपि, एक अभियुक्त के मामले में, अदालत ने प्रतिरक्षा से इनकार कर दिया क्योंकि उसने वोट नहीं दिया था और अपने वोट और रिश्वत की कथित स्वीकृति के बीच संबंध को अलग करके खुद को संसदीय प्रतिरक्षा के अयोग्य बना दिया था। अदालत ने आगे कहा कि "अनुच्छेद 105 के खंड (2) के तहत प्रतिरक्षा एक सदस्य के लिए तब उपलब्ध होती है जब वह संसद के किसी एक कक्ष में या उसकी

किसी समिति में संसदीय कार्यवाही में "भाषण देता है" या "अपना वोट देता है।" चूँकि साजिश और रिश्वत की स्वीकृति से जुड़े कार्य पूरी तरह से अभियुक्तों द्वारा विधान मंडल की चारदीवारी के बाहर किए गए थे, इसलिए वह उन्हें आपराधिक मुकदमे से बचाने के लिए प्रतिरक्षा के प्रावधान को आकर्षित नहीं करता था। इसके अलावा, ये आपराधिक कृत्य संसद में चल रही किसी भी गतिविधि के संदर्भ के बिना स्वयं पूर्ण अपराध का गठन करते हैं और संसद में किसी सदस्य द्वारा मतदान करने के किसी भी सबूत या अस्वीकार से स्वतंत्र रूप से विशेष न्यायाधीश के समक्ष सबूत देने में सक्षम हैं। इसलिए, ऐसे अपराधों को संसद के अंदर "वोट देने" की कार्यवाहियों के संबंध में कार्यवाही नहीं माना जा सकता है।

टिप्पणी: इस निर्णय की बाद में समीक्षा की जा सकती है।

65

केशव सिंह बनाम स्पीकर, विधान सभा
AIR 1963, SC 745
मौलिक अधिकारों के उल्लंघन के संबंध में न्यायालय संसदीय विशेषाधिकार में हस्तक्षेप कर सकता है, यदि उन्हें संहिताबद्ध नहीं किया गया है।

इस मामले में, संसदीय विशेषाधिकारों की सीमा और संविधान के अन्य प्रावधानों की तुलना में उसकी स्थिति पर चर्चा की गई थी, उदाहरण के लिए, मौलिक अधिकारों पर।

तथ्य: 1964 में, उत्तर प्रदेश के गोरखपुर में सोशलिस्ट पार्टी के कार्यकर्ता केशव सिंह ने अपने दो सहयोगियों के साथ गोरखपुर के स्थानीय विधायक के खिलाफ भ्रष्टाचार और लोगों के पैसों की हेराफेरी का आरोप लगाते हुए एक पैम्फलेट प्रकाशित किया। राज्य की विधान सभा ने इस कृत्य का संज्ञान लिया और घोषणा की कि यह संविधान के अनुच्छेद 194 के तहत विधायकों को प्राप्त प्रतिरक्षा और विशेषाधिकारों का उल्लंघन है। विधान सभा द्वारा उन्हें उनके सहयोगियों के साथ उसके समक्ष उपस्थित होने का आदेश दिया गया तथा इस संबंध में फटकार लगाई गई। उनके दोनों सहयोगी विधान सभा के आदेश का पालन करते हुए विधान सभा के समक्ष उपस्थित हुए। हालाँकि केशव सिंह ने गोरखपुर से लखनऊ (जहाँ यूपी राज्य विधान सभा बैठती है) की यात्रा करने के लिए धन की कमी का हवाला देते हुए आदेश को मानने से इनकार कर दिया। चूँकि यह विधान सभा के आदेश के खिलाफ था, उसने उनकी गिरफ्तारी का आदेश दे दिया। बाद में उन्हें एक सप्ताह के लिए जेल की सजा सुनाई गई। उनकी रिहाई के ठीक एक दिन पहले, सोलोमन नाम के उनके वकील ने इलाहाबाद उच्च न्यायालय की दो-न्यायाधीशों की पीठ के समक्ष याचिका दायर कर उनकी तत्काल रिहाई की माँग की। उसका मुख्य तर्क यह था कि विधान सभा ने उसके मुवक्किल को अपने ख़िलाफ लगाए गए आरोपों का जवाब देने का पर्याप्त अवसर नहीं दिया। सरकारी वकील, जिन्हें सरकार का पक्ष रखना था, सुनवाई के दिन अदालत में पेश नहीं हुए। उच्च न्यायालय ने केशव सिंह को जमानत पर रिहा करने का आदेश दे दिया। राज्य विधान सभा के स्पीकर ने

उच्च न्यायालय द्वारा केशव सिंह को जमानत देने को विधायिका, कार्यपालिका और न्यायपालिका के बीच 'अधिकारों के पृथक्करण' पर हमला बताया। उनका विचार था कि उच्च न्यायालय ने विधानसभा के विशेषाधिकारों के उल्लंघन से संबंधित मुद्दे को संबोधित करने के लिए विधान सभा की शक्ति को कम करके आँका है। स्पीकर द्वारा की गई टिप्पणियों के आधार पर, विधान सभा ने केशव सिंह के वकील और दो न्यायाधीशों के विरुद्ध एक प्रस्ताव पारित किया, और उन्हें विधान सभा के विशेषाधिकारों के उल्लंघन के लिए दोषी ठहराया। सभा ने उन्हें हिरासत में लेने और उसके समक्ष लाने का आदेश दिया। जिन दो न्यायाधीशों को विधान सभा द्वारा हिरासत में लेने का आदेश दिया गया था, उन्होंने राज्य के उच्च न्यायालय के समक्ष यह दावा करते हुए याचिका दायर की कि विधान सभा का आदेश संविधान के अनुच्छेद 211 में निर्धारित कानून का उल्लंघन करता है। अनुच्छेद 211 में प्रावधान है कि राज्य के विधान मंडल में सर्वोच्च न्यायालय या उच्च न्यायालय के किसी भी न्यायाधीश के कर्त्तव्यों के निर्वहन में आचरण के संबंध में कोई चर्चा नहीं होगी। दोनों न्यायाधीशों के साथ समन्वय प्रदर्शित करने और राज्य विधान सभा को भविष्य में न्यायाधीशों के विरुद्ध कोई भी कार्यवाही करने से रोकने के लिए, इलाहाबाद उच्च न्यायालय के मुख्य न्यायाधीश ने इस मामले का निर्णय करने के लिए उच्च न्यायालय के सभी न्यायाधीशों (जो उस समय 28 थे) की एक पीठ का गठन किया। यह किसी भी मामले की सुनवाई के लिए उच्च न्यायालय या सर्वोच्च न्यायालय में गठित अब तक की सबसे बड़ी पीठ है। जैसा कि अपेक्षित था, उच्च न्यायालय ने सर्वसम्मति से दोनों न्यायाधीशों के गिरफ्तारी वारंट पर रोक लगा दी। न्यायाधीशों द्वारा एकजुटता दिखाने और राज्य न्यायपालिका के साथ किसी भी बड़े टकराव से बचने के लिए विधान सभा ने अपनी स्थिति बदल दी। उसने दोनों न्यायाधीशों के गिरफ्तारी वारंट वापस ले लिए। इस मामले ने जल्द ही पूरे देश का ध्यान आकर्षित किया। पूरे मामले पर सर्वोच्च न्यायालय की राय जानने के लिए तत्कालीन नेहरू सरकार द्वारा अनुच्छेद 143 के तहत एक प्रेसिडेंशियल रेफरेंस (राष्ट्रपति संदर्भ) बनाया गया था।

मुद्दा: संविधान के तहत संसद और राज्य विधान सभाओं को दिए गए अधिकारों और विशेषाधिकारों की सीमा क्या है?

निर्णय: सुप्रीम कोर्ट ने इस मामले की सुनवाई के लिए सात जजों की संवैधानिक बेंच का गठन किया। राज्य विधान सभा के विशेषाधिकारों को परिभाषित

करने के लिए उसने यूके के हाउस ऑफ कॉमंस के अधिकारों और विशेषाधिकारों पर गौर किया। संविधान का अनुच्छेद 194(3) कहता है कि राज्य विधान मंडल के एक सदन के अधिकार, विशेषाधिकार और उन्मुक्तियाँ (विधान सभा और लेजिस्लेटिव काउंसिल) एक कानून के माध्यम से विधायिका द्वारा परिभाषित किए जाएँगे, और जब तक ऐसा कानून नहीं बनाया जाता, तब तक राज्य विधान मंडल के सदन के अधिकार, विशेषाधिकार और उन्मुक्तियाँ यूनाइटेड किंगडम के हाउस ऑफ कॉमंस के समान ही होंगे। यद्यपि, चूँकि ऐसा कोई कानून नहीं बनाया गया है जो स्पष्ट रूप से ऐसे विशेषाधिकारों की सीमा को परिभाषित करता हो, अदालत ने राज्य विधान सभाओं के लिए इसे निर्धारित करने के लिए यूनाइटेड किंगडम के हाउस ऑफ कॉमंस के अधिकार, विशेषाधिकार और उन्मुक्तियों की व्याख्या पर भरोसा किया।

इसके साथ ही, केशव सिंह ने न्यायालय के समक्ष तर्क दिया था कि विधान सभा द्वारा विशेषाधिकार का प्रयोग अनुच्छेद 21 के तहत दिए गए व्यक्तिगत स्वतंत्रता के उनके अधिकार का उल्लंघन करता है। अदालत ने कहा कि ऐसे मामलों में जहाँ संसदीय विशेषाधिकारों के प्रयोग के अधिकार और व्यक्तिगत स्वतंत्रता के अधिकार के बीच सीधा संघर्ष होता है, वहाँ अनुवर्ती प्रबल होगा क्योंकि संविधान के भाग तीन के तहत दिए गए अधिकार मौलिक अधिकार हैं। अदालत का यह अवलोकन **एम.एस.एम.शर्मा बनाम श्री कृष्ण सिन्हा (1959)** के मामले में अदालत के पिछले निर्णय से बिल्कुल अलग था, जहाँ अदालत ने मौलिक अधिकारों और संसदीय विशेषाधिकारों के बीच परस्पर क्रिया पर चर्चा की थी। इस मामले में एक अखबार ने विधान सभा की कार्यवाही का एक काटा हुआ हिस्सा प्रकाशित कर दिया। विधान सभा ने अखबार के संपादक के खिलाफ विशेषाधिकार हनन का नोटिस जारी किया। संपादक ने अदालत में तर्क दिया कि नोटिस उनके भाषण और अभिव्यक्ति की स्वतंत्रता के मौलिक अधिकार का उल्लंघन करता है। इस मामले में अदालत ने संसदीय विशेषाधिकारों को किसी भी मौलिक अधिकार से सर्वोच्च माना था।

इसलिए केशव सिंह मामले में, अदालत एम.एस.एम.शर्मा मामले में प्रतिपादित 'संसदीय विशेषाधिकारों और मौलिक अधिकारों के बीच संघर्ष' पर अपनी स्थिति से विचलित हो गई।

न्यायालय के समक्ष दूसरा प्रश्न अनुच्छेद 211 और संसदीय विशेषाधिकारों के बीच संघर्ष था। अदालत ने कहा कि ऐसे मामलों में संविधान के अनुच्छेद 211 में

निर्धारित कानून विशेषाधिकारों पर प्रबल रहेंगे। अनुच्छेद 211 में प्रावधान किया गया है कि उच्चतम न्यायालय या उच्च न्यायालय के किसी भी न्यायाधीश के कर्त्तव्यों के निर्वहन या आचरण के संबंध में राज्य की विधान मंडल में कोई चर्चा नहीं होगी।

टिप्पणी: न्यायालय के इस निर्णय की भारी आलोचना हुई, क्योंकि अधिकारों और विशेषाधिकारों का प्रयोग करने की बात पर उसने संसद को तकनीकी रूप से न्यायपालिका के अधीन घोषित कर दिया था।

इस बात पर ध्यान दिया जाना चाहिए कि आज की तारीख तक, संसद ने अपने विशेषाधिकारों को संहिताबद्ध नहीं किया है और इसलिए न्यायालय द्वारा व्याख्या के लिए एक बड़ी गुंजाइश मौजूद है।

भाग IX : विविध मामले

जनहित याचिका केंद्र और अन्य बनाम भारत संघ व अन्य

AIR 2012 SC 3725

सार्वजनिक नीलामी राज्य के स्वामित्व वाले प्राकृतिक संसाधनों के निपटान का सबसे अच्छा तरीका है- स्पेक्ट्रम मामला।

तथ्य: 2010 में 2जी स्पेक्ट्रम का निस्तारण करते समय भारत सरकार ने 'पहले आओ पहले पाओ' के सिद्धांत का पालन किया और उसकी 2001 में तय की गई कीमत को अपनाया। कार्यवाही में सरकार के कार्य पर सवाल उठाया गया। कोर्ट ने भारत के नियंत्रक और महालेखा परीक्षक के दृष्टिकोण और एक नई अवधारणा 'संभावित नुकसान' का पालन किया।

निर्णय: " 'पहले आओ-पहले पाओ' की नीति का एक मूलभूत दोष इसमें शुद्ध अवसर या दुर्घटना का तत्त्व शामिल होना है। सार्वजनिक संपत्ति का उपयोग करने के लिए ठेके देने या लाइसेंस या अनुमति देने से जुड़े मामलों में 'पहले आओ पहले पाओ' की नीति के आह्वान के स्वाभाविक रूप से खतरनाक निहितार्थ हैं। कोई भी

व्यक्ति जिसकी, शक्ति के गलियारों में उच्चतम या निम्नतम स्तर तक पहुँच है, वह सरकारी फाइलों या राज्य की एजेंसी/उपकरण की फाइलों से जानकारी प्राप्त करने में सक्षम हो सकता है कि किसी विशेष सार्वजनिक संपत्ति या संपत्ति का निपटान होने की संभावना है, या कोई ठेका दिए जाने की संभावना है या कोई लाइसेंस या अनुमति दिए जाने की संभावना है, और फिर वह तुरंत एक आवेदन करेगा और कतार में आगे खड़े होने का हकदार हो जाएगा, उन सभी की कीमत पर जिनके पास उससे बेहतर दावा हो सकता है। इस अदालत ने बार-बार कहा है कि जहाँ भी कोई ठेका दिया जाना है या लाइसेंस प्रदान किया जाना है, लोक प्राधिकरण को चयन करने के लिए एक पारदर्शी और निष्पक्ष तरीका अपनाना चाहिए ताकि सभी योग्य व्यक्तियों को प्रतिस्पर्धा का उचित अवसर मिल सके। इसे दूसरे तरीके से रखते हुए, राज्य और उसकी एजेंसियों/उपकरणों को सार्वजनिक संपत्ति के निपटान के लिए सदैव एक तर्कसंगत तरीका अपनाना चाहिए और योग्य आवेदकों के दावे को कम करने का कोई प्रयास नहीं किया जाना चाहिए। जब स्पेक्ट्रम आदि जैसे दुर्लभ प्राकृतिक संसाधनों के हस्तांतरण की बात आती है, तो यह सुनिश्चित करना राज्य का दायित्व होता है कि वितरण और हस्तांतरण के लिए एक गैर-भेदभावपूर्ण तरीका अपनाया जाए, जिसका परिणाम निश्चित रूप से राष्ट्रीय/सार्वजनिक हित की रक्षा होगी। हमारे विचार में, उचित और निष्पक्ष रूप से आयोजित एक विधिवत प्रचारित नीलामी शायद इस भार का निर्वहन करने का सबसे अच्छा तरीका है, और जब 'पहले आओ-पहले पाओ' जैसे तरीकों का उपयोग प्राकृतिक संसाधनों/सार्वजनिक संपत्ति के हस्तांतरण के लिए किया जाता है तो बेईमान लोगों द्वारा इसका दुरुपयोग किए जाने की संभावना हो सकती है, जो केवल अधिकतम वित्तीय लाभ प्राप्त करने में रुचि रखते हैं और उनके लिए संवैधानिक लोकाचार और मूल्यों का कोई सम्मान नहीं होता। दूसरे शब्दों में, प्राकृतिक संसाधनों को स्थानांतरित या हस्तांतरित करते समय, राज्य व्यापक प्रचार करके नीलामी की विधि अपनाने के लिए विधिवत् बाध्य होगा ताकि सभी योग्य व्यक्ति इस प्रक्रिया में भाग ले सकें।"

टिप्पणी: यह एक ऐसा मामला भी है जिसमें सर्वोच्च न्यायालय ने कार्यपालिका के निर्णयों और उसकी नीति में हस्तक्षेप किया है। इस मामले में, कार्यकारी को न केवल वह व्यक्ति तय करना होगा जिसे लाइसेंस दिया जा सकता है बल्कि उसका अनुभव और क्षमता भी तय करनी होगी। कार्यकारी, यदि आवश्यक हो, तब तक प्रतीक्षा करेगा जब तक उम्मीदवार आवश्यक वित्त और कौशल प्राप्त नहीं कर लेता।

कार्यपालिका यह भी देखेगी कि प्राकृतिक संसाधनों के निपटान के पीछे की नीति को सफलतापूर्वक कार्यान्वित किया जाता है और न ही उसे विफल किया जाता है अथवा न ही शून्य किया जाता है। न तो नियंत्रक और महालेखा परीक्षक, और न ही सर्वोच्च न्यायालय "संभावित नुकसान" के सिद्धांत को लागू कर सकते हैं जिसे प्राकृतिक संसाधनों के प्रबंधन की नीति के लिए अनिवार्य रूप से अप्रासंगिक माना जाना होगा। भारत सरकार द्वारा कोयला खदानों की नीलामी के मामले में भी इसी तरह का निर्णय दिया गया था और इस मामले में सर्वोच्च न्यायालय द्वारा निर्धारित मानदंडों के उल्लंघन के लिए मंत्री सहित कई सिविल सेवकों पर मुकदमा चलाया जा रहा है। यहाँ तक कि प्राक्तन कोयला सचिव, भारत सरकार को दंडित भी किया जा चुका है।

परमानंद कटारा बनाम भारत संघ
AIR 1989 SC (203)
दुर्घटना पीड़ितों के लिए चिकित्सीय देखभाल

जब सड़क पर कोई दुर्घटना होती है, तो कुछ लोग पीड़ित को डॉक्टर के पास या अस्पताल ले जाने में हिचकिचाते हैं क्योंकि इसमें कानूनी पेचीदगियाँ शामिल होती हैं। इसी प्रकार जब किसी दुर्घटना के शिकार व्यक्ति को अस्पताल लाया जाता है तो डॉक्टरों को भी अपने प्राथमिक कर्त्तव्यों के बारे में कुछ भ्रम होता है कि क्या पहले पुलिस को सूचित किया जाना चाहिए? पुलिस भी पीड़ित का इलाज कर रहे किसी विशेष क्लीनिक पर आपत्ति जताकर पेचीदगियाँ खड़ी करती है, जैसे—दुर्घटना जिस किसी थाना क्षेत्र के भीतर हुई उपचार भी उसी क्षेत्राधिकार में दिया जाना चाहिए। ऐसे में अच्छे या नेक व्यक्ति और डॉक्टर भ्रमित हो जाते हैं जबकि पुलिस कानूनों और नियमों का हवाला देती रहती है और उपचार की उपेक्षा से पीड़ित की मृत्यु हो जाती है। प्रस्तुत मामला इसी समस्या से संबंधित है। नए मोटर वाहन अधिनियम 1988 ने यह स्पष्ट कर दिया है कि चिकित्सीय देखभाल पहले और कानूनी औपचारिकताएँ बाद में आनी चाहिए।

तथ्य: दिल्ली के एक वकील, परमानंद कटारा ने, केंद्र सरकार से निर्देश देने की माँग करते हुए यह जनहित याचिका दायर की कि इलाज के लिए लाए गए प्रत्येक घायल व्यक्ति को उसका जीवन बचाने के लिए तुरंत चिकित्सीय सहायता दी जानी चाहिए और उसके बाद प्रक्रियात्मक आपराधिक कानून को संचालित करने की अनुमति दी जानी चाहिए ताकि असामयिक मौत को रोका जा सके। इस निर्देश के उल्लंघन की स्थिति में या लापरवाही बरतने पर की जाने वाली किसी भी कार्यवाही के अलावा उचित मुआवजा दिया जाना चाहिए।

याचिका में एक समाचार रिपोर्ट संलग्न की गई थी जिसमें एक व्यक्ति एक घायल स्कूटर सवार को निकटतम अस्पताल ले गया था, केवल यह कहा गया कि पीड़ित को 20 किमी दूर दूसरे अस्पताल में ले जाया जाना चाहिए, क्योंकि इस मेडिको-लीगल मामले को सँभालने के लिए वही अधिकृत था। जब स्कूटी सवार को वहाँ ले जाया जा रहा था, तो रास्ते में उसकी मौत हो गई।

इस याचिका पर विचार करते समय सर्वोच्च न्यायालय द्वारा केंद्रीय स्वास्थ्य सचिव, मेडिकल काउंसिल ऑफ इंडिया और इंडियन मेडिकल एसोसिएशन को नोटिस जारी किया गया। दुर्घटना पीड़ितों को तत्काल चिकित्सीय देखभाल दिए जाने के महत्त्व पर कोई दो राय नहीं थी। इन निकायों की कई समितियों और सम्मेलनों में पहले भी इस प्रश्न पर चर्चा की जा चुकी थी और निर्णय लिए जा चुके थे। मेडिकल काउंसिल द्वारा तैयार की गई आचार संहिता में भी डॉक्टर के इस कर्त्तव्य पर, कि वह उसकी मदद माँगने वाले व्यक्ति की देखभाल करे, जोर दिया गया है। स्वास्थ्य सेवा के डायरेक्टर-जनरल की अध्यक्षता में एक समिति द्वारा यह निर्धारित किया गया कि अस्पताल में जब भी कोई मेडिको-लीगल केस आता है, तो ड्यूटी पर तैनात चिकित्सा अधिकारी को ड्यूटी कॉन्स्टेबल को मरीज के नाम, उम्र और लिंग की घटना के घटित होने के स्थान तथा समय की जानकारी दी जानी चाहिए, और उपचार शुरू कर देना चाहिए ... रोगी की जाँच और उपचार समाप्त होते ही पूरी मेडिकल रिपोर्ट तैयार करके पुलिस को सौंप दी जानी चाहिए। उपचार के लिए पुलिस के आने या कानूनी औपचारिकताएँ पूरी करने का इंतजार नहीं करना होगा।

निर्णय: अदालत ने जीवन और स्वतंत्रता की गारंटी देने वाले संविधान के अनुच्छेद 21 के मद्देनजर डॉक्टरों के कर्त्तव्य पर जोर दिया। इस सर्वोपरि दायित्व से बचने या देरी करने के लिए कोई भी कानून या राज्य की कार्यवाही हस्तक्षेप नहीं कर सकती है। "दायित्वपूर्ण, निरपेक्ष और सर्वोपरि होने के नाते, प्रक्रिया के कानून जो इस दायित्व के निर्वहन में हस्तक्षेप करेंगे, कायम नहीं रखे जा सकते और इसलिए उन्हें रास्ता देना चाहिए।"

प्रत्येक डॉक्टर को उसके दायित्व के बारे में याद दिलाया जाना चाहिए और आश्वस्त किया जाना चाहिए कि वह अपने पास लाए गए किसी भी घायल व्यक्ति का इलाज करते समय किसी कानून का उल्लंघन नहीं करता है। "हमें यह स्पष्ट करना चाहिए कि क्षेत्रीय नियम और वर्गीकरण भी दायित्व निर्वहन की प्रक्रिया में बेड़ियों के रूप में काम नहीं कर सकते हैं, और इस तथ्य के बावजूद कि निर्देशों या नियमों के तहत पीड़ित को कहीं और भेजा जाना है या पुलिस से कैसे संपर्क किया जाएगा, दिशा-निर्देश में संकेत दिया गया है कि समिति का 1985 का निर्णय क्रियात्मक होना है।"

अदालत ने इस निर्णय का प्रचार करने के लिए टीवी और रेडियो को निर्णय का प्रसारण करने का निर्देश दिया। अदालत ने रजिस्ट्री को भी सभी उच्च न्यायालयों को निर्णय की प्रतियाँ भेजने के लिए कहा, जो उन्हें आगे जिला न्यायाधीशों को भेजेंगे।

वे अपने-अपने जिलों में निर्णय का उचित प्रचार करेंगे ताकि नागरिक और डॉक्टर अपने दायित्वों से अवगत हों।

मामले की सुनवाई करने वाले दो न्यायाधीश थे। अब तक के सारांशित निर्णय को न्यायमूर्ति आर.एन. मिश्रा ने लिखा था। दूसरे न्यायमूर्ति जी.एल ओझा ने अपने बंधु-न्यायाधीश के साथ सहमति जताते हुए एक और अहम बिंदु जोड़ा। सबूत के लिए पुलिस, वकीलों और अदालतों द्वारा उत्पीड़न के डर से कई डॉक्टर चोट के मामलों को हाथ में लेने से हिचकिचाते हैं। निर्णय में कहा गया कि इस आशंका को, भले ही उनके पास कोई आधार हो, उन्हें उनका कर्त्तव्य निभाने से नहीं रोकना चाहिए। अदालत ने पुलिस, वकीलों, न्यायाधीशों और सभी संबंधित लोगों से कहा कि पूछताछ, जिरह और औपचारिकताओं के लिए डॉक्टरों को परेशान न करें और जब उन्हें बुलाना आवश्यक हो, तब भी इस बात का ध्यान रखा जाना चाहिए कि उनसे प्रतीक्षा न करवाएँ और अनावश्यक रूप से उनका समय बर्बाद न करें।

68

वी. कृष्णकुमार बनाम तमिलनाडु राज्य

AIR 2015 SC 2836 = 2015 (9) SCC 388

चिकित्सा लापरवाही के लिए, उपभोक्ता को मुआवजा देय है।

तथ्यः सर्वोच्च न्यायालय एनसीडीआरसी के निष्कर्षों से सहमत था कि प्रतिवादी अपने कर्त्तव्य के प्रति लापरवाह थे और जन्म के बाद 2 से 4 सप्ताह के बीच बच्चे की स्क्रीनिंग न करके उन्होंने अपनी सेवाओं में कमी रखी थी, जबकि ऐसा करना अनिवार्य है, विशेष रूप से तब जब बच्चा उनकी देखरेख में था। इस प्रकार, लापरवाही अस्पताल, यानी प्रतिवादी संख्या 2 की देखरेख में शुरू हुई। प्रतिवादी संख्या 3 और 4 भी, जिन्होंने क्रमशः अपने निजी क्लिनिक में और अपीलकर्ता के घर में बच्चे की जाँच की थी, आरओपी के लिए स्क्रीनिंग की सलाह न देने के प्रति लापरवाह थे। यह ध्यान में रखना प्रासंगिक है कि प्रतिवादी संख्या 3 और 4 प्रतिवादी संख्या 2 के रोजगार में रहते हुए अपनी निजी प्रैक्टिस करते थे, जो कि उनकी सेवा शर्तों का उल्लंघन था।

निर्णयः विचार योग्य प्रश्न वह मुआवजा है जिसका प्रतिवादी अपनी लापरवाही और सेवा में कमी के लिए भुगतान करने को उत्तरदायी हैं। शरण्या नामक बच्ची जो जीवन भर के लिए अंधी हो गई थी, वास्तव में उसके जीवन के अँधेरे की भरपाई पैसों से कभी नहीं की जा सकती। अंधेपन के भयानक परिणाम हो सकते हैं। यद्यपि, अभी शरण्या के पास उसके माता-पिता हैं, लेकिन इसमें कोई संदेह नहीं है कि उसके पास वह सुरक्षा और देखभाल हमेशा के लिए नहीं रहेगी। परिवार मध्यम वर्ग का है और उसके पिता के लिए अपने काम पर ध्यान देना आवश्यक है। निस्संदेह, माँ शरण्या को हर जगह अपने साथ नहीं ले जा पाएगी और कुछ समय के लिए बच्ची को अकेला छोड़ने के लिए बाध्य होगी। इस समय के दौरान, यह स्पष्ट है कि उसे सहायता की आवश्यकता होगी और शायद बाद में जीवन में उसे पूरी तरह से ऐसी सहायता पर निर्भर रहना पड़ेगा। इसलिए विवाह की निर्बाध संभावनाओं की या फिर एक नियमित करियर की भी कल्पना करना मुश्किल है, जिसे वह सामान्य होने की स्थिति में आसानी से अपना सकती थी। उसे शिक्षा प्राप्त करने में भी काफी

कठिनाइयों का सामना करना पड़ सकता है। माता-पिता पहले ही शरण्या के इलाज पर भारी खर्च कर चुके हैं, जिसका कोई लाभ नहीं हुआ। इस प्रकार, यह स्पष्ट है कि पहले किए जा चुके खर्चों, दर्द और पीड़ा, खोए गए धन और भविष्य की देखभाल के लिए पर्याप्त मुआवजा होना चाहिए जो मुद्रास्फीति की प्रवृत्ति को देखते हुए आवश्यक होगा।

इसमें कोई संदेह नहीं है कि भविष्य में शरण्या को और अधिक चिकित्सीय देखभाल की आवश्यकता होगी और दवाओं एवं संभावित सर्जरी पर भी खर्च करना होगा। यथोचित रूप से यह कहा जा सकता है कि दृष्टिहीनता ने शरण्या को अपनी देखभाल करने के लिए एक अच्छा जीवनयापन करने के प्रयास में एक बड़े नुकसान में डाल दिया है।

प्रारंभ में, यह उल्लेख किया जा सकता है कि ऐसे मामलों में अदालत ने गुणक विधि के अनुसार मुआवजे की गणना से इंकार कर दिया।

अदालत ने चिकित्सीय लापरवाही के मामलों में नुकसान की गणना के लिए गुणक विधि का उपयोग करने के दृष्टिकोण के खिलाफ सीधे-सीधे चेतावनी दी थी।

मुआवजे की मात्रा का निर्धारणः मुआवजा देने का सिद्धांत जिस पर सुरक्षित रूप से भरोसा किया जा सकता है, वह 'restitutio in integrum' (रेस्टिट्यूटियो+इन+इन्टीग्रम), अर्थात् मूल स्थिति में पुनर्स्थापन है। इस सिद्धांत को बलराम प्रसाद के मामले (सुप्रा) में उत्तरवर्ती द्वारा निम्नलिखित अंश में मान्यता और भरोसा दिया गया है-

"170. निर्विवाद रूप से, दुर्घटना में शामिल मुआवजे का अनुदान अपकृत्य कानून के दायरे में है। यह 'रेस्टिट्यूटियो इन इन्टीग्रम' या मूल स्थिति में बहाली के सिद्धांत पर आधारित है। उक्त सिद्धांत प्रावधान करता है कि मुआवजे के अधिकारी एक व्यक्ति को, जहाँ तक संभव हो सके, उतनी धनराशि मिलनी चाहिए, जो उसे उसी स्थिति में वापस ले जाए, जिसमें वह तब होता जब उसके साथ गलत न हुआ होता। (लिविंगस्टोन बनाम रॉयाइर्स कोल कंपनी देखें)।" इस सिद्धांत का एक अनुप्रयोग यह है कि व्यथित व्यक्ति को वह धनराशि मिलनी चाहिए, जो उसे उसी स्थिति में ले जाए जो उसके द्वारा गलत का सामना न करने पर होती। यह राशि अनिवार्य रूप से पीड़ित व्यक्ति को घटना के कारण होने वाले वित्तीय नुकसान, उसके द्वारा सहे गए दर्द और पीड़ा तथा उस घटना से उपजी अक्षमता या विकलांगता के कारण होने वाले भावी खर्चों की भरपाई करने के लिए पर्याप्त होनी चाहिए।

इन परिस्थितियों में, हम उत्तरदाताओं के बीच ₹ 1,38,00,000/- के दायित्व को निम्नानुसार विभाजित करना उचित समझते हैं- ₹ 1,30,00,000/- का भुगतान प्रतिवादी संख्या 1 और 2 द्वारा संयुक्त रूप से और अलग-अलग किया जाएगा अर्थात् तमिलनाडु राज्य और निदेशक, गवर्नमेंट हॉस्पिटल फॉर वीमेन एंड चिल्ड्रेन, एग्मोर, चेन्नई, और ₹ 8,00,000/- का भुगतान प्रतिवादी संख्या 3 और 4 द्वारा समान रूप से किया जाएगा, अर्थात् ₹ 4,00,000/- डॉ. एस. गोपाल, नव-बाल रोग विशेषज्ञ, गवर्नमेंट हॉस्पिटल फॉर वीमेन एंड चिल्ड्रेन, एग्मोर, चेन्नई द्वारा और ₹ 4,00,000/- प्रतिवादी नंबर 4 यानी डॉ. दुरईसामी, नियो नैटोलॉजी विभाग, गवर्नमेंट हॉस्पिटल फॉर वीमेन एंड चिल्ड्रेन, एग्मोर, चेन्नई द्वारा।

पुलिस निरीक्षक, केंद्रीय अपराध शाखा के प्रतिनिधित्व में राज्य बनाम आर. वसंती स्टेनली AIR 2015, SC 3691=2016(1)SCC 376 आपराधिक कार्यवाही को लिंग के आधार पर - या मुकदमे में देरी के आधार पर या आर्थिक अपराधों के मामलों में निपटान के आधार पर, जो समाज के खिलाफ अपराध हैं, रद्द नहीं किया जा सकता है।

तथ्य: मौलिक मुद्दे जो विचार के लिए निर्गत होते हैं, स्पष्ट रूप से राजकोषीय पवित्रता के आधार पर और निश्चित रूप से बैंकों सहित सार्वजनिक वित्तीय संस्थानों से उधारकर्ताओं की प्रचलित मानसिकता के आधार पर, यह हैं कि क्या एक या एक से अधिक उधारकर्ता कुछ दस्तावेजों को गिरवी रखकर वित्त प्राप्त करने के बाद, जो कि आरोप लगाया जाता है कि जाली हैं, और चतुराई से उसी कार्यप्रणाली को अपनाते हुए कई बैंकों से लाभ प्राप्त करते हैं, जो समय के साथ समस्या का सामना करने पर अलग-अलग प्राथमिकी दर्ज करके आपराधिक कानून को गति प्रदान करते हैं और अंततः एक दक्ष तरीके से निपटान में प्रवेश करते हैं और राशि का भुगतान करते हैं और उसके बाद, दंड प्रक्रिया संहिता (सीआरपीसी) की धारा 482 के तहत निहित अधिकार क्षेत्र या आपराधिक कार्यवाही को रद्द करने के लिए संविधान के अनुच्छेद 226 के तहत असाधारण अधिकार क्षेत्र की माँग करते हुए उच्च न्यायालय का दरवाजा खटखटाते हैं; और क्या उच्च न्यायालय को इस आधार पर कि आपराधिक कार्यवाही की निरंतरता समझौता होने के बाद उसे खत्म करने का एक बड़ा प्रयास होगा; और आगे क्या वाणिज्यिक कर के एक पूर्व सहायक आयुक्त को एक दलील पेश करने की अनुमति दी जा सकती है, जो जाहिर तौर पर उल्लेखनीय होगी, कि उसने अपने दिवंगत पति की इच्छा के प्रति सम्मान दिखाते हुए या तो गारंटर या सह-आवेदक के रूप में दस्तावेजों पर हस्ताक्षर किए थे; और इसलिए, इस अदालत को, संविधान के अनुच्छेद 136 के तहत अधिकार का प्रयोग करते हुए, उस सामान्य आदेश को अस्थिर नहीं करना चाहिए जिसके द्वारा उच्च न्यायालय ने आपराधिक कार्यवाही को रद्द किया है। इसके अतिरिक्त, यह निर्णायक रूप से निर्धारित करना भी अनिवार्य हो गया है कि क्या ऐसी कार्यवाहियों

का जारी रहना आपराधिक न्याय वितरण प्रणाली पर एक अनावश्यक भार होगा और इसलिए, उच्च न्यायालय के आदेश में हस्तक्षेप के लिए न तो कोई अधिकार है और न ही औचित्य।

निर्णय: यह माना गया कि आर्थिक अपराध समाज के विरुद्ध अपराध हैं और ऐसा अपराध लिंग तटस्थ है। एक गंभीर आपराधिक अपराध या गंभीर आर्थिक अपराध या फिर वह अपराध जिसमें मुकदमे में सेंध लगाने की क्षमता हो या यह सिद्धांत कि जब मामला सुलझ गया हो, तो सिस्टम पर भार से बचने के लिए इसे रद्द कर दिया जाना चाहिए। यह माना गया कि यह कभी भी एक स्वीकार्य सिद्धांत या पैमाना नहीं हो सकता, क्योंकि इसका मतलब होगा कई क्षेत्रों में कानून और व्यवस्था के स्टेम सेल को नष्ट करना और अनैतिक मुकदमों की मज्जा को और मजबूत करना।

70

ए.के. क्रेपक बनाम भारत संघ
AIR 1970 SC 150
यह पहला मामला था जिसमें सर्वोच्च न्यायालय ने कहा था कि विशुद्ध रूप से प्रशासनिक कार्यवाही भी न्यायिक समीक्षा के अधीन है।

तथ्यः यहाँ याचिकाकर्ता भारतीय वन सेवा में किसी पद के चयन के लिए एक उम्मीदवार था। भारतीय वन सेवा (भर्ती) नियमावली, 1966 के नियम 3 के अंतर्गत बनाए गए भारतीय वन सेवा (प्रारंभिक भर्ती) विनियम (1966) के विनियम 3 के तहत एक विशेष चयन बोर्ड का गठन किया गया था। बोर्ड का एक सदस्य स्वयं चयन के लिए एक उम्मीदवार था। यद्यपि उसने अपने स्वयं के चयन के समय बोर्ड विचार-विमर्श में भाग नहीं लिया था, लेकिन उसने अपने प्रतिद्वंद्वी उम्मीदवारों सहित अन्य उम्मीदवारों का चयन करते समय पूर्णतया भाग लिया था। याचिकाकर्ता ने तर्क दिया कि विनियम 5 के तहत इस तरह के बोर्ड द्वारा तैयार की गई चयन सूची दूषित है और इसके आधार पर संघ लोक सेवा आयोग द्वारा की गई अंतिम सिफारिश भी दूषित हो सकती है, क्योंकि उसमें पक्षपात की उचित संभावना थी। अदालत ने याचिकाकर्ता के तर्क को सही ठहराया और निम्नलिखित ऐतिहासिक अवलोकन किए।

निर्णयः "कुछ समय पहले तक अदालतों की राय थी कि जब तक संबंधित प्राधिकरण के लिए उस कानून द्वारा न्यायिक रूप से कार्य करना आवश्यक नहीं होता जिसके तहत वह कार्य करता था, तब तक नैसर्गिक न्याय के नियमों को लागू करने के लिए भी कोई स्थान नहीं था। उस सीमा की वैधता पर अब प्रश्न उठ रहे हैं। यदि नैसर्गिक न्याय के नियमों का उद्देश्य न्याय की हत्या को रोकना है तो कोई कारण नहीं है कि वे नियम प्रशासनिक जाँचों पर लागू न किए जाएँ। अर्ध-न्यायिक व प्रशासनिक जाँचों, दोनों का उद्देश्य एक न्यायोचित निर्णय पर पहुँचना है। अर्ध-न्यायिक निर्णय की तुलना में प्रशासनिक जाँच में अन्यायपूर्ण निर्णय का अधिक दूरगामी प्रभाव हो सकता है।"

अदालत ने माना कि प्रशासनिक अधिकार और अर्ध-न्यायिक अधिकार के बीच विभाजन रेखा काफी पतली है और यह निर्धारित करने के लिए धीरे-धीरे मिटती जा

रही है कि कोई अधिकार एक प्रशासनिक अधिकार है या अर्ध-न्यायिक अधिकार, इसके लिए प्रदत्त अधिकार की प्रकृति को, व्यक्ति या व्यक्तियों को जिन्हें यह प्रदत्त किया जाता है, उस अधिकार को प्रदान करने वाले कानून के ढाँचे को, उस अधिकार के प्रयोग से उत्पन्न होने वाले परिणामों को और उस तरीके को देखना होगा जिससे उस अधिकार का प्रयोग किया जाना अपेक्षित है। भारत जैसे कल्याणकारी राज्य में, जो कानून के शासन द्वारा विनियमित और नियंत्रित है, प्रशासनिक निकायों के अधिकार क्षेत्र का तेजी से बढ़ना अपरिहार्य है। कानून के शासन की अवधारणा अपनी जीवन शक्ति खो देगी यदि राज्य तंत्रों को निष्पक्ष और न्यायपूर्ण तरीके से अपने कार्यों का निर्वहन करने का कर्त्तव्य नहीं सौंपा जाता है। न्यायिक रूप से कार्य करने की आवश्यकता का सार और कुछ नहीं बल्कि न्यायपूर्ण और निष्पक्ष रूप से कार्य करने की आवश्यकता है न कि मनमाने ढंग से या मनमर्जी से। एक न्यायिक अधिकार के प्रयोग में जिन प्रक्रियाओं को निहित माना जाता है, केवल वही हैं जो एक न्यायसंगत और निष्पक्ष निर्णय सुनिश्चित नहीं भी करते तो उसकी सुविधा अवश्य प्रदान करते हैं। हाल के वर्षों में अर्ध-न्यायिक अधिकार की अवधारणा में आमूलचूल परिवर्तन हुआ है जिसे कुछ वर्ष पहले एक प्रशासनिक अधिकार माना जाता था, अब उसे अर्ध-न्यायिक अधिकार माना जा रहा है।

71

टीएसआर सुब्रमण्यन बनाम भारत संघ, (2013) 15, SCC 732

अधीनस्थ अधिकारी वरिष्ठ अधिकारी के अवैध आदेशों को पूरा करने के लिए बाध्य नहीं है।

तथ्य: याचिकाकर्ता आईएएस व आईपीएस से सेवानिवृत्त शीर्ष सिविल सेवक थे। वे विभिन्न भारतीय सिविल सेवाओं की स्वतंत्रता और राजनीतिक हस्तक्षेप से उनकी स्वतंत्रता का समर्थन करने के लिए अनिवार्य अदालती निषेधाज्ञा की माँग कर रहे थे जिसके लिए भारत की संघीय और राज्य सरकारों को कई आयोगों द्वारा की गई समीक्षा सिफारिशें लागू करने की आवश्यकता थी, जैसे कि : राजनेताओं द्वारा सिविल सेवकों को दिए गए मौखिक निर्देश लिखित रूप में दर्ज किए जाने चाहिए; वरिष्ठ सिविल सेवा नियुक्तियाँ एक निश्चित अवधि के लिए की जानी चाहिए; और पोस्टिंग पर सलाह देने के लिए सिविल सेवा बोर्डों की स्थापना की जानी चाहिए। इसके अलावा, राज्य सरकार में राजनेताओं को बार-बार लोक सेवकों का तबादला करते देखा जाता था।

सर्वोच्च न्यायालय का निर्णय

- आईएएस अधिकारी, अन्य अखिल भारतीय सेवाएँ और सिविल सेवक मौखिक निर्देशों का पालन करने के लिए बाध्य नहीं हैं, क्योंकि वे उनकी "विश्वसनीयता को कम करते हैं।"
- अखिल भारतीय सेवाओं के अधिकारियों के स्थानांतरण और तैनाती की सिफारिश करने के लिए राष्ट्रीय स्तर पर कैबिनेट सचिव और राज्य स्तर पर मुख्य सचिवों की अध्यक्षता में एक सिविल सेवा बोर्ड (सीएसबी) की स्थापना की जाए। हालाँकि, केंद्रीय कर्मचारी योजना के तहत अधिकारियों के स्थानांतरण के लिए कैबिनेट की नियुक्ति समिति अंतिम प्राधिकरण होगी।
- शीर्ष अदालत ने संबंधित सरकारों को तीन महीने के भीतर विभिन्न प्रकार के सिविल सेवकों के कार्यकाल की शर्तें निर्धारित करने का निर्देश भी दिया।
- समूह 'ख' के अधिकारियों का तबादला विभागाध्यक्षों द्वारा किया जाएगा।
- राज्य स्तर पर सिविल सेवकों के स्थानांतरण या पोस्टिंग में मुख्यमंत्री के अलावा अन्य मंत्रियों का कोई हस्तक्षेप नहीं होगा।

टिप्पणियाँ: यदि सुप्रीम कोर्ट के इन निर्देशों में से कुछ को लागू किया जाता है, तो यह सिस्टम को साफ करने में काफी मदद करेगा।

72

विनीत नारायण बनाम भारत संघ, (1998) 1 SCC 226

उच्च अधिकारियों और मंत्रियों पर मुकदमा चलाने के लिए सीबीआई द्वारा किसी मंजूरी की आवश्यकता नहीं है।

तथ्य: यह मामला भारत में ऐतिहासिक हवाला घोटाले से संबंधित है, जिसमें संदिग्ध आतंकवादियों से जुड़े धन स्रोत से कई उच्च पदस्थ भारतीय राजनेताओं और नौकरशाहों को संभावित रिश्वत भुगतानों का खुलासा हुआ था। घोटाले के समाचार कवरेज के बाद, मामले में लिप्त कुछ व्यक्तियों को बचाने के स्पष्ट इरादे से, जो सरकार और राजनीति में अत्यधिक प्रभावशाली थे, अधिकारियों की जाँच शुरू होने में केंद्रीय जाँच ब्यूरो (सीबीआई) की विफलता से जनता निराश थी। यह मुकदमा भारतीय संविधान के अनुच्छेद 32 के अनुसार न्यायालय में इन मामलों पर दायर जनहित याचिकाओं का परिणाम था।

निर्णय

- सभी मामले दुर्भाग्य से अदालत में अभियोजन पक्ष के स्तर पर ही ध्वस्त हो गए।
- अदालत ने माना कि सीबीआई सार्वजनिक भ्रष्टाचार के आरोपों की जाँच करने के अपने उत्तरदायित्व में विफल रही है। उसने सीबीआई की स्वतंत्रता और स्वायत्तता सुनिश्चित करने के लिए दिशा-निर्देश निर्धारित किए और आदेश दिया कि सीबीआई को केंद्रीय सतर्कता आयोग (सीवीसी) की निगरानी में रखा जाए, जो एक स्वतंत्र सरकारी एजेंसी है और कार्यकारी नियंत्रण या हस्तक्षेप से मुक्त है। इस निर्देश ने सीबीआई को केंद्र सरकार की निगरानी से हटा दिया, जिसे उस जड़ता के लिए आंशिक रूप से जिम्मेदार माना जाता था, जिसने उच्च पदस्थ अधिकारियों की जाँच के संबंध में सीबीआई की पिछली कमी में योगदान दिया था। अब सीवीसी यह सुनिश्चित करने के लिए जिम्मेदार है कि सरकारी अधिकारियों के खिलाफ भ्रष्टाचार के आरोपों की पूरी तरह से जाँच हो, अभियुक्त की पहचान की परवाह किए बिना और सरकार के हस्तक्षेप के बिना।

- इस मामले में अदालत ने केंद्र सरकार के मंत्रालयों और विभागों द्वारा जारी एक निर्देश की वैधता को, जिसमें सीबीआई को संयुक्त सचिव और उससे ऊपर के स्तर के नौकरशाहों के खिलाफ जाँच करने से पहले केंद्र सरकार की मंजूरी लेने की आवश्यकता थी, इस आधार पर रद्द कर दिया था कि वह जाँच प्रक्रिया की स्वतंत्रता का उल्लंघन करता था।

टिप्पणियाँ: सर्वोच्च न्यायालय के इन विचारों को यह ध्यान में रखते हुए लागू किया जाना चाहिए कि भारत सरकार के संयुक्त सचिव और उससे ऊपर के महत्त्वपूर्ण स्तर के अधिकारियों के प्रति निर्णय लेने पर प्रशासन पर प्रतिकूल प्रभाव नहीं पड़ता है। साथ ही, रिश्वतखोरी के मामलों में अभियोजन की मंजूरी देने में वरिष्ठ नौकरशाहों और राजनेताओं द्वारा समान रूप से विलंब नहीं होना चाहिए।

73

प्रकाश सिंह व अन्य बनाम भारत संघ व अन्य (2006) 85, SCC 1 पुलिस सुधारों को लागू करें।

तथ्यः 1996 में, श्री प्रकाश सिंह, एक सेवानिवृत्त पुलिस अधिकारी ने अनुच्छेद 32 के तहत सर्वोच्च न्यायालय में याचिका दायर की, जिसमें भारत सरकार को आयोग द्वारा तैयार किए गए मॉडल अधिनियम की तर्ज पर एक नया पुलिस अधिनियम बनाने के लिए निर्देश जारी करने का आग्रह किया गया, यह सुनिश्चित करने के लिए कि पुलिस अनिवार्य रूप से और मुख्य रूप से देश के कानून और लोगों के प्रति जवाबदेह है। याचिकाकर्ताओं ने पुलिस अधिनियम, 1861 में उल्लिखित पुरातन संरचना और संगठन को शक्ति के दुरुपयोग और पुलिस की अक्षम कार्यप्रणाली के लिए जिम्मेदार ठहराया।

निर्णयः सुप्रीम कोर्ट ने केंद्र और राज्यों को कई निर्देश जारी किए, जिनमें निम्नलिखित शामिल हैं–

- प्रत्येक राज्य में एक राज्य सुरक्षा आयोग का गठन करना जो पुलिस के कामकाज के लिए नीति निर्धारित करेगा, पुलिस के प्रदर्शन का मूल्यांकन करेगा और यह सुनिश्चित करेगा कि राज्य सरकारें पुलिस पर अनुचित प्रभाव का प्रयोग न करें।
- पुलिस कर्मियों द्वारा गंभीर कदाचार और शक्ति के दुरुपयोग के आरोपों की जाँच करने के लिए राज्य और जिला स्तर पर पुलिस शिकायत प्राधिकरणों का गठन करना।
- राज्य बलों के भीतर डीजीपी और अन्य प्रमुख पुलिस अधिकारियों के लिए कम-से-कम दो साल का न्यूनतम कार्यकाल प्रदान करना।
- सुनिश्चित करना कि राज्य पुलिस के डीजीपी की नियुक्ति उन तीन वरिष्ठतम अधिकारियों में से की जाए जिन्हें संघ लोक सेवा आयोग द्वारा सेवा की अवधि, अच्छे रिकॉर्ड और अनुभव के आधार पर पदोन्नति के लिए सूचीबद्ध किया गया है।

- केंद्रीय सशस्त्र पुलिस बलों के प्रमुखों के रूप में नियुक्ति के लिए उम्मीदवारों को शॉर्टलिस्ट करने के लिए एक राष्ट्रीय सुरक्षा आयोग का गठन करना।
- **जाँच का पृथक्करण:** त्वरित जाँच, बेहतर विशेषज्ञता और लोगों के साथ बेहतर तालमेल सुनिश्चित करने के लिए जाँच करने वाली पुलिस को कानून-व्यवस्था वाली पुलिस से अलग किया जाएगा। हालाँकि, यह सुनिश्चित किया जाना चाहिए कि दोनों पक्षों के बीच पूर्ण समन्वय हो। अलगाव, शुरू में, दस लाख या उससे अधिक की आबादी वाले कस्बों/शहरी क्षेत्रों में प्रभावी हो सकता है, और धीरे-धीरे छोटे शहरों/शहरी क्षेत्रों तक भी फैल सकता है।

पुलिस स्थापना बोर्ड: प्रत्येक राज्य में एक पुलिस स्थापना बोर्ड होगा जो डिप्टी सुपरिंटेंडेंट और उसके नीचे के अधिकारियों के सभी स्थानांतरणों, तैनातियों, पदोन्नतियों और अन्य सेवा संबंधी मामलों पर निर्णय लेगा। स्थापना बोर्ड एक विभागीय निकाय होगा जिसमें पुलिस महानिदेशक और विभाग के चार अन्य वरिष्ठ अधिकारी शामिल होंगे। अपवादात्मक मामलों में राज्य सरकार, केवल ऐसा करने के कारण दर्ज करने के बाद, बोर्ड के निर्णय में हस्तक्षेप कर सकती है। बोर्ड राज्य सरकार को डीएसपी और उससे ऊपर के रैंक के अधिकारियों की पोस्टिंग और स्थानांतरण के संबंध में उचित सिफारिशें करने के लिए भी अधिकृत होगा, और सरकार से उम्मीद की जाती है कि वह इन सिफारिशों को उचित महत्त्व देगी तथा सामान्य रूप से इन्हें स्वीकार करेगी। यह डीएसपी और उससे ऊपर के रैंक के अधिकारियों की पदोन्नति/स्थानांतरण/अनुशासनात्मक कार्यवाही या उनके अवैध या अनियमित आदेशों के अधीन होने के संबंध में अभ्यावेदन के निपटान के लिए एक अपील के मंच के रूप में, और आमतौर पर राज्य में पुलिस के कामकाज की समीक्षा का कार्य करेगा।

टिप्पणियाँ: पुलिस सुधारों का कार्यान्वयन समय की आवश्यकता है। अतः पुलिस सुधारों को विभिन्न चरणों में लेकिन त्वरित रूप से लागू किया जाना चाहिए।

अनुच्छेद-370 के संदर्भ में इन री, रिट पिटीशन (सिविल) No 1099, वर्ष 2023 एवं अन्य तथ्य

26 अक्तूबर, 1947 को तत्कालीन जम्मू एवं कश्मीर के महाराज हरीसिंह के जम्मू-कश्मीर के भारत में विलय के प्रस्ताव को भारत सरकार द्वारा स्वीकार कर लिया गया। उक्त समझौते के आधार पर जम्मू एवं कश्मीर के संदर्भ में बाह्य सुरक्षा, संचार तथा वैदेशिक कार्य भारत सरकार के हाथों में आ गया। अन्य मामलों के लिए महाराज हरीसिंह स्वतंत्र थे। जम्मू एवं कश्मीर के पृथक संविधान की प्रस्तावना में इस राज्य को भारतीय संघ के एक अखंड भाग के रूप में संवैधानिक मान्यता मिली।

फिर संविधान आदेश-1950 तथा 1954 एवं सन 1955, 1956 और 1965 में संविधान में संशोधन किये गये ताकि जम्मू-कश्मीर को भारत के अधिकाधिक निकट लाया जा सके। भारत के संविधान के अनुच्छेद-370 द्वारा जम्मू-कश्मीर को दिए गए विशेषाधिकार अन्य राज्यों की जनता की आँखों की किरकिरी बने हुए थे तथा इन विशेषाधिकारों का दुरूपयोग जम्मू-कश्मीर के राजनीतिक दल एवं जनता कर रही थी तथा पाकिस्तान अलगाववाद को समर्थन दे रहा था। जम्मू-कश्मीर में पाकिस्तान प्रायोजित आतंकवाद से शेष भारत की जनता में रोष था तथा केन्द्र एवं जम्मू-कश्मीर की राज्य सरकार के लिए निरंतर सिरदर्द था। फिर भी भारत के धर्म निरपेक्ष स्वरूप को विचार करके इस अस्थायी, संक्रमणकालीन विशेष उपबंध में 5 अगस्त, 2019 तक कोई आमूलचूल संशोधन नहीं हुआ।

वर्ष 2019 के प्रथम राष्ट्रपति आदेश से संसद ने एक प्रावधान पेश करते हुए जम्मू और कश्मीर की संविधान सभा को 'जम्मू और कश्मीर की विधान सभा' के रूप में नया अर्थ प्रदान किया और फिर अनुच्छेद-370 को रद्द करने के लिए राष्ट्रपति शासन के माध्यम से विधान सभा की शक्तियों को ग्रहण कर लिया।

इसका उद्देश्य यह भी था कि जम्मू-कश्मीर में केन्द्रीय सरकार द्वारा आतंकवादी गतिविधियों पर अधिक नियंत्रण कसने से राष्ट्रीय सुरक्षा सुदृढ़ होगी। पूर्ण एकीकरण से जम्मू-कश्मीर के लोगों के लिए भारत के संसाधनों, अवसरंचना और अवसरों की बेहतर पहुँच हो सकेगी। महिलाओं, दलितों और हाशिये पर स्थित अन्य समूहों

के विरुद्ध भेदभाव भारतीय कानूनों के दायरे में आ जाएँगे। जम्मू-कश्मीर के शासन में बेहतर पारदर्शिता और जवाबदेही होगी।

क्रमशः 5 और 6 अगस्त, 2019 को संसद के दोनों सदनों लोकसभा और राज्यसभा में समवर्ती संकल्प पारित किये गए। इन संकल्पों ने अनुच्छेद-370 के शेष प्रावधानों को रद्द कर दिया और उन्हें नये प्रावधानों से प्रतिस्थापित किया। जम्मू-कश्मीर पर भारत की संप्रभुता एवं अखंडता की संपुष्टि हुई। संसद द्वारा 5 अगस्त, 2019 को पारित अधिनियम के अनुसार जम्मू और कश्मीर राज्य को दो केन्द्र शासित प्रदेशों जम्मू और कश्मीर तथा लद्दाख में विभाजित कर दिया। संविधान संशोधन, राष्ट्रपति का आदेश, संसद द्वारा पारित अधिनियमों को उच्चतम न्यायालय में कई रिट आवेदनों द्वारा चुनौती दी गई।

निर्णयः

सभी पक्षों को सुनने के पश्चात् सर्वोच्च न्यायालय की पाँच सदस्यीय पीठ ने 23 दिसम्बर, 2023 को भारत के मुख्य न्यायाधीश (CJI) के माध्यम से निम्न निर्णय दिया-

1. अनुच्छेद-370 एक अस्थायी प्रावधान था और जम्मू-कश्मीर राज्य की कोई आंतरिक संप्रभुता नहीं थी।

(i) अनुच्छेद-370 दो प्राथमिक कारणों से 'अस्थायी प्रावधान' था इसने एक संक्रमणकालीन उददेश्य की पूर्ति की, जो थी जम्मू-कश्मीर की संविधान-सभा की स्थापना के लिये एक अंतरिम व्यवस्था करना, राज्य संविधान का मसौदा तैयार करना था।

(ii) इसका उद्देश्य वर्ष 1947 में राज्य में व्याप्त युद्ध जैसी स्थिति के मद्देनजर जम्मू-कश्मीर के भारत संघ में एकीकरण को आसान बनाना था।

2. राज्यपाल राज्य विधान मंडल की सभी या कोई भी भूमिका ग्रहण कर सकता है। (संदर्भ- सर्वोच्च न्यायालय का एस आर बोम्मई बनाम भारत संघ (1994) मामले में निर्णय)

3. राज्यपाल की ऐसी कार्यवाही का न्यायिक परीक्षण केवल असाधारण मामलों में ही किया जाना चाहिए।

4. राज्य सरकार की सहमति आवश्यक नहीं है जैसा कि अनुच्छेद-370(1)(d) के परंतुक द्वारा निर्दिष्ट है।

5. जम्मू और कश्मीर पुनर्गठन अधिनियम, 2019 उस सीमा तक वैध है जहाँ तक जम्मू-कश्मीर राज्य से केन्द्रशासित प्रदेश लद्दाख को पृथक किया गया।

6. प्रस्तावित पुर्नगठन के संबंध में राज्य विधानमंडल के विचार अनुशंसात्मक प्रकृति के हैं और संसद पर बाध्यकारी हैं।

7. राष्ट्रपति शासन के तहत किसी राज्य में संसद की शक्ति महज विधि निर्माण तक ही सीमित नहीं है। इसका विस्तार कार्यकारी कार्यवाही तक भी होता है।

8. जम्मू-कश्मीर का राज्य का दर्जा जल्द से जल्द बहाल किया जाए। जम्मू-कश्मीर की विधानसभा के चुनाव 30 सितम्बर, 2024 तक संपन्न करा लिये जाएँ।

9. न्यायमूर्ति कौल ने दक्षिण अफ्रीका में रंगभेद के बाद स्थापित आयोग की तर्ज पर एक सत्य और सुलह आयोग की स्थापना का प्रस्ताव किया ताकि 1980 के दशक से जम्मू-कश्मीर में राज्य एवं गैर-राज्य द्वारा अभिकर्ता द्वारा मानवाधिकारों के उल्लंघन को संबोधित किया जा सके।

टिप्पणी:

भारत के उच्चतम न्यायालय ने अनुच्छेद-370 और 35A के निरस्तीकरण पर अपना ऐतिहासिक निर्णय सुनाया। इस निर्णय के द्वारा भारत की संप्रभुता एवं अखंडता की संपुष्टि हुई जिसे प्रत्येक भारतीय अपने मन में संजोकर रखे हुए था। इस निर्णय के फलस्वरूप तत्कालीन जम्मू-कश्मीर राज्य का विशेष दर्जा समाप्त हो गया और वह भारत के अन्य राज्यों की भांति भारत संघ का अविभाज्य अंग हो गया।

उच्चतम न्यायालय के इस निर्णय से जम्मू-कश्मीर क्षेत्र में पृथकतावादियों के हौंसले पस्त हो गये। जम्मू-कश्मीर की आम जनता ने भी विकास के नए युग में प्रवेश किया। पाकिस्तान अधिकृत कश्मीर में जनता की खराब हालत देखकर और अपने यहाँ विकास की बयार का आनन्द अनुभव करके जम्मू-कश्मीर क्षेत्र का सामान्य नागरिक उच्चतम न्यायालय के इस निर्णय से संतुष्ट है। भारत की जनता भी जम्मू-कश्मीर में आतंकवादी हिंसा की ख़बरें सुनकर परेशान थी। अब दायित्व केन्द्र सरकार तथा राज्य में राज्यपाल तथा निर्वाचित सरकार का है कि वह जम्मू-कश्मीर की जनता को किस प्रकार भावनात्मक रूप से भी भारत की मुख्य धारा में सम्मिलित करें।

75

यूनियन कार्बाइड कॉर्पोरेशन और अन्य बनाम भारत संघ और अन्य
AIR 1992 SC 248=1991(4)SCC 584
भोपाल गैस रिसाव आपदा मामला और भोपाल गैस पीड़ित मामला उद्योग संगठन बनाम भारत संघ
1989 AIR SC 1069

तथ्यः भारत सरकार ने भोपाल की जिला अदालत में उसके द्वारा दायर मुकदमे को वापस लेने का आश्वासन दिया और यह भी कहा कि हो सकता है वह यूनियन कार्बाइड के विरुद्ध कोई आपराधिक कार्यवाही न करे। तत्पश्चात कुछ इच्छुक तृतीय पक्षों ने यह दावा करते हुए एक समीक्षा याचिका दायर की कि चूँकि समझौता बिना अधिकार क्षेत्र के हुआ है, इसलिए उसे रद्द कर दिया जाए। यहाँ यह ध्यान दिया जाना चाहिए कि निपटान दर्ज होने से पहले, भोपाल की जिला अदालत में लंबित सभी मामले वापस ले लिए गए हैं।

इस समीक्षा याचिका में उठाए गए मुख्य प्रश्न यह हैं कि सर्वोच्च न्यायालय धारा 136 और 142 के तहत अपने अधिकारों का प्रयोग करने के लिए सक्षम नहीं था, ऐसे तरीके से जो पक्षकारों के हित के लिए हानिकारक था, और यह कि सर्वोच्च न्यायालय द्वारा दर्ज किया गया समझौता अनुचित है क्योंकि समझौते का उद्देश्य अभियोजन पक्ष का दम घोंटना है। यह लोकनीति के विरुद्ध है। क्षमाप्रार्थी तरीके से सभी तर्कों को खारिज करते हुए, अदालत ने उस तरीके के संबंध में निर्देश जारी किए जिसके तहत शुरू किए जाने वाले राहत उपाय शीघ्रता से निपटाए जाने थे ताकि एक निष्पक्ष प्रक्रिया स्थापित की जा सके।

निर्णयः मामले में कोई कानूनी मुद्दे शामिल नहीं थे। इसलिए, कोई लंबे निर्णय नहीं हैं, बल्कि केवल छोटे आदेशों की एक श्रृंखला है। याचिकाकर्ताओं ने दूध, ब्रेड, चीनी और खाद्य तेलों सहित अंतरिम राहत के वितरण में अपर्याप्तता की शिकायत की। अदालत ने, जो अक्सर स्वयं एक संविधान पीठ की भूमिका निभाती थी, उन पर आवश्यक आदेश पारित कर दिए। इस प्रक्रिया द्वारा सर्वोच्च न्यायालय ने भोपाल पीड़ितों के लिए राहत उपायों पर लगातार नजर रखी है। यह प्रक्रिया वर्षों

से चलती आ रही है, और नए न्यायाधीशों ने राहत उपायों की निगरानी जारी रखी है। याचिकाकर्ताओं और अदालत ने कुछ जवाबदेही अधिकारियों पर डाल दी है, जिसके अभाव में राहत के उपाय और भी धीमे होते गए।

टिप्पणी: यह एक ऐसा मामला है जिसमें सर्वोच्च न्यायालय का निर्णय अभी भी बहुत प्रभावी नहीं है क्योंकि सभी भोपाल गैस पीड़ितों को इलाज और उनके पुनर्वास के माध्यम से अभी भी न्याय नहीं मिला है। सबसे बड़े शत्रु 'विलंब' से निपटने में हर कोई नाकाम हो रहा है।

76

के.एन. गोविंदाचार्य बनाम भारत संघ व अन्य W.P.(C) 3672/2012 दिनांक 23/08/2013 सोशल मीडिया कंपनियों को भारत में शिकायत अधिकारी और अपने सर्वर लगाने चाहिए।

तथ्य: दिल्ली उच्च न्यायालय के समक्ष दायर इस जनहित याचिका में, याचिकाकर्ता ने नाबालिगों, सरकारी अधिकारियों और एजेंसियों द्वारा सोशल मीडिया के उपयोग को चुनौती दी और आगे सूचना प्रौद्योगिकी (मध्यस्थ दिशा-निर्देश), नियम, 2011 के अनुसार एक शिकायत अधिकारी की नियुक्ति की माँग की। याचिकाकर्ता ने भारतीय उपयोगकर्ताओं के डेटा के मुद्रीकरण के लिए फेसबुक, गूगल, वाट्सएप, ट्विटर और ऑर्कुट जैसी सोशल मीडिया कंपनियों को कर के दायरे में लाने की प्रार्थना भी की। याचिकाकर्ता ने तर्क दिया कि ऐसे सोशल मीडिया प्लेटफॉर्म पर नाबालिगों की उपस्थिति भारतीय अनुबंध अधिनियम, 1872 का उल्लंघन है और सरकार द्वारा ऐसे प्लेटफॉर्म का उपयोग सार्वजनिक रिकॉर्ड अधिनियम, 1933 का उल्लंघन है।

निर्णय: 23 अगस्त, 2013 के अपने आदेश में, अदालत ने फेसबुक और ऑर्कुट को सूचना प्रौद्योगिकी (मध्यवर्ती दिशा-निर्देश), नियम, 2011 के नियमों 3(1)-3(4) के अनुसार 13 वर्ष से कम उम्र के बच्चों के खातों को हटाने का निर्देश दिया।

उपर्युक्त नियमों के नियम 3(11) के अनुसार, अदालत ने निर्देश दिया कि "मध्यवर्ती संस्थाओं को, फेसबुक और ऑर्कुट जैसी सोशल नेटवर्किंग साइटों सहित, तत्काल संबंधित शिकायत अधिकारियों के नाम अपनी वेबसाइटों पर टेलीफोन नंबरों, और साथ ही उस तंत्र के साथ प्रकाशित करने चाहिए जिसके द्वारा कोई भी उपयोगकर्ता या कोई पीड़ित नियम 3 के उल्लंघन में किसी व्यक्ति द्वारा कंप्यूटर संसाधन के उपयोग या उपयोग के परिणामस्वरूप पीड़ित होता है। इसका अनुपालन, यदि पहले नहीं किया गया है, तो दो सप्ताह के भीतर हो जाना चाहिए।" अदालत ने संघ सरकार को सोशल मीडिया के उपयोग के लिए नीति तैयार करने का भी निर्देश दिया। उक्त नीति को अंतिम रूप दिया गया और अदालत के समक्ष प्रस्तुत किया गया। इसमें सभी सरकारी कर्मचारियों को एक विशेष प्रोटोकॉल का पालन

करने की सलाह देते हुए एक कार्यालय ज्ञापन जारी किया गया था और यह कि सार्वजनिक रिकॉर्डों के प्रसारण से जुड़े किसी भी आधिकारिक कार्य के लिए, उन्हें भारत में स्थित सर्वर से जुड़ी एक ई-मेल पहचान का उपयोग करना होगा और वे राष्ट्रीय सूचना विज्ञान केंद्र (एनआईसी) से जुड़ सकते हैं।

टिप्पणियाँ: अदालत के उपरोक्त निर्देश के बावजूद, विभिन्न सोशल मीडिया प्लेटफॉर्मों द्वारा भारत में शिकायत अधिकारियों को नियुक्त किया जाना बाकी है, भारत में अपने सर्वर लगाना और करों का भुगतान करना तो दूर की बात है।

77

विशाखा एवं अन्य, याचिकाकर्ता बनाम राजस्थान राज्य एवं अन्य, उत्तरदाता

AIR 1997 SC 3011 = 1997(6)SCC 241

कार्यस्थलों पर महिलाओं के यौन उत्पीड़न की रोकथाम के लिए दिशा-निर्देश

तथ्यः जनहित याचिका श्रेणी के अंतर्गत आने वाला एक आवेदन सर्वोच्च न्यायालय में दायर किया गया है जिसमें न्यायालय से कुछ ऐसे दिशा-निर्देश जारी करने का अनुरोध किया गया है जो कार्यस्थलों में महिलाओं के यौन उत्पीड़न को, एक ऐसी घटना जिसके विरुद्ध सार्वजनिक आक्रोश बना रहता है, रोक सकें। अदालत ने अनुच्छेद 15, 42, 51, 51 (ए) और 253 का उल्लेख करने के बाद आवेदन स्वीकार कर लिया और निम्नलिखित निर्देश जारी किए—

निर्णयः न्यायालय ने कहा, "इस तथ्य को ध्यान में रखते हुए कि भारत में वर्तमान नागरिक और आपराधिक कानून कार्यस्थलों पर यौन उत्पीड़न से महिलाओं की विशिष्ट सुरक्षा के लिए पर्याप्त रूप से प्रावधान नहीं करते हैं और यह कि इस तरह के कानून को लागू करने में काफी समय लगेगा, महिलाओं के यौन उत्पीड़न की रोकथाम सुनिश्चित करने के लिए कार्यस्थलों में नियोक्ताओं के साथ-साथ अन्य जिम्मेदार व्यक्तियों या संस्थानों के लिए कुछ दिशा-निर्देशों का पालन करना आवश्यक और समीचीन है।

1. **कार्यस्थलों और अन्य संस्थानों में नियोक्ता या अन्य जिम्मेदार व्यक्तियों का कर्त्तव्यः** कार्यस्थलों या अन्य संस्थानों में नियोक्ता या अन्य जिम्मेदार व्यक्तियों का यह कर्त्तव्य होगा कि वे यौन उत्पीड़न के कृत्य को रोकें या मना करें और सभी आवश्यक कदम उठाकर यौन उत्पीड़न के कृत्यों के समाधान, निपटान या अभियोजन के लिए प्रक्रियाएँ प्रदान करें।
2. **परिभाषाः** इस उद्देश्य के लिए, यौन उत्पीड़न में इस प्रकार के अवांछित यौन निर्धारित व्यवहार (चाहे प्रत्यक्ष रूप से या निहितार्थ) शामिल हैं-
   - (i) शारीरिक संपर्क और छेड़छाड़;
   - (ii) शारीरिक संबंध की माँग या अनुरोध;
   - (iii) अश्लील टिप्पणियाँ;

(iv) अश्लील साहित्य दिखाना;

(v) यौन प्रकृति का कोई अन्य अवांछित शारीरिक, मौखिक या गैर-मौखिक आचरण।

जहाँ इनमें से कोई भी कृत्य उन परिस्थितियों में किया जाता है जहाँ ऐसे आचरण की पीड़िता को उचित आशंका है कि उसके रोजगार या कार्य के संबंध में, चाहे वह वेतन प्राप्त कर रही हो, या मानदेय या स्वैच्छिक हो, चाहे यह सरकारी, सार्वजनिक या निजी उद्यम में हो, ऐसा आचरण अपमानजनक हो सकता है और स्वास्थ्य और सुरक्षा समस्या उत्पन्न कर सकता है। उदाहरण के लिए, यह भेदभावपूर्ण होगा जब महिला के पास यह विश्वास करने का उचित आधार हो कि उसकी आपत्ति भर्ती या पदोन्नति सहित उसके रोजगार या काम के संबंध में उसे नुकसान पहुँचाएगी या एक शत्रुतापूर्ण कार्य वातावरण बनाएगी। यदि पीड़िता प्रश्नगत आचरण के लिए सहमति नहीं देती है या उस पर कोई आपत्ति उठाती है तो प्रतिकूल परिणाम देखे जा सकते हैं।

3. **निवारक कदम :** सार्वजनिक क्षेत्र हो या निजी, सभी नियोक्ताओं या कार्य स्थल के प्रभारी व्यक्तियों को यौन उत्पीड़न रोकने के लिए उचित कदम उठाने चाहिए। इस दायित्व की व्यापकता पर किसी प्रतिकूल प्रभाव के बिना उन्हें निम्नलिखित कदम उठाने चाहिए:

(i) कार्य स्थल पर ऊपर परिभाषित यौन उत्पीड़न के निषेध को उचित तरीके से अधिसूचित, प्रकाशित और प्रसारित किया जाना चाहिए।

(ii) सरकार और सार्वजनिक क्षेत्र के निकायों के आचरण और अनुशासन से संबंधित नियमों/विनियमों में यौन उत्पीड़न को प्रतिबंधित करने वाले नियम/विनियम शामिल होने चाहिए और ऐसे नियमों में अपराधी के खिलाफ उचित दंड का प्रावधान होना चाहिए।

(iii) निजी नियोक्ताओं के संबंध में औद्योगिक रोजगार (स्थायी आदेश) अधिनियम, 1946 के तहत स्थायी आदेशों में पूर्वोक्त निषेधों को शामिल करने के लिए कदम उठाए जाने चाहिए।

(iv) कार्य, विश्राम, स्वास्थ्य और स्वच्छता के संबंध में उपयुक्त कार्य स्थिति प्रदान की जानी चाहिए ताकि यह सुनिश्चित किया जा सके कि कार्यस्थलों पर महिलाओं के प्रति कोई शत्रुतापूर्ण वातावरण नहीं है और किसी महिला कर्मचारी के पास यह मानने के लिए उचित आधार नहीं होना चाहिए कि वह अपने रोजगार के संबंध में अधिकारों से वंचित है।

4. **आपराधिक कार्यवाही :** जहाँ इस तरह का आचरण भारतीय दंड संहिता या किसी अन्य कानून के तहत एक विशिष्ट अपराध की श्रेणी में आता है, नियोक्ता उपयुक्त प्राधिकारी के पास शिकायत दर्ज करके कानून के अनुसार उचित कार्यवाही शुरू करेगा।

   विशेष रूप से, यह सुनिश्चित किया जाना चाहिए कि यौन उत्पीड़न की शिकायतों से निपटने के दौरान पीड़ितों या गवाहों को प्रताड़ित नहीं किया जाता, न ही कोई भेदभाव किया जाता है। यौन उत्पीड़न के पीड़ितों के पास अपराधी के स्थानांतरण या अपने स्वयं के स्थानांतरण की माँग करने का विकल्प होना चाहिए।

5. **अनुशासनात्मक कार्यवाही :** जहाँ इस तरह के आचरण को रोजगार में कदाचार माना जाता है, जैसा कि प्रासंगिक सेवा नियमों द्वारा परिभाषित है, नियोक्ता द्वारा उन नियमों के अनुसार उचित अनुशासनात्मक कार्यवाही शुरू की जानी चाहिए।

6. **शिकायत तंत्र :** चाहे इस तरह का आचरण कानून के तहत अपराध या सेवा नियमों का उल्लंघन माना जाता हो या नहीं, पीड़िता द्वारा की गई शिकायत के निवारण के लिए नियोक्ता के संगठन में एक उपयुक्त शिकायत तंत्र बनाया जाना चाहिए। इस तरह के शिकायत तंत्र को शिकायतों का समयबद्ध उपचार सुनिश्चित करना चाहिए।

7. **शिकायत समिति :** ऊपर (6) में संदर्भित शिकायत तंत्र, जहाँ आवश्यक हो, एक शिकायत समिति, एक विशेष परामर्शदाता या गोपनीयता बनाए रखने सहित अन्य सहायक सेवा प्रदान करने के लिए पर्याप्त होना चाहिए।

   शिकायत समिति की अध्यक्षता एक महिला द्वारा की जानी चाहिए और उसके सदस्यों की कम-से-कम आधी संख्या महिलाओं की होनी चाहिए। इसके अलावा, वरिष्ठ स्तरों से किसी भी अनुचित दबाव या प्रभाव की संभावना को रोकने के लिए, ऐसी शिकायत समिति में एक तीसरे पक्ष, गैर-सरकारी संगठन या ऐसे अन्य संस्था को शामिल करना चाहिए जो यौन उत्पीड़न के मामले से वाकिफ हो।

   शिकायत समिति को शिकायतों और उनके द्वारा की गई कार्यवाही के संबंध में संबंधित सरकारी विभाग को एक वार्षिक रिपोर्ट देनी होगी।

   नियोक्ता और प्रभारी व्यक्ति सरकारी विभाग को शिकायत समिति की रिपोर्ट सहित उपरोक्त दिशा-निर्देशों के अनुपालन पर भी रिपोर्ट करेंगे।

8. **श्रमिकों की पहल :** कर्मचारियों को श्रमिकों की बैठक में और अन्य उचित मंच पर यौन उत्पीड़न के मुद्दों को उठाने की अनुमति दी जानी चाहिए और नियोक्ता-कर्मचारी बैठकों में इस पर सकारात्मक चर्चा की जानी चाहिए।
9. **जागरूकता :** इस संबंध में विशेष रूप से महिला कर्मचारियों के अधिकारों के बारे में उपयुक्त तरीके से दिशा-निर्देशों (और विषय पर अधिनियमित होने पर उपयुक्त कानून) को प्रमुखता से अधिसूचित करके जागरूकता उत्पन्न करनी चाहिए।
10. **तृतीय पक्ष उत्पीड़न :** जहाँ यौन उत्पीड़न किसी तीसरे पक्ष या बाहरी व्यक्ति द्वारा किसी कार्य या चूक के परिणामस्वरूप होता है, नियोक्ता और प्रभारी व्यक्ति समर्थन और निवारक कार्यवाही के संदर्भ में प्रभावित व्यक्ति की सहायता के लिए सभी आवश्यक और उचित कदम उठाएँगे।
11. केंद्र/राज्य सरकारों से अनुरोध है कि वे कानून सहित उपयुक्त उपायों को अपनाने पर विचार करें ताकि यह सुनिश्चित किया जा सके कि इस आदेश द्वारा निर्धारित दिशा-निर्देशों का पालन निजी क्षेत्र के नियोक्ताओं द्वारा भी हो रहा है।
12. ये दिशा-निर्देश मानवाधिकार संरक्षण अधिनियम, 1993 के अंतर्गत उपलब्ध किसी भी अधिकार पर प्रतिकूल प्रभाव नहीं डालेंगे।

तदनुसार, हम निर्देश देते हैं कि कामकाजी महिलाओं के लैंगिक समानता के अधिकार के संरक्षण और प्रवर्तन के लिए सभी कार्यस्थलों में उपरोक्त दिशा-निर्देशों और मानदंडों का सख्ती से पालन किया जाएगा। ये निर्देश कानून में बाध्यकारी और प्रवर्तनीय होंगे जब तक कि क्षेत्र पर कब्जा करने के लिए उपयुक्त कानून नहीं बनाया जाता है। तदनुसार, इन याचिकाओं का निस्तारण किया जाता है।"

टिप्पणी: भारत सरकार या किसी भी राज्य सरकार ने इस विषय पर कोई अधिनियम पारित नहीं किया है किंतु उन्होंने कई कार्यकारी निर्देश जारी किए हैं जो न केवल सरकारी कार्यालयों पर, बल्कि निजी प्रतिष्ठानों पर भी लागू होते हैं। ये दिशा-निर्देश संसद द्वारा बनाए गए किसी भी अधिनियम की तरह प्रभावी हैं जो न्यायपालिका द्वारा कानून बनाए जाने के समकक्ष हैं।

केंद्र सरकार ने घरेलू हिंसा से महिलाओं का संरक्षण अधिनियम, 2005 नामक एक अधिनियम अवश्य लागू किया।

78

सुब्रत रॉय सहारा बनाम यूओआई और अन्य (2014) 8 SCC 470

सहारा प्रमुख सुब्रत राय को भारतीय संविधान के अनुच्छेद 129 और 142 के तहत सार्वजनिक बकाये का भुगतान न करने पर जेल में रखा जाना।

तथ्य: सहारा इंडिया ने सेबी के खिलाफ ₹ 62,000 करोड़ की जमा राशि की माँग के विरुद्ध अदालत की अवमानना के लिए सुप्रीम कोर्ट का रुख किया, जिससे सहारा के विरुद्ध जनता में आक्रोश फैल गया था। हजारों निर्दोष जमाकर्ता सहारा इंडिया की गैर-बैंकिंग कंपनियों से अपने रिफंड का इंतजार कर रहे थे और खुद को ठगा हुआ महसूस कर रहे थे। सेबी ने सहारा म्युचुअल फंड कारोबार का लाइसेंस रद्द कर दिया था।

निर्णय: सर्वोच्च न्यायालय ने फरवरी, 2017 के अपने आदेश में निर्देश दिया कि सहारा इंडिया ने मूलधन और ब्याज जमा करने के उनके निर्देश की घोर अवहेलना की थी। सहारा प्रमुख सुब्रत राय को फरवरी, 2014 में सर्वोच्च न्यायालय के सामने पेश होने में विफल रहने पर यूपी पुलिस ने हिरासत में ले लिया। मार्च, 2014 में उन्हें सहारा इंडिया के दो अन्य निदेशकों के साथ तिहाड़ जेल भेज दिया गया।

लंबे समय तक हिरासत में रहने के बाद, सुब्रत रॉय को मई, 2016 में पैरोल पर रिहा कर दिया गया। हालाँकि सहारा क्रेडिट को-ऑपरेशन सोसाइटी को दिल्ली उच्च न्यायालय द्वारा लेनदारों/निवेशकों को भुगतान करने की अनुमति प्राप्त हो गई है।

इसके बाद सहारा ने सहारा रिफंड खाते में ₹ 24,029.73 करोड़ की मूल राशि के बदले सेबी के पास ₹ 22,500 करोड़ जमा किए।

रिपोर्ट के अनुसार सेबी ने 19,532 दावों को केवल 107 करोड़ का भुगतान किया है। सेबी ने आगे 3.03 करोड़ निवेशकों के सत्यापन की कवायद नहीं की है। सेबी ने दावेदारों को उनका बकाया भुगतान करने के लिए आमंत्रित करने में लगभग ₹100 करोड़ खर्च किए हैं।

टिप्पणियाँ: यह मामला अपनी तरह का पहला मामला है क्योंकि कई चिट फंड कंपनियाँ निर्दोष जमाकर्ताओं को धोखा देती हैं। अदालत में सहारा प्रमुख और कई रियल एस्टेट प्रमुखों की हिरासत के बाद, वाणिज्यिक प्रमुखों को संदेश गया है कि वे लंबित अदालती मामलों या अन्यथा की आड़ में जनता के वित्तीय निवेशों के साथ खिलवाड़ नहीं कर सकते। इसी प्रकार, कंपनियों के निदेशक कानूनी इकाई के रूप में कंपनी की आड़ में नहीं छिप सकते। नए कानून और अदालत के निर्णय के बाद वे अब व्यक्तिगत रूप से भी उत्तरदायी हैं।

लिली थॉमस बनाम भारत संघ, (2000) 6 SCC 224

निदेशक सिद्धांतों और मौलिक अधिकारों के बीच संतुलन संविधान की एक बुनियादी संरचना है।

तथ्य: सुष्मिता घोष ने यह कहते हुए शीर्ष अदालत के समक्ष एक याचिका दायर की कि वे वर्ष 1984 से हिंदू रीति-रिवाजों के अनुसार श्री एम.सी. घोष से विवाहित थीं। हालाँकि, वर्ष 1992 में, श्री घोष ने श्रीमती घोष से आपसी सहमति से तलाक देने के लिए कहा, यह बताते हुए कि उन्होंने इसलाम धर्म अपना लिया था ताकि वह सुश्री विनीता गुप्ता से दूसरा विवाह कर सकें, जो दो बच्चों के साथ तलाकशुदा थीं। हिंदू विवाह अधिनियम, 1959 के तहत दूसरे विवाह या द्विविवाह का कोई प्रावधान नहीं है, इसलिए उन्होंने एक प्रमाण पत्र भी पेश किया, जिसमें पुष्टि की गई थी कि उन्होंने इसलाम धर्म अपना लिया है। उपरोक्त तथ्यों से यह स्पष्ट है कि श्री घोष केवल इसलिए इसलाम में परिवर्तित हो गए क्योंकि वे दूसरा विवाह करना चाहते थे और वास्तव में उन्हें अपने परिवर्तित धर्म में कोई विश्वास नहीं था। तत्काल याचिका संविधान के अनुच्छेद 44 द्वारा परिकल्पित एक समान नागरिक संहिता के कार्यान्वयन के मुद्दे से निपटने और निर्णय लेने के लिए अदालत के सामने कई महत्त्वपूर्ण मुद्दे लाई। अदालत के समक्ष एक अन्य महत्त्वपूर्ण प्रश्न यह था कि क्या एक हिंदू पति दूसरा विवाह करने के लिए इसलाम में परिवर्तित हो सकता है; जहाँ इस तरह के विवाह की अनुमति है, वहाँ क्रमश: पहले और दूसरे विवाह की वैधता क्या थी। साथ ही, जब ऐसा पति दूसरा विवाह करता है, तो क्या उस पर भारतीय दंड संहिता की धारा 494 के तहत द्विविवाह का मुकदमा चलाया जाना चाहिए?

निर्णय:

- कोर्ट ने कहा कि जब एक हिंदू पति धर्मांतरण के बाद दूसरा विवाह करता है, तो वह ऐसा अपनी अंतरात्मा की वजह से नहीं करता; और यह कि इस तरह का धर्मांतरण स्पष्ट रूप से कपटपूर्ण होता है और एक गुप्त मकसद (जो कि उसी के लिए मुकदमा चलाए बिना दूसरी शादी करना है) को प्राप्त करने का बहाना होता है।

- इसलिए, यह निर्धारित किया गया कि अनुच्छेद 21 के उल्लंघन के कारण ऐसा विवाह शून्य और अमान्य था।
- एक विवाह को सिर्फ इसलिए भंग नहीं माना जा सकता क्योंकि एक पति ने दूसरे धर्म को अपना लिया है।
- पहले विवाह के अस्तित्व में रहते हुए इसलाम धर्म कबूल करके किया हुआ विवाह भारतीय दंड संहिता के विभिन्न प्रावधानों के तहत दंडात्मक कार्यवाही को आमंत्रित करेगा।
- भारत में, विवाह संबंधी कोई कानून नहीं है क्योंकि विवाह परिवार के व्यक्तिगत कानून के अनुसार होता है।
- इसलिए, ऐसी चीजों को संहिताबद्ध नहीं किया जा सकता था और इस तरह के मुद्दे पर समान नागरिक संहिता लागू करना व्यक्ति की अपनी निजी आस्था के साथ न्याय नहीं होगा।
- किंतु इस तरह के व्यक्तिगत कानून के बहाने किए गए गलत कामों को अवश्य दंडित किया जा सकता है, जैसा कि इस मामले में सर्वोच्च न्यायालय ने पहली पत्नी के साथ विवाह में रहते हुए इसलाम में धर्म परिवर्तन करके किसी अन्य से शादी करना अवैध बना दिया है।

टिप्पणी: किसी को धोखे से एक कानून को दरकिनार करने की अनुमति नहीं दी जा सकती।

आईआर कोएल्हो बनाम तमिलनाडु राज्य, AIR 2007 SC 861

नौवीं अनुसूची में एक अधिनियम की प्रविष्टि उसे न्यायिक समीक्षा से मुक्त नहीं बनाती है।

तथ्यः गुडलुर जनमन संपदा (उन्मूलन और रैयतवाड़ी में रूपांतरण), अधिनियम, 1969, जहाँ तक कि वह तमिलनाडु राज्य में जनमन संपदा में वन भूमि को निहित करता था, बाल्माडीज प्लांटेशंस लिमिटेड और अन्य बनाम तमिलनाडु राज्य के मामले में अदालत द्वारा रद्द कर दिया गया था क्योंकि वह संविधान के अनुच्छेद 31-ए द्वारा संरक्षित कृषि सुधार का उपाय नहीं पाया गया था। पश्चिम बंगाल भूमि जोत राजस्व अधिनियम, 1979 की धारा 2(सी) को कलकत्ता उच्च न्यायालय ने मनमाना बताते हुए खारिज कर दिया था और इसलिए, पश्चिम बंगाल राज्य द्वारा निर्णय के खिलाफ दायर असंवैधानिक एवं विशेष अनुमति याचिका खारिज कर दी गई थी। परिणामतः, संविधान (34वाँ संशोधन) अधिनियम, और संविधान (66वाँ संशोधन) अधिनियम, जनमन अधिनियम और पश्चिम बंगाल भूमि जोत राजस्व, अधिनियम 1979, अपनी संपूर्णता में नौवीं अनुसूची में सम्मिलित किए गए थे। इनका सम्मिलित करना चुनौती की विषय-वस्तु थे।

निर्णयः

- इस मामले में, सुप्रीम कोर्ट की नौ सदस्यीय पीठ ने कहा कि नौवीं अनुसूची की विषय-वस्तुएँ न्यायिक समीक्षा से उन्मुक्त नहीं हैं क्योंकि वह संविधान का अंग हैं।
- इसके अलावा, नौवीं अनुसूची में कुछ भी मौलिक अधिकारों का उल्लंघन रद्द नहीं कर सकता क्योंकि वे संविधान की बुनियादी विशेषताओं का गठन करती हैं।
- संविधान के अनुच्छेद 31बी के पीछे का उद्देश्य कठिनाइयों को दूर करना है न कि न्यायिक समीक्षा को खत्म करना।
- इसलिए नौवीं अनुसूची में संशोधन सहित संविधान में हर संशोधन को बुनियादी संरचना सिद्धांत के अनुसार होना चाहिए।

टिप्पणीः सर्वोच्च न्यायालय को विधान मंडल के जमीन सम्बन्धी ज्ञान की लोकहित में सराहना करनी चाहिए क्योंकि वे जमीनी हकीकत के करीब हैं।

81

दिल्ली, एनसीटी सरकार बनाम भारत संघ, (2018) 8 SCC 501

उप-राज्यपाल स्वतंत्र रूप से उन मामलों पर कार्य नहीं कर सकते जो उन्हें विशेष रूप से नहीं सौंपे गए हैं।

तथ्य:

- अप्रैल 2015 में, नजीब जंग ने, जो उस समय दिल्ली के उप-राज्यपाल थे, बयान दिया कि उन्हें किसी भी कानून के तहत मुख्यमंत्री कार्यालय को पुलिस, भूमि और लोक व्यवस्था के बारे में जानकारी भेजने की आवश्यकता नहीं है। गृह मंत्रालय ने भी उप-राज्यपाल का समर्थन करते हुए कहा कि ये तीन प्रविष्टियाँ विशेष रूप से उप-राज्यपाल के दायरे में आती हैं और इसलिए सहायता और सलाह सिद्धांत के अंतर्गत नहीं आती हैं। ऐसे कई उदाहरण थे जिनके कारण सर्वोच्च न्यायालय में अपील दायर की गई।
- गृह मंत्रालय ने कहा कि दिल्ली के राज्य एसीबी के पास उपरोक्त मामलों पर केंद्र सरकार के कर्मचारियों की जाँच करने का अधिकार नहीं है।
- उप-राज्यपाल ने कृषि भूमि पर सर्किल रेट बढ़ाने के दिल्ली सरकार के निर्णय पर रोक लगा दी।
- दिल्ली सरकार ने सीएनजी फिटनेस घोटाले आरोप के मामले की जाँच के लिए एक आयोग का गठन किया और गृह मंत्रालय ने उसे यह कहकर पलट दिया कि सरकार के पास आयोग गठित करने का अधिकार नहीं है, और इसलिए उसे अमान्य घोषित कर दिया।
- दिल्ली सरकार ने दिल्ली और जिला क्रिकेट संघ के एक घोटाले की जाँच के लिए फिर से एक आयोग का गठन किया। गृह मंत्रालय ने वही कारण बताते हुए उसे भी अमान्य घोषित कर दिया।
- इन सभी निरंतर घटनाओं के कारण उप-राज्यपाल और मुख्यमंत्री के बीच विरोधाभास उत्पन्न हो गया।

निर्णय:

- सर्वोच्च न्यायालय ने निर्णय सुनाया कि भारतीय संविधान के अनुच्छेद 239AA के अनुसार, हालाँकि सरकार को उन्हें अपने निर्णयों से सूचित रखना था, फिर भी दिल्ली के उप-राज्यपाल के पास निर्णय लेने का कोई स्वतंत्र अधिकार नहीं था और जिन मामलों पर दिल्ली विधान सभा कानून बना सकती थी, उनके संबंध में उप-राज्यपाल को दिल्ली सरकार के मुख्यमंत्री के नेतृत्व वाली मंत्रिपरिषद् की सहायता और सलाह का पालन करना पड़ता था, जैसे राज्य सूची के सभी विषय (ऐसे विषय जिन पर केवल राज्य विधानसभाएँ ही कानून बना सकती हैं) और समवर्ती सूची के विषय (वे विषय जिन पर भारत की संसद और राज्य विधान मंडल दोनों कानून बना सकते हैं), पुलिस, कानून व्यवस्था और भूमि को छोड़कर।
- अदालत ने कहा कि उनके पास भेजे गए मामलों पर उप-राज्यपाल राष्ट्रपति के आदेशों का पालन करने के लिए बाध्य है। सहायता एवं सलाह का सिद्धांत केवल वहीं लागू होता है जहाँ विधान मंडल के पास कानून बनाने का अधिकार होता है, न कि उन मामलों में जिन पर उप-राज्यपाल के पास विशेष अधिकार होता है या वे अपने विवेक का प्रयोग करते हैं। प्रतिनिधि सरकार पर केंद्रित उनकी राय के अनुसार सरकार का एक कार्यकारी प्रमुख होना चाहिए। यह माना गया कि उप-राज्यपाल का स्वतंत्र रूप से कार्य करने का अधिकार प्रतिनिधि सरकार के प्रावधान का उल्लंघन करता है।

टिप्पणी: विधान सभा वाले संघ शासित प्रदेशों में, उप-राज्यपाल को मुख्यमंत्री की सहायता और सलाह को उचित सम्मान देना चाहिए।

82

विनीता शर्मा बनाम राकेश शर्मा, 2018 की सिविल अपील संख्या 32601

बेटियों के पास समान सहदायिक अधिकार होंगे।

तथ्य:

- 1956 के हिंदू उत्तराधिकार अधिनियम ने धारा 6 के तहत हिंदू सहदायिकी (कोपार्टनर) के पुरुष सहदायिकों के विशेष अधिकार को सहदायिक संपत्ति पर जन्म से उत्तराधिकार के रूप में मान्यता दी और सहदायिकों के बीच उत्तराधिकार के लिए नियम निर्धारित किए। यद्यपि, जहाँ तक एक सहदायिक अर्थात समाधिकारी की पुत्री की बात थी, यह लिंग के मामले में भेदभावपूर्ण था और समानता के संवैधानिक अधिकार का निषेध भी था।
- संशोधन के बाद मुद्दा यह था कि यदि संशोधन के लागू होने की तारीख, यानी 9 सितंबर, 2005 को पिता जीवित नहीं था, तब भी क्या पुत्री के अधिकार मौजूद होंगे ? लोगों को इस प्रावधान की प्रकृति के बारे में, कि क्या यह प्रभावी था या पूर्वव्यापी, बहुत संदेह था।

निर्णय:

- बाधित और अबाधित विरासत की व्याख्या करते हुए, माननीय सर्वोच्च न्यायालय ने कहा कि अबाधित विरासत जन्म से होती है, जबकि बाधित विरासत मालिक की मृत्यु के बाद मिलती है। माननीय सर्वोच्च न्यायालय ने आगे कहा कि धारा 6 के अंतर्गत, अधिकार जन्म से दिया गया है, जो उसे एक अबाधित विरासत बनाता है, और इसलिए बेटी को सहदायिक अर्थात समाधिकारी संपत्ति में अधिकार प्राप्त हो, इसके लिए सहदायिक पिता का 9 सितंबर, 2005 को जीवित होना आवश्यक है।
- न्यायालय ने यह भी कहा कि अबाधित विरासत के असंहिताबद्ध हिंदू कानून की अवधारणा को धारा 6(1)(ए) और 6(1)(बी) के प्रावधानों के अंतर्गत एक ठोस आकार दिया गया है, और यह कि सहदायिकी अधिकार जन्म से मिलता है और इसलिए, यह बिल्कुल भी आवश्यक नहीं है कि बेटी का पिता

संशोधन की तिथि के अनुसार जीवित हो, क्योंकि उसे बाधित विरासत द्वारा सहदायिक के अधिकार प्रदान नहीं किए गए थे। इस प्रकार, जहाँ तक इस पहलू का संबंध है, माननीय सर्वोच्च न्यायालय ने फूलवती मामले में निर्णय को एक अच्छा निर्णय नहीं माना।

- संशोधित धारा 6 की प्रयोज्यता के पूर्वव्यापी या संभावित होने के संबंध में, माननीय सर्वोच्च न्यायालय ने माना कि संशोधित धारा 6 प्रकृति में पूर्वव्यापी है।

टिप्पणी: इस निर्णय ने बेटियों की सामाजिक स्थिति में सुधार किया है। इसका हिंदू संयुक्त परिवार प्रणाली पर बड़ा प्रभाव पड़ा है।

83

स्वप्निल त्रिपाठी बनाम भारत का उच्चतम न्यायालय, 2018 (11) SCC 475

सर्वोच्च न्यायालय में असाधारण मामलों के सीधे प्रसारण की अनुमति है।

तथ्य: याचिकाकर्ताओं ने एक घोषणा की माँग की है कि सर्वोच्च न्यायालय की संवैधानिक और राष्ट्रीय महत्त्व की कार्यवाहियों का, जिनका अधिकांश जनता पर या बड़ी संख्या में लोगों पर प्रभाव पड़ता है, इस तरह से सीधा प्रसारण किया जाना चाहिए जो सार्वजनिक रूप से देखे जाने के लिए आसानी से सुलभ हो। इसके अलावा, उन असाधारण मामलों के निर्धारण को सक्षम करने के लिए जो सीधे प्रसारण के लिए अर्हता प्राप्त हैं, और उन दिशा-निर्देशों को इस अदालत के पूर्ण न्यायालय के समक्ष रखने के लिए निर्देश देने की माँग भी की गई है।

निर्णय:

- अदालतों के सामने लाए गए सभी मामले, चाहे वे दीवानी, फौजदारी या अन्य हों, खुली अदालत में सुने जाने चाहिए। न्याय के एक स्वस्थ, वस्तुनिष्ठ और निष्पक्ष प्रशासन के लिए, आवश्यकता खुली अदालत में सार्वजनिक मुकदमे की है। सार्वजनिक जाँच और दृष्टि के अधीन आयोजित मुकदमा स्वाभाविक रूप से न्यायिक सनक या अनियमितता के विरुद्ध एक जाँच के रूप में कार्य करता है और न्याय के प्रशासन के औचित्य, वस्तुनिष्ठता और निष्पक्षता में जनता का विश्वास पैदा करने के लिए एक शक्तिशाली साधन के रूप में कार्य करता है। न्याय ऐसे स्थान पर पाया जाता है जहाँ पर्याप्त प्रचार-प्रसार हो। यह अनुचितता के विरुद्ध एक संरक्षक के रूप में कार्य करता है।
- हमारी कानूनी प्रणाली खुले न्याय के सिद्धांत को स्वीकार करती है।
- खुला न्याय आम कानून व्यवस्था का एक लंबे समय से स्थापित सिद्धांत है। यह एक उदार लोकतंत्र में 'देश के संविधान और न्याय के प्रशासन के एक ठोस और बहुत पवित्र भाग' के रूप में एक उच्च आसन पर स्थित है। यह न्यायिक व्यवहार के साथ-साथ प्रतिवादी पक्षों और उनके गवाहों के आचरण पर एक संपूर्ण जाँच के रूप में कार्य करता है।

- किंतु यदि अत्यधिक प्रचार ही अन्याय के एक साधन के रूप में काम करता है, तो अदालत बंद दरवाजों के पीछे सुनवाई कर सकती है और अपनी कार्यवाही की रिपोर्ट के प्रकाशन पर रोक लगा सकती है।
- जानकारी होने और प्राप्त करने का अधिकार संविधान के अनुच्छेद 19(1)(ए) का एक पहलू है और इस कारण से जनता ऐसी अदालती कार्यवाही देखने की हकदार है जिसमें अधिकांश जनता या जनता के एक वर्ग को प्रभावित करने वाले मुद्दे शामिल हैं। राज्य कानून में किसी बदलाव सहित, कानून और तत्संबंधी विकास के बारे में जागरूकता फैलाने के लिए बाध्य है, जो इस अदालत के समक्ष मामलों के न्यायनिर्णय की प्रक्रिया में हो सकता है।

टिप्पणी: संवैधानिक और राष्ट्रीय महत्त्व के मामलों की अदालती कार्यवाही के सीधे प्रसारण की अनुमति यह दर्शाती है कि सर्वोच्च न्यायालय वही करता है जिसकी वह दूसरों से अपेक्षा करता है।

84

पीपुल्स यूनियन फॉर सिविल लिबर्टीज बनाम भारत संघ और अन्य, (2013) 10 SCC 1

ईवीएम में नोटा (NOTA - इनमें से कोई नहीं) दिया जा सकता है।

तथ्य: भारत के संविधान के अनुच्छेद 32 के तहत वर्तमान याचिका याचिकाकर्ताओं द्वारा चुनाव संचालन नियम, 1961 (संक्षेप में 'नियम') के नियम 41(2) और (3) और 49-ओ की संवैधानिक वैधता को चुनौती देते हुए दायर की गई, कि ये प्रावधान मतदान की गोपनीयता का उल्लंघन करते हैं जो स्वतंत्र और निष्पक्ष चुनाव के लिए बुनियादी हैं और जिन्हें जनप्रतिनिधित्व अधिनियम (संक्षेप में 'आरपी अधिनियम') की धारा 128 और नियम 39 और 49-एम के अनुसार बनाए रखने की आवश्यकता है।

निर्णय: भारत के सर्वोच्च न्यायालय के निर्णय में कहा गया है, **"हम चुनाव आयोग को मतपत्रों/ईवीएम में आवश्यक प्रावधान करने का और 'उपरोक्त में से कोई नहीं' (नोटा) नामक एक अन्य बटन के प्रावधान का निर्देश देते हैं जो ईवीएम में प्रदान किया जा सकता है ताकि वे मतदाता, जो मतदान केंद्र पर आते हैं और चुनावी मैदान में किसी भी उम्मीदवार को वोट न देने का निर्णय लेते हैं, अपने गोपनीयता के अधिकार को बनाए रखते हुए वोट न देने के अपने अधिकार का प्रयोग कर सकें।"** सर्वोच्च न्यायालय ने यह भी कहा कि यह आवश्यक है कि देश के उचित शासन के लिए उच्च आदर्शों और नैतिक मूल्यों से संपन्न लोगों को जनप्रतिनिधियों के रूप में चुना जाए और नोटा बटन राजनीतिक दलों को एक अच्छे उम्मीदवार को नामित करने के लिए मजबूर कर सकता है।

टिप्पणी: यह भारत में चुनावों को स्वच्छ करने के लिए सर्वोच्च न्यायालय के दिए निर्देशों में से एक है।

85

वोडाफोन इंटरनेशनल होल्डिंग्स बनाम भारत संघ, (2012) 6 SCC 613

घोषित नीति से कॉर्पोरेट्स की सद्‌भावपूर्ण अपेक्षाओं का सरकार द्वारा सम्मान किया जाना चाहिए।

तथ्य: वोडाफोन इंटरनेशनल होल्डिंग (वीआईएच) और हचिसन टेलीकम्युनिकेशन इंटरनेशनल लिमिटेड या एचटीआईएल दो अनिवासी कंपनियाँ हैं। इन कंपनियों के बीच लेन-देन हुआ जिसके द्वारा एचटीआईएल ने केमैन द्वीप स्थित अपनी सहायक कंपनी यानी सीजीपी इंटरनेशनल या सीजीपी की शेयर पूँजी वीआईएच को हस्तांतरित कर दी। इस लेन-देन के आधार पर वीआईएच ने हचिंसन एस्सार लिमिटेड या एचईएल में, जो कि एक भारतीय संयुक्त उद्यम कंपनी थी (हचिसन और एस्सार के बीच), 67 प्रतिशत का नियंत्रण अधिकार प्राप्त कर लिया क्योंकि उपरोक्त सौदे से पहले ही सीजीपी 67 प्रतिशत ब्याज धारण कर रहा था। भारतीय राजस्व अधिकारियों ने वीआईएच को 'कारण बताओ' नोटिस जारी किया कि क्यों उसे "डिफॉल्ट रूप से निर्धारिती" नहीं माना जाए, और इस प्रकार उससे स्पष्टीकरण माँगा गया कि इस लेनदेन के बिक्री प्रतिफल पर कर क्यों नहीं काटा गया। इसके माध्यम से भारतीय राजस्व प्राधिकरणों ने सीजीपी की शेयर पूँजी की बिक्री से उत्पन्न हुए पूँजीगत लाभ पर इस आधार पर कर लगाने की माँग की कि सीजीपी के पास भारतीय परिसंपत्तियाँ थीं। वीआईएच ने भारतीय राजस्व प्राधिकरण के अधिकार क्षेत्र को चुनौती देते हुए उच्च न्यायालय में एक याचिका दायर की। इस याचिका को उच्च न्यायालय द्वारा खारिज कर दिया गया और तब वीआईएच ने सर्वोच्च न्यायालय में अपील की जिसने मामले को राजस्व अधिकारियों के पास यह तय करने के लिए भेजा कि क्या मामले पर राजस्व का क्षेत्राधिकार था। राजस्व अधिकारियों ने निर्णय किया कि इस मामले पर उनका क्षेत्राधिकार था और फिर मामला उच्च न्यायालय में गया और वहाँ भी राजस्व प्राधिकरण के पक्ष में तय किया गया और फिर अंत में सर्वोच्च न्यायालय में विशेष अनुमति याचिका दायर की गई।

निर्णय:

शीर्ष अदालत ने **वोडाफोन इंटरनेशनल होल्डिंग बनाम भारत संघ** के मामले में एक ऐतिहासिक निर्णय सुनाया और कर लगाने के संबंध में अनिश्चितता को दूर किया। इस निर्णय के माध्यम से शीर्ष अदालत ने निम्नलिखित सिद्धांतों को मान्यता दी:

- टैक्स प्लानिंग के सिद्धांत
- व्यावसायिक संस्थाएँ या व्यक्ति अपने व्यवसाय के मामलों की व्यवस्था कर सकते हैं जो किसी वैधानिक शर्त के अभाव में उनकी कर देनदारी को निषेध करती है।
- बहुराष्ट्रीय कंपनियाँ अक्सर कॉर्पोरेट संरचनाएँ स्थापित करती हैं और इन सभी संरचनाओं को केवल व्यावसायिक और व्यावसायिक उद्देश्यों के लिए स्थापित किया जाना चाहिए।
- यदि तथ्यों और परिस्थितियों से पता चलता है कि लेनदेन या कॉर्पोरेट संरचना नकली है और कर चोरी का इरादा रखती है, तो कॉर्पोरेट आवरण हटाया जा सकता है।
- लेन-देन को समग्र तरीके से देखा जाना चाहिए, न कि विच्छेदन के तरीके से और कर तटस्थ/निवेशक मित्र देशों में कॉर्पोरेट संरचनाओं की उपस्थिति से यह निष्कर्ष नहीं निकलना चाहिए कि ये करों से बचने के लिए हैं।

टिप्पणी: बहुराष्ट्रीय कंपनियों पर टैक्स लगाते समय देश में भावी निवेश को ध्यान में रखना चाहिए। यद्यपि, करों से बचने के इरादे से कॉर्पोरेट संरचना द्वारा नकली लेनदेन पर विधिवत् कार्यवाही होनी चाहिए।

विविध मामले संक्षेप में

1. **नर्मदा बचाओ आंदोलन मामला:** पुनर्वास एवं पुनर्स्थापन पर यह मामला नर्मदा बचाओ आंदोलन बनाम भारत संघ, AIR 2000 SC 3751 में रिपोर्ट दर्ज किया गया था।
2. **मुसलिम महिला का तलाक:** तलाकशुदा मुसलिम महिला रिपोर्ट संरक्षण अधिनियम लागू होने के बाद भी मुसलिम महिलाएँ सीआरपीसी की धारा 125 के तहत तलाक की तारीख से लेकर अपने पुनर्विवाह तक गुजारा भत्ते की हकदार हैं।

   शबाना बानो बनाम इमरान खान AIR 2010 SC 305
3. **वैधानिक निकाय द्वारा लापरवाही:** यह माना गया कि वैधानिक शक्ति का प्रयोग करने वाला एक लोक प्राधिकरण भी लापरवाह कार्यों के लिए उत्तरदायित्व से मुक्त नहीं है।

   दिल्ली नगर निगम बनाम उपहार त्रासदी पीड़ित संघ व अन्य (2011) 14 SCC 481
4. **संपत्ति का अधिकार:** संपत्ति का अधिकार संविधान का मूल तत्त्व नहीं है किंतु एक मानव अधिकार है।

   तुकाराम काना जोशी बनाम एमआईडीसी, AIR 2013 SC 565
5. **भूमि अधिग्रहण:** एक समान आदेश से भूमि का अधिग्रहण उचित नहीं है।

   उषा स्टड एंड एग्रीकल्चर फार्म्स प्रा.लि. बनाम हरियाणा राज्य, AIR 2013 SC 1282
6. **अवैध परितोषण:** अवैध परितोषण या रिश्वत के आरोप के खिलाफ स्थापित बचाव को संदेह से परे सिद्ध करने की आवश्यकता नहीं है। यह पर्याप्त है, यदि दिखाया गया है कि यह एक प्रबल संभावना है।

   पंजाबराव बनाम महाराष्ट्र राज्य, AIR 2002 SC 486
7. **लोक सेवक का दायित्व:** लोक सेवक जहाँ लोक सेवक के रूप में अपने कार्यों के निर्वहन में दुर्भावनापूर्ण कार्य करता है, यह वर्तमान सामाजिक-आर्थिक स्थिति में उच्च समय है कि लोक सेवक को नुकसान के लिए उत्तरदायी बनाया जाए। कॉमन कॉज बनाम भारत संघ, 1996(6)SCC 593

भाग X: विविध विषय

1. **भारत में न्यायाधिकरण (ट्रिब्यूनल):** संवैधानिक प्रावधान: न्यायाधिकरणों (ट्रिब्यूनल्स) को संविधान में संविधान (बयालीसवाँ संशोधन) अधिनियम, 1976 द्वारा भाग XIV-ए के रूप में जोड़ा गया था, जिसमें केवल दो अनुच्छेद हैं, 323-ए और 323-बी। जबकि अनुच्छेद 323-ए प्रशासनिक न्यायाधिकरणों से संबंधित है; अनुच्छेद 323-बी अन्य मामलों के लिए न्यायाधिकरणों से संबंधित है। सामान्य अर्थ में, 'ट्रिब्यूनल' या 'न्यायाधिकरण' सामान्य क्षेत्राधिकार की अदालतें नहीं हैं, बल्कि उनके पास बहुत विशिष्ट और पूर्वनिर्धारित कार्य क्षेत्र है।
2. **न्यायिक समीक्षा:** न्यायिक समीक्षा एक प्रकार की अदालती कार्यवाही है जिसमें एक न्यायाधीश एक लोक संस्था द्वारा बनाए गए कानून, निर्णय या कार्यवाही की वैधता की समीक्षा करता है। न्यायिक समीक्षा एक ऐसी प्रक्रिया है जिसके अंतर्गत कार्यकारी या विधायी कार्रवाइयाँ न्यायपालिका द्वारा समीक्षा के अधीन होती हैं।
3. **धन विधेयक और वित्त विधेयक के बीच अंतर:** एक धन विधेयक और वित्त विधेयक के बीच मूलभूत अंतर यह है कि एक धन विधेयक केवल संसद के निचले सदन, अर्थात् केवल लोक सभा में पेश किया जा सकता है जबकि वित्त विधेयक किसी भी एक सदन में पेश किया जा सकता है। यद्यपि धन विधेयक एक प्रकार का वित्त विधेयक ही है, और अधिकांश लोग इसका विनिमेय रूप से प्रयोग करते हैं, किंतु वे अपनी विषयवस्तु के संदर्भ में भिन्न हैं।

4. **धन विधेयक की परिभाषा:** धन विधेयक, जैसा कि नाम से पता चलता है, केवल अनुच्छेद 110(1) में निर्धारित सभी या किसी एक मामले से निपटने वाले प्रावधानों से संबंधित बिल हैं। इसमें कर लगाने, निरस्त करने और करों के नियमन, सरकारी उधारी के नियमन, समेकित या आकस्मिकता निधि की सुरक्षा और ऐसी किसी भी निधि से धन के अंतर्वाह या बहिर्वाह, भारत की संचित निधि से धन के विनियोग, और इसी तरह के अन्य मामलों को शामिल किया गया है। भारत के राष्ट्रपति की सहमति प्राप्त करने के बाद, विधेयक लोगों की सभा यानी लोक सभा में पेश किया जाता है, जिसे अध्यक्ष द्वारा धन विधेयक के रूप में प्रमाणित किया जाता है और फिर संशोधनों की सिफारिश के लिए राज्य सभा को पारित किया जाता है। इसके अलावा, राज्य सभा विधेयक को अधिकतम 14 दिनों तक रख सकती है, अन्यथा इसे दोनों सदनों द्वारा पारित माना जाता है। लोक सभा के पास राज्य सभा द्वारा दिए गए सुझावों को स्वीकार या अस्वीकार करने का अधिकार है।

5. **वित्त विधेयक की परिभाषा:** सरकार द्वारा पेश किए गए प्रस्तावों को आरंभ करने के लिए, आगामी वर्ष के लिए केंद्रीय बजट की घोषणा के ठीक बाद प्रति वर्ष लोक सभा में प्रस्तावित एक विधेयक को वित्त विधेयक के नाम से जाना जाता है। यह ऐसे किसी भी विधेयक को संदर्भित करता है जिसमें देश के राजस्व और व्यय से संबंधित मामले होते हैं। यह नए कर लागू करने पर विचार करता है, और मौजूदा कर ढाँचे में परिवर्तन करने या पुराने को संसद द्वारा स्वीकृत अवधि से परे जारी रखने के मामले को भी वित्त विधेयक के माध्यम से प्रस्तुत किया जाता है। इसमें शामिल प्रावधानों के स्पष्टीकरण वाला एक ज्ञापन विधेयक के साथ संलग्न होता है। विधेयक को उसके पेश होने के 75 दिनों के भीतर संसद द्वारा अधिनियमित किया जाना चाहिए। वित्त विधेयक को दो श्रेणियों में वर्गीकृत किया गया है, जिनका वर्णन इस प्रकार है–

   श्रेणी ए: इस विधेयक में भारत के संविधान के अनुच्छेद 110(1) के प्रावधान शामिल हैं। इसकी उत्पत्ति देश के राष्ट्रपति की सहमति के बाद केवल लोक सभा में हो सकती है।

   श्रेणी बी: इसमें भारत की संचित निधि से हुए व्यय से संबंधित खंड शामिल हैं। इस तरह के विधेयक दोनों में से किसी भी एक सदन में पेश किए जा सकते हैं। विधेयकों पर विचार के लिए राष्ट्रपति की पूर्व स्वीकृति आवश्यक है।

6. **संविधान का अनुच्छेद 21 और सर्वोच्च न्यायालय द्वारा जोड़े गए विभिन्न आयाम:**

   1. ए.के. गोपालन बनाम मद्रास राज्य: कानून द्वारा स्थापित प्रक्रिया

2. निष्पक्ष प्रक्रिया का अधिकार- मेनका गाँधी बनाम भारत संघ
3. कानूनी सहायता का अधिकार- हुसैनआरा बनाम गृह सचिव, बिहार
4. सार्वजनिक सुनवाई का अधिकार- विनीत नारायण बनाम भारत संघ
5. विदेश जाने का अधिकार- सतवंत सिंह साहनी बनाम सहायक पासपोर्ट अधिकारी, नई दिल्ली, मेनका गाँधी बनाम भारत संघ
6. निजता का अधिकार-खड़क सिंह बनाम यूपी राज्य
7. एकांत कारावास के विरुद्ध अधिकार - सुनील बत्रा बनाम दिल्ली प्रशासन
8. हथकड़ी लगाने के खिलाफ अधिकार - प्रेमशंकर बनाम दिल्ली प्रशासन
9. चिकित्सीय देखभाल का अधिकार- परमानंद कटारा बनाम भारत संघ
10. स्वास्थ्य का अधिकार- उपभोक्ता शिक्षा एवं अनुसंधान केंद्र बनाम भारत संघ
11. सामाजिक सुरक्षा और परिवार के संरक्षण का अधिकार - एल.आई. सी. ऑफ इंडिया बनाम कंज्यूमर एजुकेशन एंड रिसर्च सेंटर
12. आश्रय का अधिकार- चमेली सिंह बनाम यू.पी. राज्य
13. आजीविका का अधिकार- डी.टी.सी. बनाम डी.टी.सी. मजदूर कांग्रेस
14. प्रतिष्ठा का अधिकार- डी.एफ. मैरियन बनाम मिन्नी डेविस
15. कार्यस्थल पर यौन उत्पीड़न के खिलाफ अधिकार - विशाखा बनाम राजस्थान राज्य
16. मानव गरिमा के साथ जीने का अधिकार- मेनका गाँधी बनाम भारत संघ, फ्रांसिस कोरली बनाम केंद्र शासित प्रदेश दिल्ली
17. बार बेड़ियों के खिलाफ अधिकार-सुनील बत्रा बनाम दिल्ली प्रशासन
18. पुस्तक लिखने का अधिकार- महाराष्ट्र राज्य बनाम प्रभाकर पांडुरंग
19. विलंबित निष्पादन के विरुद्ध अधिकार- शेर सिंह बनाम पंजाब राज्य
20. सार्वजनिक फाँसी के खिलाफ अधिकार- भारत के अटॉर्नी जनरल बनाम लछमा देवी
21. फाँसी से मौत अनुच्छेद 21 का उल्लंघन नहीं - दीना बनाम भारत संघ
22. जमानत का अधिकार- बाबू सिंह बनाम उत्तर प्रदेश राज्य
23. निष्पक्ष सुनवाई का अधिकार- जाहिरा हबीबुल्लाह शेख बनाम गुजरात राज्य
24. त्वरित सुनवाई का अधिकार- हुसैनआरा खातून बनाम गृह सचिव, बिहार राज्य

25. निःशुल्क कानूनी सहायता का अधिकार और अपील का अधिकार- एम.एच. होसकोट बनाम महाराष्ट्र राज्य
26. अवैध हिरासत के विरुद्ध अधिकार- जोगिंदर कुमार बनाम उत्तर प्रदेश राज्य
27. भयानक रोगों का खुलासा, एड्स, एचआईवी पर-श्रीमान एक्स बनाम हॉस्पिटल जेड
28. टेलीफोन टैपिंग- पीयूसीएल बनाम भारत संघ
29. ध्वनि प्रदूषण के विरुद्ध अधिकार- संदर्भः ध्वनि प्रदूषण पर
30. मुरली एस. देवड़ा बनाम भारत संघ- सार्वजनिक स्थल पर धूम्रपान
31. प्रदूषण मुक्त जल और वायु प्राप्त करने का अधिकार- सुभाष कुमार बनाम बिहार राज्य
32. इच्छामृत्यु और जीवन का अधिकार - ज्ञान कौर बनाम पंजाब राज्य
33. काम का अधिकार- ओल्गा टेलिस बनाम बीएमसी
34. विवाह का अधिकार- मंगयाकरसी बनाम एम. युवराज
35. भोजन का अधिकार- पीयूसीएल बनाम भारत संघ
36. कानूनी सहायता का अधिकार- शीला बरसे बनाम भारत संघ
37. शिक्षा का अधिकार- मोहिनी जैन बनाम कर्नाटक राज्य
38. स्वच्छ पर्यावरण का अधिकार- एम.सी. मेहता बनाम कमटिक्स भारत संघ
39. आश्रय का अधिकार-चमेली बनाम राज्य
40. मुआवजा प्राप्त करने का अधिकार- रुदल शाह बनाम बिहार राज्य

7. **104वाँ संविधान संशोधन अधिनियमः** अनुसूचित जाति, अनुसूचित जनजाति और एंग्लो-इंडियन समुदाय को पिछले 70 वर्षों से दिया जा रहा आरक्षण 25 जनवरी, 2020 को समाप्त होना था। 104वाँ संविधान संशोधन अधिनियम इसे 10 वर्ष के लिए बढ़ा देता है।

लोक सभा और विधान सभाओं में अनुसूचित जाति और अनुसूचित जनजाति के लिए आरक्षण।

आरक्षण को अनुच्छेद 334 में शामिल किया गया है और इसलिए विधेयक अनुच्छेद में संशोधन करना चाहता है। अनुच्छेद 334 निर्धारित करता है कि सीटों के आरक्षण और एंग्लो-इंडियन, अनुसूचित जातियों और अनुसूचित जनजातियों के विशेष प्रतिनिधित्व के प्रावधान 40 वर्ष बाद समाप्त हो जाएँगे। यह खंड 1949 में शामिल किया गया था। 40 वर्ष बाद इसे 10 वर्ष के विस्तार के साथ संशोधित किया जा रहा है। अधिनियम के प्रावधानों के

अनुसार, लोक सभा और राज्य विधान सभाओं में एंग्लो-इंडियन समुदाय के लिए समान आरक्षण नहीं बढ़ाया जा रहा है। कानून मंत्री के अनुसार, भारत में एंग्लो इंडियन समुदाय के केवल 296 सदस्य हैं।

8. **भारतीय नागरिकता अधिनियम 1955 की धारा 6ए:** धारा 6ए को 1985 के असम समझौते के बाद 1986 में नागरिकता अधिनियम में संशोधन के रूप में शामिल किया गया था। संशोधन ने बांग्लादेश के सभी प्रवासियों को, जो 25 मार्च, 1971 से पहले असम आए थे, नागरिकता प्रदान कर दी। इस तिथि के बाद प्रवेश करनेवालों को अपना पंजीकरण कराने की आवश्यकता थी। इस प्रकार, धारा 6ए केवल असम के प्रवासियों से संबंधित है।

भारत में प्रासंगिक नागरिकता प्रावधान

संविधान का भाग II जिसमें अनुच्छेद 5 से 11 और भारतीय नागरिकता अधिनियम 1955 शामिल हैं, व्यापक रूप से भारत में नागरिकता से संबंधित प्रावधानों पर चर्चा करता है।

संविधान का अनुच्छेद 6 उन लोगों की नागरिकता पर चर्चा करता है जो 19 जुलाई, 1948 से पहले उस क्षेत्र से जो पाकिस्तान का हिस्सा बन गया था, भारत के किसी हिस्से में चले गए थे।

भारतीय नागरिकता अधिनियम 1955 निम्नलिखित तरीके प्रदान करता है जिनसे कोई व्यक्ति भारत का नागरिक बन सकता है-

- जन्म द्वारा नागरिकता
- वंश द्वारा नागरिकता
- पंजीकरण द्वारा नागरिकता
- प्राकृतिककरण द्वारा नागरिकता (धारा 6)

  धारा 6ए को 1985 के असम समझौते के बाद नागरिकता अधिनियम में संशोधन के रूप में शामिल किया गया था।

9. **नागरिकता संशोधन अधिनियम:** यह अधिनियम 31 दिसंबर 2014 को या उससे पहले भारत में प्रवेश करने वाले अफगानिस्तान, बांग्लादेश और पाकिस्तान के हिंदू, सिख, बौद्ध, जैन, पारसी और ईसाई अवैध प्रवासियों को भारतीय नागरिकता का पात्र बनाता है।

   अधिनियम उपरोक्त छह धर्मों और तीन देशों से संबंधित व्यक्तियों के लिए प्राकृतिककरण द्वारा नागरिकता के लिए 11 वर्ष की आवश्यकता को घटा कर पाँच वर्ष करता है।

अधिनियम के ये प्रावधान संविधान की छठी अनुसूची में शामिल असम, मेघालय, मिजोरम और त्रिपुरा के आदिवासी क्षेत्रों, और साथ ही इनर लाइन परमिट के माध्यम से विनियमित क्षेत्रों पर लागू नहीं होंगे।

अधिनियम में प्रावधान है कि भारत के विदेशी नागरिक (OCI) कार्डधारकों का पंजीकरण रद्द किया जा सकता है, यदि वे केंद्र सरकार द्वारा अधिसूचित किसी भी कानून का उल्लंघन करते हैं।

केंद्रीय मंत्रिमंडल ने 4 दिसंबर 2019 को विधेयक को मंजूरी दे दी। इसे क्रमशः 10 और 11 दिसंबर, 2019 को लोक सभा और राज्यसभा द्वारा भी पारित कर दिया गया।

10. नागरिकता अधिनियम 1995 क्या है ?

भारतीय संविधान के अनुच्छेद 9 के अंतर्गत, एक व्यक्ति जो स्वेच्छा से किसी अन्य देश की नागरिकता प्राप्त करता है, अब भारतीय नागरिक नहीं है।

वंश द्वारा नागरिकता: 26 जनवरी, 1950 को या उसके बाद, किंतु 10 दिसंबर, 1992 से पहले, भारत के बाहर पैदा हुए व्यक्ति वंश द्वारा भारत के नागरिक हैं यदि उनके जन्म के समय उनके पिता भारत के नागरिक थे।

3 दिसंबर, 2004 के बाद से, भारत के बाहर पैदा हुए व्यक्तियों को भारत का नागरिक नहीं माना जाएगा यदि जन्म तिथि के एक वर्ष के भीतर उनका जन्म भारतीय वाणिज्य दूतावास में पंजीकृत नहीं हुआ है।

नागरिकता अधिनियम 1955 की धारा 8 में, यदि कोई वयस्क भारतीय नागरिकता के त्याग की घोषणा करता है, तो वह भारतीय नागरिकता खो देता है।

विदेशियों से निपटने के लिए बनाया गया पहला अधिनियम विदेशी अधिनियम, 1864 था, जो विदेशियों के निष्कासन और उनकी गिरफ्तारी, निकालने के लिए हिरासत में रखने और निकालने के बाद भारत में उनके प्रवेश पर प्रतिबंध लगाने के लिए प्रदान किया गया था।

पासपोर्ट (भारत में प्रवेश) अधिनियम, 1920 ने सरकार को भारत में प्रवेश करने वाले व्यक्तियों के पास पासपोर्ट रखने के लिए नियम बनाने का अधिकार दिया। इस नियम ने सरकार को बिना पासपोर्ट के प्रवेश करने वाले किसी भी व्यक्ति को भारत से निकालने का अधिकार भी प्रदान किया।

विदेशी अधिनियम, 1946 सरकार को भारत में विदेशियों के प्रवेश को विनियमित करने के लिए प्रावधान करने का अधिकार देता है। इसका सबसे महत्त्वपूर्ण प्रावधान यह है कि 'सबूत का भार' व्यक्ति के पास होता है, अधिकारियों के पास नहीं। इसे सर्वोच्च न्यायालय की संविधान पीठ ने बरकरार रखा है।

विदेशी (न्यायाधिकरण) आदेश, 1964 सभी राज्यों और केंद्र शासित प्रदेशों के जिलाधिकारियों को यह तय करने के लिए न्यायाधिकरण स्थापित करने का अधिकार देता है कि भारत में अवैध रूप से रहने वाला व्यक्ति एक विदेशी है या नहीं।

25 मार्च, 1971 को या उसके बाद भारत में प्रवेश करने वाले अवैध प्रवासियों की पहचान और निर्वासन के लिए अवैध प्रवासी (न्यायाधिकरण द्वारा निर्धारण) अधिनियम, 1983 पेश किया गया था। इसकी असफलता का एक कारण यह था कि इसमें विदेशी अधिनियम, 1946 के समान 'सबूत का भार' पर कोई प्रावधान नहीं था।

2005 में, सर्वोच्च न्यायालय ने न केवल आईएमडीटी (IMDT) अधिनियम को रद्द कर दिया, बल्कि असम में अधिनियम के तहत काम करने वाले सभी न्यायाधिकरणों को भी बंद कर दिया। इसके बाद, उसने आईएमडीटी न्यायाधिकरण में सभी लंबित मामलों को विदेशी (न्यायाधिकरण) आदेश, 1964 के तहत गठित विदेशी न्यायाधिकरणों में स्थानांतरित कर दिया।

11. मौलिक अधिकार

भारतीय संविधान का भाग III सभी नागरिकों को छह मौलिक अधिकारों की गारंटी देता है–

(i) समानता का अधिकार (अनुच्छेद 14–18)
(ii) स्वतंत्रता का अधिकार (अनुच्छेद 19–22)
(iii) शोषण के विरुद्ध अधिकार (अनुच्छेद 23–24)
(iv) धर्म की स्वतंत्रता का अधिकार (अनुच्छेद 25–28)
(v) सांस्कृतिक और शैक्षिक अधिकार (अनुच्छेद 29–30)
(vi) संवैधानिक उपचारों का अधिकार (अनुच्छेद 32)।

मौलिक अधिकारों का उद्देश्य राजनीतिक लोकतंत्र के विचार को बढ़ावा देना है। ये प्रकृति में न्यायसंगत हैं, अर्थात्, ये अपने उल्लंघन के लिए अदालतों द्वारा प्रवर्तनीय हैं। मौलिक अधिकार पूर्ण नहीं हैं और उचित प्रतिबंधों के अधीन हैं। अनुच्छेद 20 और 21 द्वारा गारंटीकृत अधिकारों को छोड़कर उन्हें राष्ट्रीय आपातकाल के प्रभावी रहने के दौरान निलंबित भी किया जा सकता है।

12. लोक सभा का गठन

लोक सभा की ताकत: संविधान का अनुच्छेद 81 लोगों की सभा या लोक सभा की संरचना को परिभाषित करता है।

इसमें कहा गया है कि सदन में 550 से अधिक निर्वाचित सदस्य नहीं होंगे, जिनमें से केंद्र शासित प्रदेशों का प्रतिनिधित्व 20 से अधिक सदस्य नहीं करेंगे।

अनुच्छेद 331 के तहत, राष्ट्रपति दो एंग्लो-इंडियन सदस्यों को नामांकित कर सकते हैं यदि उन्हें लगता है कि सदन में समुदाय का अपर्याप्त प्रतिनिधित्व है।

वर्तमान में, लोक सभा सीटों की संख्या 543 है, जिनमें से 530 राज्यों को और शेष केंद्र शासित प्रदेशों को आवंटित की गई हैं।

लोक सभा की ताकत हमेशा से 543 सीटों की नहीं रही है। मूल रूप से, अनुच्छेद 81 में यह प्रावधान था कि लोक सभा में 500 से अधिक सदस्य नहीं होंगे। 1952 में गठित पहले सदन में 497 सदस्य थे।

एक राज्य को लोक सभा सीटें आवंटित करने का मानदंड: अनुच्छेद 81 यह भी अनिवार्य करता है कि एक राज्य को आवंटित लोक सभा सीटों की संख्या इतनी होगी कि उस संख्या और राज्य की जनसंख्या के बीच का अनुपात, जहाँ तक संभव हो, सभी राज्यों के लिए समान हो। ऐसा सुनिश्चित करने के लिए है कि सभी राज्यों का प्रतिनिधित्व समान हो।

यद्यपि, यह तर्क उन छोटे राज्यों पर लागू नहीं होता, जिनकी आबादी 60 लाख से अधिक नहीं है। इसलिए, प्रत्येक राज्य को कम-से-कम एक सीट आवंटित की जाती है, चाहे इसका अर्थ यह हो कि उसकी जनसंख्या से सीट का अनुपात सीट के लिए अर्हता प्राप्त करने के लिए पर्याप्त नहीं है।

जनसंख्या के लिए जनगणना पर विचार: अनुच्छेद 81 के खंड 3 के अनुसार, सीटों के आवंटन के उद्देश्य से, "जनसंख्या का अर्थ है अंतिम पूर्ववर्ती जनगणना के अनुसार सुनिश्चित की गई जनसंख्या, जिसके प्रासंगिक आँकड़े प्रकाशित हुए हैं।" दूसरे शब्दों में, "अंतिम प्रकाशित जनगणना"।

किंतु, 2003 में इस खंड में एक संशोधन द्वारा, अब जनसंख्या का अर्थ 1971 की जनगणना के अनुसार जनसंख्या है, जब तक कि 2026 के बाद पहली जनगणना नहीं हो जाती। यह इस आधार पर न्यायोचित था कि 2026 तक पूरे देश में एक समान जनसंख्या वृद्धि दर प्राप्त की जाएगी।

13. संविधान की अनुसूचियों को सीखने की युक्ति

'TEARS OF OLD PM'

T = Territory/क्षेत्र (I)

E = Emoluments/परिलब्धियाँ (II)

A = Affirmations and Oaths/प्रतिज्ञान और शपथ (III)

R = Rajya Sabha/ राज्य सभा (IV)

S= Scheduled Areas/अनुसूचित क्षेत्र (V)

O = Other Scheduled Areas/अन्य अनुसूचित क्षेत्र (VI)

F = Federal Provision, 3 lists/संघीय प्रावधान, 3 सूचियाँ (VII)-संघ सूची, राज्य सूची और समवर्ती सूची

O = Official Languages/आधिकारिक भाषाएँ (VIII)

L = Land Reforms/भूमि सुधार (IX)

D = Defection/दल-बदल (X)

P = Panchayats/पंचायत (XI)

M = Municipalities/नगरपालिकाएँ (XII)

14. अनुच्छेद 341

- संविधान का अनुच्छेद 341 अनुसूचित जातियों के सदस्यों को कुछ विशेषाधिकार और रियायतें प्रदान करता है।
- अनुच्छेद 341 के प्रावधान के तहत, संबंधित राज्य सरकार से परामर्श करने के बाद राष्ट्रपति के अधिसूचित आदेश द्वारा राज्यों/संघ शासित प्रदेशों के संबंध में अनुसूचित जातियों की पहली सूची जारी की जाती है।
- किंतु अनुच्छेद 341 के खंड (2) में यह परिकल्पना की गई है कि अनुसूचित जातियों की सूची में बाद के किसी भी समावेश या बहिष्करण को संसद के एक अधिनियम के माध्यम से प्रभावित किया जा सकता है।

15. सीजेआई की नियुक्तिः भारत के संविधान का अनुच्छेद 124 सर्वोच्च न्यायालय (SC) में न्यायाधीशों की नियुक्ति की प्रणाली का प्रावधान करता है। किंतु मुख्य न्यायाधीश की नियुक्ति के लिए संविधान में कोई विशेष प्रावधान नहीं है।

सीजेआई को सर्वोच्च न्यायालय (SC) का सबसे वरिष्ठ न्यायाधीश होना चाहिए। कानून मंत्री को उचित समय पर नए सीजेआई की नियुक्ति के लिए निवर्तमान सीजेआई की सिफारिश लेनी होगी।

सीजेआई का पद धारण करने के लिए वरिष्ठतम न्यायाधीश की योग्यता को लेकर संदेह के विषय में, अनुच्छेद 124 (2) के तहत अन्य न्यायाधीशों के साथ परामर्श करना होगा।

कानून मंत्री को प्रधानमंत्री (पीएम) के सामने सिफारिश रखनी होगी जो नियुक्ति पर राष्ट्रपति को सलाह देंगे।

शीर्ष अदालत में वरिष्ठता आयु से नहीं, बल्कि निम्नलिखित द्वारा निर्धारित की जाती है-

- वह तारीख जिस पर एक न्यायाधीश को सर्वोच्च न्यायालय में नियुक्त किया गया था।
- यदि दो न्यायाधीशों को एक ही दिन सर्वोच्च न्यायालय में प्रोन्नत किया जाता है, तो (1) जिसने न्यायाधीश के रूप में पहले शपथ ली थी, वह दूसरे को हरा देगा; (2) यदि दोनों को एक ही दिन न्यायाधीश के रूप में शपथ दिलाई गई थी, तो जिसने उच्च न्यायालय में अधिक वर्षों तक सेवाएँ दी हैं, उसकी वरिष्ठता के दाँव में 'जीत' होगी; (3) बेंच से नियुक्त व्यक्ति की बार से नियुक्त व्यक्ति से वरिष्ठता में 'जीत' होगी।

कार्यकाल: एक बार नियुक्त होने के बाद, मुख्य न्यायाधीश 65 वर्ष की आयु तक पद पर बने रहते हैं।

भारत के संविधान के अनुच्छेद 124(4) में प्रावधान है कि सीजेआई सहित सर्वोच्च न्यायालय के न्यायाधीश को केवल संसद द्वारा महाभियोग की प्रक्रिया के माध्यम से हटाया जा सकता है।

16. विभिन्न प्रकार के रिट

बंदी प्रत्यक्षीकरण (Habeas Corpus) - अवैध रूप से हिरासत में लिए गए व्यक्ति की रिहाई का निर्देश देना।

परमादेश (Mandamus) - किसी लोक प्राधिकरण को उसका कर्त्तव्य करने के लिए निर्देशित करना।

अधिकार-पृच्छा (Quo Warranto) - एक व्यक्ति को गलत तरीके से ग्रहण किए गए कार्यालय को खाली करने का निर्देश देना।

प्रतिषेध (Prohibition) - निचली अदालत को किसी मामले में सुनवाई करने से रोकना।

उत्प्रेषण लेख (Certiorari) - निचली अदालत से किसी कार्यवाही को हटाने और उसे अपने समक्ष लाने का ऊपरी अदालत का अधिकार।

17. विदेशी वाक्यांश:

- De facto (डी फैक्टो)- तथ्य के माध्यम से।
- De hors (डी होर्स)- के दायरे से बाहर।
- Decree nisi (डिक्री निसी)-(एक सशर्त डिक्री, पूर्ण नहीं।

- En bloc (एन ब्लॉक) - सभी एक ही समय में।
- Eo nomine (ईओ नामांकित) - इसी नाम से।
- Ex curia (एक्स करिया) - कोर्ट के बाहर।
- Fiat accompli (फिएट अकम्प्ली) - एक काम जो पहले ही हो चुका हो।
- Feme sole (फेमे सोल) - एक अविवाहित महिला।
- Gratis dictum (ग्रेटिस डिक्टम)- मात्र दावा।
- Ipse dixit (इप्से डिक्सिट) - उनका मात्र शब्द।

18. मैक्सिम:

- Actus dei nemini facit injuriam- एक्टस डी नेमिनी फैसिट इन्जुरियम
- Actus - कार्य
- Dei - ईश्वर
- Nemini- किसी के प्रति नहीं
- Facit - करना/करता है
- Injuriam- कानूनी चोट/कारण
- An Act of God causes legal injury to no one—ईश्वर के कार्य से किसी को कानूनी क्षति नहीं होती है।
- Culpa lata aequiparatur dolo
- Culpa- घोर लापरवाही
- Lata- है/कर सकते हैं
- Aequi- बराबर
- Paratur - आनुपातिक
- Aequiparatur - के बराबर
- Dolo- धोखा/धोखाधड़ी
- Gross negliegence is equivalent to cheat—घोर लापरवाही धोखा देने के बराबर है।
- Demissio regis vel coronoe (संपत्ति का हस्तांतरण)
- Furiosi nulla voluntas est (पागल आदमियों की कोई स्वतंत्र इच्छा नहीं होती)
- De die in diem (दिन-प्रतिदिन)

19. महत्त्वपूर्ण संसदीय शब्द :

(i) **अधिनियम (ACT)**- संसद के दोनों सदनों द्वारा पारित और राष्ट्रपति द्वारा सहमति प्राप्त एक विधेयक।

(ii) **स्थगन प्रस्ताव (ADJOURNMENT MOTION)** - यह सदनों के सामान्य कामकाज को बाधित करता है और गंभीर सार्वजनिक महत्त्व के मामले पर ध्यान आकर्षित करता है।

(iii) **विनियोग विधेयक (APPROPRIATION BILL)** - यह एक ऐसा विधेयक है जिसमें भारत की संचित निधि पर प्रभारित व्यय के साथ-साथ लोक सभा द्वारा स्वीकृत अनुदानों की सभी माँगों को शामिल किया गया है।

(iv) **जनमत-संग्रह (PLEBISCITE)** - यह किसी महत्त्वपूर्ण सार्वजनिक प्रश्न के संबंध में योग्य मतदाताओं का प्रत्यक्ष वोट होता है।

(v) **सत्रावसान (PROROGATION)** - अनुच्छेद 85(2)(ए) के तहत राष्ट्रपति द्वारा किए गए एक आदेश द्वारा सदन की सेवा समाप्ति।

20. तदर्थ (ad hoc) आयोग - वर्ष और उद्देश्य

1. राज्य पुनर्गठन आयोग - 1955
   - ❖ राज्य की सीमाओं के पुनर्गठन की सिफारिश करना।
2. कोठारी आयोग - 1964
   - ❖ सभी स्तरों पर शिक्षा के विकास के लिए सामान्य सिद्धांत और दिशा-निर्देश तैयार करना।
   - ❖ भारत में शिक्षा के मानकीकृत राष्ट्रीय पैटर्न पर सरकार को सलाह देना।
3. कपूर आयोग -1966
   - ❖ उस साजिश की जाँच करना जिसके कारण महात्मा गाँधी की हत्या हुई।
4. खोसला आयोग-1970
   - ❖ 1945 में सुभाष चंद्र बोस की मृत्यु की जाँच के लिए।
5. मंडल आयोग - 1980
   - ❖ देश की 52% आबादी का गठन करते 450 से अधिक पिछड़े वर्गों की पहचान की।
   - ❖ इन वर्गों के लिए शैक्षणिक संस्थानों में 27% सीटों की और सरकारी संस्थानों में नौकरियों की सिफारिश की।

6. सरकारिया आयोग–1983
   - ❖ केंद्र और राज्यों के बीच शक्ति संतुलन की जाँच करना और सुधारों के सुझाव देना।
   - ❖ राज्यपाल की नियुक्ति पर उचित अनुशंसाएँ दीं।
7. मुखर्जी आयोग - 1959
   - ❖ 1945 में सुभाष चंद्र बोस की मृत्यु की जाँच के लिए।
8. नानावटी आयोग–2000
   - ❖ 1984 के सिख विरोधी दंगों की जाँच के लिए।
9. नरेंद्रन आयोग - 2000
   - ❖ राज्य की सार्वजनिक सेवाओं में पिछड़े वर्गों के प्रतिनिधित्व का अध्ययन और रिपोर्ट करना।
10. संविधान के कामकाज की समीक्षा करने के लिए राष्ट्रीय आयोग - फरवरी, 2000
    - ❖ चुनावी कानूनों में बदलाव, न्यायाधीशों की नियुक्ति के लिए राष्ट्रीय न्यायिक आयोग की स्थापना और लोक सभा द्वारा प्रधानमंत्री के चुनाव इत्यादि के सुझाव दिए।

21. कानूनी सामान्य ज्ञान

1. भारत के पहले मुख्य सूचना आयुक्त कौन थे ? **–वजाहत हबीबुल्लाह**
2. घरेलू हिंसा से महिलाओं का संरक्षण अधिनियम कब लागू हुआ ? **–26 अक्टूबर, 2006 को।**
3. सरकार बनने से पहले राज्यपाल द्वारा बिहार विधान सभा को भंग करने को किस मामले में असंवैधानिक घोषित किया गया था ? **– रामेश्वर प्रसाद बनाम भारत संघ।**
4. भारत में 'कानून दिवस' कब मनाया जाता है ? **–26 नवंबर को**
5. आपराधिक प्रक्रिया संहिता का नया सम्मिलित अध्याय XXIA किससे संबंधित है ? **–याचिका सौदेबाजी**

भाग XI: संवैधानिक संशोधन अधिनियम

क्र. सं.	अधिनियम	किए गए संशोधन
1.	प्रथम संशोधन अधिनियम, 1951	संशोधित अनुच्छेद—15, 19, 85, 87, 174, 176, 341, 342, 376
2.	द्वितीय संशोधन अधिनियम, 1952	राज्यों द्वारा समर्थित।
3.	तृतीय संशोधन अधिनियम, 1954	सम्मिलित अनुच्छेद—31ए, 31बी जोड़ी गई अनुसूची-नौवीं संशोधित अनुच्छेद—81 संशोधित अनुसूची—सातवीं अनुसूची- सूची III, प्रविष्टि 33
4.	चतुर्थ संशोधन अधिनियम, 1955	संशोधित अनुच्छेद-31, 31ए, 305 संशोधित अनुसूची-नौवीं
5.	पाँचवां संशोधन अधिनियम, 1955	संशोधित अनुच्छेद-3

6.	चतुर्थ संशोधन अधिनियम, 1956	संशोधित अनुच्छेद – 269, 286 संशोधित अनुसूची – सातवीं अनुसूची, सूची –II, प्रविष्टि 54; सूची I, प्रविष्टि 92 ए सम्मिलित।
7.	सातवाँ संशोधन अधिनियम, 1956	संशोधित अनुच्छेद—49, 80, 81, 82, 131, 153, 158, 168, 170, 171, 216, 217, 220, 222, 224, 230, 231, 232, 239, 240, 298, 371 सम्मिलित अनुच्छेद – 258, 290ए, 350ए, 350बी, 372ए, 378ए संशोधित अनुसूचियाँ– प्रथम, द्वितीय, चतुर्थ, सातवीं – सूची I, प्रविष्टियाँ 32,67; सूची II, प्रविष्टियाँ 12, 24; सूची III, प्रविष्टि 40 छोड़े गए अनुच्छेद – 238, 242, 243, 259, 278, 306, 379–391 छोड़ी गई अनुसूचियाँ – द्वितीय, भाग–बी, कई प्रावधानों में परिणामी संशोधन।
8.	आठवाँ संशोधन अधिनियम, 1959	अनुच्छेद 334 संशोधित—20 वर्ष के बदले 10 वर्ष किए गए।
9.	नौवाँ संशोधन अधिनियम, 1960	पहली अनुसूची में संशोधन–असम, पंजाब, पश्चिम बंगाल और त्रिपुरा के केंद्र शासित प्रदेश से कुछ क्षेत्रों को पाकिस्तान में स्थानांतरित करने के लिए, विभिन्न तिथियों के भारत–पाकिस्तान समझौते को लागू करते हुए।
10.	दसवाँ संशोधन अधिनियम, 1961	अनुच्छेद 240 और पहली अनुसूची में संशोधन–दादरा और नगर हवेली को केंद्र शासित प्रदेश के रूप में शामिल करने के लिए।
11.	ग्यारहवाँ संशोधन अधिनियम, 1961	अनुच्छेद 66(1) और 71(3)–राष्ट्रपति या उपराष्ट्रपति के चुनाव की वैधता को चुनौती देने वाले आधारों को कम करने के लिए।

12.	बारहवाँ संशोधन अधिनियम, 1962	अनुच्छेद 240 एवं प्रथम अनुसूची संशोधित - गोवा, दमन और दीव को केंद्र शासित प्रदेशों के रूप में शामिल करने के लिए।
13.	तेरहवाँ संशोधन अधिनियम, 1962	नागालैंड राज्य के प्रशासन हेतु विशेष प्रावधान करने के लिए अनुच्छेद 371 सम्मिलित।
14.	चौदहवाँ संशोधन अधिनियम, 1962	यह प्रदान किया गया कि पुदुचेरी, कराईकल, माहे और यनम, पूर्व फ्रांसीसी क्षेत्र, को संविधान में पुदुचेरी के केंद्र शासित प्रदेश के रूप में निर्दिष्ट किया जाना चाहिए।
15.	पंद्रहवाँ संशोधन अधिनियम, 1963	अनेक अनुच्छेदों- 124, 128, 217,222, 224, 224ए, 226, 297, 311, 316, और प्रविष्टि 78, सूची I में संशोधन करता है। इन परिवर्तनों में से अधिक महत्त्वपूर्ण हैं उच्च न्यायालय के न्यायाधीश की सेवानिवृत्ति की आयु 60 से बढ़ाकर 62 करना; अनुच्छेद 226 के तहत याचिका जारी करने के लिए एक उच्च न्यायालय के अधिकार क्षेत्र का विस्तार एक सरकार या उसके क्षेत्रीय अधिकार क्षेत्र के बाहर स्थित प्राधिकरण तक करना जहाँ कार्यवाही का कारण ऐसे क्षेत्राधिकार के भीतर उत्पन्न होता है; एक सिविल सेवक को खारिज करने के लिए राष्ट्रपति या राज्यपाल की मर्जी पर अनुच्छेद 311 द्वारा लगाए गई प्रक्रिया को संशोधित करना।
16.	सोलहवाँ संशोधन अधिनियम, 1963	अनुच्छेद 84, 173, तीसरी अनुसूची में परिणामी परिवर्तनों के साथ, भारत संघ की संप्रभुता या अखंडता पर सवाल उठाने वाली अभिव्यक्ति की स्वतंत्रता पर प्रतिबंध लगाने के लिए संसद को कानून बनाने में सक्षम करने को अनुच्छेद 19 में संशोधन करता है।
17.	सत्रहवाँ संशोधन अधिनियम, 1964	अनुच्छेद 31ए में संशोधन ('संपत्ति' की परिभाषा पूर्वव्यापी प्रभाव से संशोधित); प्रविष्टियाँ 21-64 नौवीं अनुसूची में सम्मिलित।

18.	अठारहवाँ संशोधन अधिनियम, 1966	अनुच्छेद 3 में स्पष्टीकरण जोड़ना। भाषा के आधार पर पंजाब का पुनर्गठन कर दो राज्यों पंजाब और हरियाणा के गठन का प्रावधान किया गया। अनुच्छेद 3 में जोड़ा गया स्पष्टीकरण यह स्पष्ट करने के लिए था कि संसद के पास एक नया राज्य या केंद्र शासित प्रदेश बनाने का अधिकार है।
19.	उन्नीसवाँ संशोधन अधिनियम, 1966	निर्वाचन आयोग के कर्तव्यों को स्पष्ट करने के लिए अनुच्छेद 324 में संशोधन।
20.	बीसवाँ संशोधन अधिनियम, 1966	जिला न्यायाधीशों की नियुक्ति को मान्य करने के लिए अनुच्छेद 233ए जोड़ा गया।
21.	इक्कीसवाँ संशोधन अधिनियम, 1967	आठवीं अनुसूची में भाषाओं की सूची में 'सिंधी' को शामिल करता है।
22.	बाईसवाँ संशोधन अधिनियम, 1969	छठी अनुसूची के भाग ए में निर्दिष्ट कुछ क्षेत्रों को शामिल करते हुए असम राज्य (मेघालय) के भीतर एक स्वायत्त राज्य का गठन करने के लिए अनुच्छेद 275 में अनुच्छेद 244ए, 371बी और खंड (1ए) सम्मिलित किए।
23.	तेईसवाँ संशोधन अधिनियम, 1970	अनुसूचित जातियों और जनजातियों के लिए आरक्षण की अवधि बढ़ाने के उद्देश्य से अनुच्छेद 330, 332, 333, 334 में संशोधन।
24.	चौबीसवाँ संशोधन अधिनियम, 1970	गोलकनाथ मामले के प्रभाव को समाप्त करने के लिए अनुच्छेद 13 में खंड (4) सम्मिलित, अनुच्छेद 368 में संशोधन।
25.	पच्चीसवाँ संशोधन अधिनियम, 1971	अनुच्छेद 31 के खंड (2) में संशोधन और खंड (2ए) सम्मिलित, अनुच्छेद 31 सी सम्मिलित। संपत्ति के अधिग्रहण पर मुआवजे की पर्याप्तता निर्धारित करने के लिए न्यायालयों के अधिकार क्षेत्र को समाप्त कर दिया गया। यह निर्धारित करने के लिए एक नया खंड जोड़ा गया था कि कोई भी कानून जो घोषित करता है

		कि यह अनुच्छेद 39 के खंड (बी) और (सी) में निर्दिष्ट सिद्धांतों को प्रभावी करने के लिए है, उस पर इस आधार पर सवाल नहीं उठाया जाएगा कि वह मौलिक अधिकारों के साथ असंगत है।
26.	छब्बीसवाँ संशोधन अधिनियम, 1971	अनुच्छेद 291, 362 छोड़े गए; अनुच्छेद 363ए सम्मिलित; अनुच्छेद 366 (22) में संशोधन। रियासतों के शासकों की मान्यता वापस ले ली गई और उनके प्रिवी पर्स समाप्त कर दिये गए।
27.	सत्ताईसवाँ संशोधन अधिनियम, 1971	अनुच्छेद 239 ए का संशोधन; अनुच्छेद 239 बी सम्मिलित; अनुच्छेद 240 का संशोधन; अनुच्छेद 371 सी सम्मिलित। दो नए केंद्र शासित प्रदेशों, मिजोरम एवं अरुणाचल प्रदेश का गठन।
28.	अट्ठाईसवाँ संशोधन अधिनियम, 1972	अनुच्छेद 312 ए सम्मिलित; अनुच्छेद 314 छोड़ा गया। पूर्व भारतीय सिविल सेवा अधिकारियों की सेवा शर्तों और विशेषाधिकारों को समाप्त कर दिया गया।
29.	उनतीसवाँ संशोधन अधिनियम, 1972	नौवीं अनुसूची में मद 65-66 जोड़े गए।
30.	तीसवाँ संशोधन अधिनियम, 1972	अनुच्छेद 133(1) संशोधित, सर्वोच्च न्यायालय में अपीलों पर रोक लगाई गई।
31.	इकतीसवाँ संशोधन अधिनियम, 1973	अनुच्छेद 81, 330, 332 संशोधित, लोक सभा में निर्वाचित सीटों की संख्या 525 से बढ़कर 545 हुई।
32.	बत्तीसवाँ संशोधन अधिनियम, 1973	अनुच्छेद 371 (1) में संशोधन और अनुच्छेद 371डी-371ई सम्मिलित; सातवीं अनुसूची की सूची I की प्रविष्टि 63 में संशोधन। इसका उद्देश्य आंध्र प्रदेश के संबंध में छह प्रावधानों को शामिल करना था।
33.	तैंतीसवाँ संशोधन अधिनियम, 1974	अनुच्छेद 101, 190 संशोधित।

34.	चौंतीसवाँ संशोधन अधिनियम, 1974	नौवीं अनुसूची में मद 67-68 जोड़े गए।
35.	पैंतीसवाँ संशोधन अधिनियम, 1974	अनुच्छेद 2ए सम्मिलित और अनुच्छेद 80-81 संशोधित; दसवीं अनुसूची जोड़ी गई। सिक्किम को सहयोगी राज्य बनाया गया।
36.	छत्तीसवाँ संशोधन अधिनियम, 1975	अनुच्छेद 2ए, अनुसूची X का लोप; अनुसूची I में मद 22 जोड़ा गया; अनुच्छेद 371 एफ सम्मिलित; अनुसूची IV में प्रविष्टि 22 को जोड़कर सिक्किम को एक पूर्ण राज्य बनाया गया।
37.	सैंतीसवाँ संशोधन अधिनियम, 1975	अनुच्छेद 239ए व 240 संशोधित; दसवीं अनुसूची निरस्त। केंद्र शासित अरुणाचल प्रदेश के लिए एक विधान सभा और मंत्रिपरिषद् का प्रावधान किया गया।
38.	अड़तीसवाँ संशोधन अधिनियम, 1975	अनुच्छेद 123, 213, 239बी, 352, 356, 359, 360 संशोधित, राष्ट्रपति द्वारा आपातकाल की घोषणा तथा राष्ट्रपति या राज्यपाल द्वारा अध्यादेशों की घोषणा पर न्यायपालिका अपनी समीक्षा की शक्ति का प्रयोग नहीं कर पाएगी।
39.	उनतालीसवाँ संशोधन अधिनियम, 1975	अनुच्छेद 71 संशोधित; अनुच्छेद 329 ए सम्मिलित। राष्ट्रपति, उप-राष्ट्रपति, प्रधानमंत्री और लोक सभा अध्यक्ष के चुनाव से संबंधित प्रश्नों को न्यायपालिका के दायरे से बाहर कर दिया गया।
40.	चालीसवाँ संशोधन अधिनियम, 1976	अनुच्छेद 297 प्रतिस्थापित; अनुसूची IX में प्रविष्टियाँ 125 से 188 जोड़ी गईं। यह प्रदान किया गया कि प्रादेशिक जल या महाद्वी.पी.य शेल्फ या भारत के विशेष आर्थिक क्षेत्र के भीतर समुद्र के नीचे की सभी भूमि, खनिज आदि संघ में निहित होंगे। प्रादेशिक जल, महाद्वीपीय शेल्फ या स्वायत्त आथिक क्षेत्र आदि की सीमा निर्धारित करने की शक्ति संसद में निहित थी।

41.	इकतालीसवाँ संशोधन अधिनियम, 1976	अनुच्छेद 316 में संशोधन, राज्य लोक सेवा आयोग के सदस्यों के लिए ऊपरी आयु सीमा 60 से बढ़ाकर 62 कर दी गई।
42.	बयालीसवाँ संशोधन अधिनियम	प्रस्तावना अनुच्छेद 31 सी, 39, 55, 74, 77, 81, 82, 83, 100, 102, 105, 118, 145, 166, 170, 172, 189, 191, 194, 208, 217, 225, 227, 228, 311, 312, 330, 352, 353, 356, 357, 358, 359, 366, 368, 371 एफ, सातवीं अनुसूची संशोधित; अनुच्छेद 103, 150, 192, 226 प्रतिस्थापित करना; अनुच्छेद 31 डी, 32ए, 39ए, 43ए, 48ए, 51ए, 131ए, 139,144ए, 226ए, 228ए, 257ए, 323ए, 323बी सम्मिलित। यह संशोधन संविधान का लगभग पूर्ण संशोधन था जिसमें कई महत्त्वपूर्ण परिवर्तन शामिल किए गए थे। इसे आपातकाल के दौरान लागू किया गया था। 1977 में सत्ता में आई अगली सरकार ने अधिकांश संशोधनों को निरस्त कर दिया।
43.	तैंतालीसवाँ संशोधन अधिनियम, 1977	अनुच्छेद 31डी, 32ए, 131ए और 144ए का लोप; अनुच्छेद 145 में संशोधन।
44.	चौवालीसवाँ संशोधन अधिनियम, 1978	अनुच्छेद 19 (1) (एफ), 31, 77 (4), 123 (4), 166 (4), 213 (4), 239 बी (4), 257ए, 329 ए का लोप; अनुच्छेद 30 (1ए), 134ए, 300ए, 361ए सम्मिलित; संशोधन और प्रतिस्थापन : अनुच्छेद 19 (1), 22, 31ए, 31सी, 38, 71, 74, 83, 103, 105, 123, 132-134, 139ए, 172, 192, 194, 217, 225, 226, 227, 329, 352, 356, 358, 359, 360, 361, 371एफ। 42वें संशोधन अधिनियम द्वारा किए संशोधन रद्द : अनुच्छेद 100, 102, 105, 118, 191, 194, 208

		(विधेयक के 6 खंड राज्य सभा द्वारा अस्वीकार कर दिए गए थे)। 42वें संशोधन अधिनियम द्वारा किए गए परिवर्तनों को निरस्त कर दिया गया या बदल दिया गया और संविधान को उसके मूल रूप में वापस लाया गया। लेकिन संपत्ति के अधिकार को मौलिक अधिकारों के अध्याय से हटाकर एक नए अनुच्छेद 300ए के रूप में रखा गया।
45.	पैंतालीसवाँ संशोधन अधिनियम, 1980	अनुच्छेद 334 के अंतर्गत आरक्षण को 30 वर्ष से बढ़ाकर 40 वर्ष किया गया।
46.	छियालीसवाँ संशोधन अधिनियम, 1982	बिक्री कर से संबंधित अनुच्छेद 269, 286, 366, सूची I में संशोधन।
47.	सैंतालीसवाँ संशोधन अधिनियम, 1984	नौवीं अनुसूची में प्रविष्टियाँ 189-202 जोड़ी गईं।
48.	अड़तालीसवाँ संशोधन अधिनियम, 1984	पंजाब में राष्ट्रपति शासन की अवधि बढ़ाने के लिए अनुच्छेद 356 के खंड (5) के परंतुक शामिल।
49.	उनचासवाँ संशोधन अधिनियम, 1984	अनुच्छेद 244 की पाँचवीं और छठी अनुसूचियों में संशोधन। छठी अनुसूची को त्रिपुरा में लागू किया गया।
50.	पचासवाँ संशोधन अधिनियम, 1984	अनुच्छेद 33 प्रतिस्थापित। इसका दायरा बढ़ाया गया और कई अन्य शक्तियाँ इसके दायरे में शामिल की गईं।
51.	इक्यावनवाँ संशोधन अधिनियम, 1984	अनुच्छेद 330, 332 संशोधित।
52.	बावनवाँ संशोधन अधिनियम, 1985	अनुच्छेद 101, 102, 190,191 संशोधित; दसवीं अनुसूची जोड़ी गई (दल-बदल विरोधी)। यह घोषित किया गया कि जो सदस्य अपनी पार्टी से दल-बदल करता है, वह अयोग्यता के अधीन हो जाएगा।
53.	तिरपनवाँ संशोधन अधिनियम, 1986	अनुच्छेद 371 जी को जोड़ते हुए, मिजोरम को एक राज्य का दर्जा दे दिया गया।

54.	चौवनवाँ संशोधन अधिनियम, 1986	अनुच्छेद 125, 221, द्वितीय अनुसूची में संशोधन—सर्वोच्च न्यायालय और उच्च न्यायालयों के न्यायाधीशों के वेतन में वृद्धि के लिए उचित प्रावधान किए गए।
55.	पचपनवाँ संशोधन अधिनियम, 1986	अनुच्छेद 371 एच जोड़ा गया; अरुणाचल प्रदेश राज्य का निर्माण।
56.	छप्पनवाँ संशोधन अधिनियम, 1987	अनुच्छेद 371–I सम्मिलित, केंद्र शासित प्रदेश गोवा, दमन और दीव को विभाजित किया गया। गोवा को एक राज्य बनाया गया और राज्य विधान सभाओं का प्रावधान डाला गया। दमन और दीव केंद्र शासित प्रदेश बने रहे।
57.	सत्तावनवाँ संशोधन अधिनियम, 1987	लोक सभा में और नागालैंड और मेघालय की विधानसभाओं में नागालैंड, मेघालय, मिजोरम और अरुणाचल प्रदेश की अनुसूचित जनजातियों के लिए सीटों के आरक्षण का प्रावधान करने के लिए अनुच्छेद 332 में खंड (3ए) सम्मिलित किया गया, और अनुच्छेद 330 और 332 में संशोधन किया गया।
58.	संविधान (अट्ठावनवाँ संशोधन अधिनियम, 1987)	अनुच्छेद 394ए सम्मिलित। लोग माँग कर रहे थे कि संविधान का आधिकारिक पाठ हिंदी में प्रकाशित किया जाना चाहिए। इस संशोधन ने राष्ट्रपति को संविधान के आधिकारिक पाठ को हिंदी में प्रकाशित करने के लिए अधिकृत किया।
59.	उनसठवाँ संशोधन अधिनियम, 1988	अनुच्छेद 359–ए सम्मिलित; अनुच्छेद 356 संशोधित। अनुच्छेद 356 में यह प्रावधान करने के लिए संशोधन किया गया था कि आपातकाल की घोषणा 3 वर्ष तक प्रभावी रह सकती है। अनुच्छेद 352 में किए गए संशोधन ने प्रावधान किया कि पंजाब के संबंध में आपातकाल केवल उस राज्य में लागू होगा।

60.	साठवाँ संशोधन अधिनियम, 1988	अनुच्छेद 276 में संशोधन, प्रोफेशन टैक्स (व्यवसाय कर) की सीमा 250 रुपए से बढ़ाकर 2500 रुपए करने के लिए।
61.	इकसठवाँ संशोधन अधिनियम, 1989	मतदान की आयु 21 वर्ष से घटाकर 18 वर्ष करने के लिए अनुच्छेद 326 में संशोधन।
62.	बासठवाँ संशोधन अधिनियम, 1989	अनुसूचित जाति एवं जनजाति के लिए सीटों के आरक्षण की अवधि को 10 वर्ष अर्थात् सन् 2000 तक बढ़ाने हेतु अनुच्छेद 334 में संशोधन।
63.	तिरसठवाँ संशोधन अधिनियम, 1989	अनुच्छेद 356 में संशोधन। खंड (5) के परंतुक का और अनुच्छेद 359 ए का लोप।
64.	चौंसठवाँ संशोधन अधिनियम, 1990	अनुच्छेद 356 का संशोधन। पंजाब में सामान्य स्थिति बहाल नहीं हो पाने के कारण, इमरजेंसी जारी रखनी थी। उसके लिए अनुच्छेद 356 में आवश्यक प्रावधान किया गया था।
65.	पैंसठवाँ संशोधन अधिनियम, 1990	अनुसूचित जाति और अनुसूचित जनजाति के लिए एक राष्ट्रीय आयोग प्रदान करने हेतु अनुच्छेद 338 में संशोधन। आयोग को व्यापक अधिकार दिए गए।
66.	छाछठवाँ संशोधन अधिनियम, 1990	नौवीं अनुसूची में प्रविष्टि 203 से 257 का सम्मिलन
67.	सड़सठवाँ संशोधन अधिनियम, 1990	अनुच्छेद 356 में संशोधन, तीसरा प्रावधान, खंड (ए), अवधि बढ़ा कर 4 वर्ष की गई।
68.	अड़सठवाँ संशोधन अधिनियम, 1991	अनुच्छेद 356 में संशोधन, तीसरा प्रावधान, खंड (ए), अवधि बढ़ा कर 5 वर्ष की गई।
69.	उनहत्तरवाँ संशोधन अधिनियम, 1991	केंद्र शासित प्रदेश दिल्ली के लिए विधान सभा और मंत्रिपरिषद् प्रदान करने के लिए अनुच्छेद 239एए और 239एबी को सम्मिलित किया गया।

70.	सत्तरवाँ संशोधन अधिनियम, 1992	निर्वाचक मंडल में दिल्ली और पुदुचेरी के केंद्र शासित प्रदेशों की विधान सभाओं के सदस्यों को शामिल करने के लिए अनुच्छेद 54 और 368 में संशोधन।
71.	इकहत्तरवाँ संशोधन अधिनियम, 1992	8वीं अनुसूची में प्रविष्टियाँ 7, 9, 11 सम्मिलित, और कुछ प्रविष्टियाँ पुनः सम्मिलित।
72.	बहत्तरवाँ संशोधन अधिनियम, 1992	अनुच्छेद 332 में खंड (3बी) सम्मिलित।
73.	तिहत्तरवाँ संशोधन अधिनियम, 1992	भाग IX, पंचायतों के संदर्भ में, अनुच्छेद 243 से 243 ओ तक, ग्यारहवीं अनुसूची।
74.	चौहत्तरवाँ संशोधन अधिनियम, 1992	संदर्भः नगरपालिका; भाग IXए सम्मिलित, जिसमें अनुच्छेद 243 पी से 243 ज़ेडजी शामिल हैं; बारहवीं अनुसूची।
75.	पचहत्तरवाँ संशोधन अधिनियम, 1993	अनुच्छेद 323 बी (2) में उप-खंड एच सम्मिलित।
76.	छिहत्तरवाँ संशोधन अधिनियम, 1994	नौवीं अनुसूची में प्रविष्टि 237 ए सम्मिलित।
77.	सतहत्तरवाँ संशोधन अधिनियम, 1995	अनुच्छेद 16 में खंड (4ए) शामिल।
78.	अठहत्तरवाँ संशोधन अधिनियम, 1995	संविधान की 9वीं अनुसूची में 27 प्रविष्टियाँ और जोड़ी गईं।
79.	उन्यासीवाँ संशोधन अधिनियम,1999	अनुच्छेद 334 में शब्द 'पचास वर्ष' 'साठ' वर्ष' से प्रतिस्थापित।
80.	अस्सीवाँ संशोधन अधिनियम, 1999	अनुच्छेद 269 के खंडों (1) और (2) के बदले नए खंड प्रतिस्थापित; अनुच्छेद 270 के लिए नया अनुच्छेद और अनुच्छेद 272 का लोप।
81.	इक्यासीवाँ संशोधन अधिनियम, 2000	अनुच्छेद 16 में खंड (4बी) सम्मिलित।

82.	बयासीवाँ संशोधन अधिनियम, 2000	अनुच्छेद 335 में एक परंतुक सम्मिलित।
83.	तिरासीवाँ संशोधन अधिनियम, 2001	अनुच्छेद 243 एम में खंड (3 ए) सम्मिलित।
84.	चौरासीवाँ संशोधन अधिनियम, 2001	अनुच्छेद 55, 81, 82, 170, 330 और 332 में जनगणना से संबंधित अंक "2000" के स्थान पर "2026" का प्रतिस्थापन।
85.	पिचासीवाँ संशोधन अधिनियम, 2001	आरक्षित श्रेणी की परिणामी वरिष्ठता को पूर्वव्यापी रूप से संरक्षित करने के लिए अनुच्छेद 16 (4ए) में कुछ शब्दों का प्रतिस्थापन।
86.	छियासीवाँ संशोधन अधिनियम, 2002	अनुच्छेद 21 ए सम्मिलित; अनुच्छेद 45 का प्रतिस्थापन एवं अनुच्छेद 51 ए (के) सम्मिलित
87.	सत्तासीवाँ संशोधन अधिनियम, 2003	अनुच्छेद 81, 82, 170 और 330 में जनगणना से संबंधित अंक "2001" अंक "1991" के स्थान पर प्रतिस्थापित।
88.	अट्ठासीवाँ संशोधन अधिनियम, 2003	अनुच्छेद 268ए सम्मिलित, अनुच्छेद 270 में "अनुच्छेद 268 और 269" शब्दों और अंकों के स्थान पर "अनुच्छेद 268, 268ए और 269" शब्द, अंक और अक्षर का प्रतिस्थापन और संघ सूची में प्रविष्टि "92सी" सम्मिलित।
89.	नवासीवाँ संशोधन अधिनियम, 2003	अनुच्छेद 338 संशोधित एवं अनुच्छेद 338 ए सम्मिलित।
90.	नब्बेवाँ संशोधन अधिनियम, 2003	अनुच्छेद 332 (6) में एक परंतुक सम्मिलित।
91.	इक्यानवेवाँ संशोधन अधिनियम, 2003	अनुच्छेद 75, 164 और अनुसूची X का संशोधन, अनुच्छेद 361बी सम्मिलित।
92.	बानवेवाँ संशोधन अधिनियम, 2003	अनुसूची VIII में 'बोडो', 'डोगरी', 'मैथिली' एवं 'संथाली' भाषाएँ जोड़ी गईं।
93.	तिरानवेवाँ संशोधन अधिनियम, 2005	अनुच्छेद 15 में खंड (5) सम्मिलित।

94.	चौरानवेवाँ संशोधन अधिनियम, 2006	अनुच्छेद 164 का संशोधन।
95.	पंचानवेवाँ संशोधन अधिनियम, 2009	अनुच्छेद 334 का संशोधन।
96.	छियानवेवाँ संशोधन अधिनियम, 2011	आठ अनुसूचियों का संशोधन।
97.	सत्तानवेवाँ संशोधन अधिनियम, 2011	अनुच्छेद 19 का संशोधन; अनुच्छेद 43 बी सम्मिलित; सहकारी समितियों से संबंधित।
		अनुच्छेदों 243 ZH से लेकर 243 ZT तक शामिल करते भाग IX बी का सम्मिलन।
98.	अट्ठानवेवाँ संशोधन अधिनियम, 2012	नए अनुच्छेद 371 का सम्मिलन।
99.	निन्यानवेवाँ संशोधन अधिनियम, 2014	अनुच्छेदों 124 ए, 124 बी, 124 सी का सम्मिलन; अनुच्छेदों 124, 127, 128, 217, 222, 224, 224 ए, 231 संशोधित।
100.	सौवाँ संशोधन अधिनियम, 2015	असम, पश्चिम बंगाल, मेघालय एवं त्रिपुरा राज्यों के संबंध में अनुसूची 1 में संशोधन।
101.	101वाँ संशोधन अधिनियम, 2017	1 जुलाई, 2017 से भारत में एक राष्ट्रीय माल और सेवा कर पेश किया गया।
102.	102वाँ संशोधन अधिनियम, 2018	अनुच्छेद 338 बी, 342ए सम्मिलित, और खंड 26सी जोड़ा गया; अनुच्छेद 338, 366 का संशोधन, पिछड़े वर्ग हेतु राष्ट्रीय आयोग की नियुक्ति के लिए।
103.	103वाँ संशोधन अधिनियम, 2019	अनुच्छेद 15 में संशोधन, खंड (6) जोड़ा गया। अनुच्छेद 16 में संशोधन, खंड (6) जोड़ा गया। किसी भी आर्थिक रूप से कमजोर वर्ग के नागरिकों की उन्नति हेतु आरक्षण के लिए, अल्पसंख्यक संस्थानों को छोड़कर, शैक्षणिक संस्थानों में प्रवेश सहित अधिकतम 10%

104.	104वाँ संशोधन अधिनियम, 2020	अनुच्छेद 334 में संशोधन। आरक्षण का "सत्तर वर्ष" से बढ़ा कर "अस्सी वर्ष" तक विस्तार।
105.	105वाँ संशोधन अधिनियम, 2021	डॉ. लक्ष्मीराव पाटिल बनाम मुख्यमंत्री, महाराष्ट्र मामले में सर्वोच्च न्यायालय के 11 मई, 2021 के निर्णय को रद्द करते हुए अपनी खुद की ओबीसी सूची बनाने के राज्यों के अधिकार को बहाल करने के लिए अनुच्छेद 338बी, 342ए और 366 में संशोधन।
106.	106वाँ संशोधन अधिनियम, 2023	लोकसभा व राज्य विधानसभाओं में महिलाओं को 33 प्रतिशत आरक्षण प्रदान करने का प्रावधान।

परिशिष्ट-1
सर्वोच्च न्यायालय के ऐतिहासिक निर्णय संक्षेप में

क्र. सं.	संदर्भ	मामला
1.	भाषण की स्वतंत्रता	रोमेश थापर बनाम मद्रास राज्य (1950)
2.	निवारक निरोध अधिनियम, 1950	ए.के.गोपालन बनाम मद्रास राज्य (1950)
3.	मीडिया की पूर्व-सेंसरशिप	बृजभूषण एवं अन्य बनाम दिल्ली राज्य (1950)
4.	शिक्षण संस्थानों में प्रवेश में जाति आधारित आरक्षण	मद्रास राज्य बनाम श्रीमती चंपकम दोराईराजन (1951)
5.	मौलिक अधिकारों में संशोधन करने का संसद का अधिकार	शंकरी प्रसाद बनाम भारत संघ (1951)
6.	आवश्यक धार्मिक प्रथाओं की परीक्षा	कमिश्नर, हिंदू धार्मिक बंदोबस्ती, मद्रास बनाम शिरूर मठ के श्री लक्ष्मींद्र तीर्थ स्वामी (1954)
7.	निजता का अधिकार	एम.पी. शर्मा एवं अन्य बनाम सतीश चंद्र (1954)
8.	राज्यपाल की क्षमादान शक्ति; जूरी ट्रायल	के.एम. नानावती बनाम महाराष्ट्र राज्य (1959)
9.	भारत के राज्य क्षेत्र के एक हिस्से का हस्तांतरण; पाकिस्तान के साथ परिक्षेत्रों का आदान-प्रदान	बेरुबाड़ी संघ बनाम अज्ञात (1960)
10.	क्या निजता एक गारंटीकृत संवैधानिक अधिकार है ?	खरक सिंह बनाम उत्तर प्रदेश राज्य एवं अन्य (1962)

11.	संविधान में संशोधन करने का संसद का अधिकार	सज्जन सिंह बनाम राजस्थान राज्य (1965)
12.	संविधान के भाग III के तहत मौलिक अधिकारों में संशोधन करने का संसद का अधिकार	एल.सी. गोलकनाथ एवं अन्य बनाम पंजाब राज्य एवं अन्य (1967)
13.	राष्ट्रपति के आदेश से प्रिवी पर्स की समाप्ति	एच.एच. महाराजाधिराज माधव राव जीवाजी राव सिंधिया बनाम भारत संघ (1970)
14.	संविधान में संशोधन करने का संसद का अधिकार; "मूल संरचना का सिद्धांत"	केशवानंद भारती बनाम केरल राज्य (1973)
15.	इंदिरा गाँधी का चुनाव; चुनाव कदाचार	इंदिरा नेहरू गाँधी बनाम राजनारायण (1975)
16.	आपातकाल के दौरान, अनुच्छेद 226 के तहत उच्च न्यायालयों के समक्ष याचिका याचिका दायर करने का अधिकार	एडीएम जबलपुर बनाम शिवकांत शुक्ल (1976)
17.	अनुच्छेद 21 के तहत व्यक्तिगत स्वतंत्रता; "कानून द्वारा स्थापित प्रक्रिया" और "कानून की उचित प्रक्रिया"	मेनका गाँधी बनाम भारत संघ (1978)
18.	विचाराधीन कैदियों के अधिकार	हुसैनआरा ख़ातून एवं अन्य बनाम गृह सचिव, बिहार राज्य (1979)
19.	मृत्युदंड (मौत की सजा); "दुर्लभ से दुर्लभतम मामले" का सिद्धांत	बचन सिंह बनाम पंजाब राज्य (1980)
20.	मौलिक अधिकारों और निर्देशक सिद्धांतों के बीच सामंजस्य और संतुलन	मिनर्वा मिल्स लिमिटेड बनाम भारत संघ (1980)

21.	उच्चतम न्यायालय और उच्च न्यायालयों के न्यायाधीशों की नियुक्ति	एस.पी. गुप्ता बनाम भारत के राष्ट्रपति एवं अन्य (1981)
22.	यदि एक व्यक्ति जिसे मौलिक अधिकार के उल्लंघन के कारण कानूनी क्षति हुई है स्वयं अदालत पहुँचने में असमर्थ है, तो क्या सदाशयता का उदाहरण देते हुए जनता का कोई सदस्य अनुच्छेद 32 और अनुच्छेद 226 के तहत राहत के लिए अदालत जा सकता है?	बंधुआ मुक्ति मोर्चा बनाम भारत संघ (1984)
23.	भाषण और अभिव्यक्ति की स्वतंत्रता के तहत प्रेस की स्वतंत्रता	इंडियन एक्सप्रेस समाचार पत्र बनाम भारत संघ एवं अन्य (1984)
24.	तलाकशुदा मुसलिम महिला को गुजारा भत्ता प्रदान करना	मोहम्मद अहमद खान बनाम शाह बानो बेग़म एवं अन्य (1985)
25.	अध्यादेशों का पुनः प्रख्यापन	डॉ. डी.सी. वाधवा एवं अन्य बनाम बिहार राज्य एवं अन्य (1986)
26.	दुर्घटना में उद्योगों की जिम्मेदारी; मुआवजा; अनुच्छेद 32 के तहत सर्वोच्च न्यायालय के अधिकार क्षेत्र का दायरा और सीमा	एम.सी.मेहता बनाम भारत संघ एवं अन्य (1986)
27.	क्या बच्चों को राष्ट्रगान गाने के लिए मजबूर करना उनके धर्म के मौलिक अधिकार का उल्लंघन है?	बिजॉय इमैनुएल एवं अन्य बनाम केरल राज्य एवं अन्य (1986)
28.	राष्ट्रपति का क्षमादान का अधिकार	केहर सिंह व अन्य बनाम भारत संघ एवं अन्य (1988)
29.	शिक्षा का अधिकार	मोहिनी जैन बनाम कर्नाटक राज्य (1989)

30.	सरकारी नौकरियों में पिछड़े वर्गों के लिए आरक्षण	इंदिरा साहनी व अन्य बनाम भारत संघ (1992)
31.	दल-बदल विरोधी कानून की संवैधानिक वैधता	किहोतो होलोहन बनाम जचिल्हू एवं अन्य (1992)
32.	उच्चतम न्यायालय और उच्च न्यायालयों के न्यायाधीशों की नियुक्ति	एडवोकेट ऑन रिकॉर्ड एसोसिएशन बनाम भारत संघ (1993)
33.	शिक्षा का अधिकार	उन्नी कृष्णन, जे.पी. एवं अन्य बनाम आंध्र प्रदेश राज्य व अन्य (1993)
34.	संविधान के अनुच्छेद 356 के तहत आपात की उद्घोषणा	एस.आर. बोम्मई बनाम भारत संघ (1994)
35.	भाषण और अभिव्यक्ति की स्वतंत्रता – आत्मकथा प्रकाशित करने का अधिकार	आर. राजगोपाल बनाम तमिलनाडु राज्य (1994)
36.	इसलाम में धर्मांतरण द्वारा दूसरा विवाह करने की प्रथा के विरुद्ध सिद्धांत, पहले विवाह को भंग किए बिना	सरला मुद्गल व अन्य बनाम भारत संघ (1995)
37.	वन संरक्षण	टी. एन. गोदावर्मन थिरुमुल्कपाद बनाम भारत संघ एवं अन्य (1996)
38.	क्या बलात्कार अनुच्छेद 21 के तहत जीवन के अधिकार का उल्लंघन है ?	बोधिसत्व गौतम बनाम सुभ्रा चक्रवर्ती (1996)
39.	कार्यस्थल पर यौन उत्पीड़न; सुप्रीम कोर्ट ने विशाखा दिशानिर्देश निर्धारित किए	विशाखा एवं अन्य बनाम राजस्थान राज्य (1997)
40.	सीबीआई के कामकाज में राजनीतिक प्रभाव पर अंकुश लगाना	विनीत नारायण व अन्य बनाम भारत संघ (1997)

41.	विधायी कार्यवाही की समीक्षा करने का उच्च न्यायालयों और सर्वोच्च न्यायालय का अधिकार	एल. चंद्र कुमार बनाम भारत संघ एवं अन्य (1997)
42.	गैर आदिवासियों को अनुसूचित क्षेत्र में खनन अनुज्ञप्ति प्रदान करना	समता बनाम आंध्र प्रदेश राज्य (1997)
43.	उच्चतम न्यायालय और उच्च न्यायालयों के न्यायाधीशों की नियुक्ति	1998 का विशेष संदर्भ मामला
44.	भोजन का अधिकार	पीपुल्स यूनियन फॉर सिविल लिबर्टी बनाम भारत संघ (2001)
45.	अल्पसंख्यक शिक्षण संस्थाओं के अधिकार	टी.एम.ए. पाई फाउंडेशन एवं अन्य बनाम कर्नाटक राज्य एवं अन्य (2002)
46.	सरकारी पदाधिकारियों और कार्यालय के उम्मीदवारों के विषय में जानने का अधिकार	भारत संघ बनाम एसोसिएशन फॉर डेमोक्रेटिक रिफॉर्म्स एवं अन्य (2002)
47.	मतदाताओं का चुनाव लड़ने वाले उम्मीदवारों के बारे में जानने का अधिकार	पीपुल्स यूनियन ऑफ सिविल लिबर्टीज बनाम भारत संघ एवं अन्य (2003)
48.	भारतीय उत्तराधिकार अधिनियम की धारा 118 के तहत राष्ट्रीय एकता के लिए समान नागरिक संहिता की वकालत	जॉन वल्लमट्टम एवं अन्य बनाम भारत संघ (2003)
49.	व्यावसायिक महाविद्यालयों सहित अल्पसंख्यक एवं गैर अल्पसंख्यक गैर सहायता प्राप्त निजी महाविद्यालयों पर आरक्षण नीति	पी.ए. इनामदार एवं अन्य बनाम महाराष्ट्र राज्य एवं अन्य (2005)
50.	पुलिस सुधार	प्रकाश सिंह व अन्य बनाम भारत संघ व अन्य (2006)

51.	अनुसूचित जाति और अनुसूचित जनजाति के कर्मचारियों के लिए प्रोन्नति में आरक्षण	एम. नागराज व अन्य बनाम भारत संघ (2006)
52.	लाभ के पद के आधार पर निरर्हता	जया बच्चन बनाम भारत संघ व अन्य (2006)
53.	राज्यों की परिषद् में निर्वाचित होने के लिए संबंधित राज्य में 'अधिवास' की आवश्यकता; संघवाद का सिद्धांत संविधान की एक आधारभूत संरचना है	कुलदीप नायर बनाम भारत संघ व अन्य (2006)
54.	संविधान की आधारभूत संरचना के सिद्धांत की व्याख्या; नौवीं अनुसूची संविधान की न्यायिक समीक्षा से प्रतिरक्षित नहीं है।	आई.आर. कोएल्हो (मृत) एलआरएस बनाम तमिलनाडु राज्य व अन्य (2007)
55.	केंद्रीय शिक्षण संस्थानों में ओबीसी को आरक्षण	अशोक कुमार ठाकुर बनाम भारत संघ व अन्य (2008)
56.	निष्क्रिय इच्छामृत्यु की मान्यता – एक सूचित निर्णय लेने की स्थिति में नहीं रह जाने वाले रोगियों से जीवन-रक्षक उपचार को वापस लेने की अनुमति	अरुणा रामचंद्र शानबाग बनाम भारत संघ व अन्य (2011)
57.	आपराधिक कार्यवाही का निपटारा और अभिखंडन (रद्द करना)	ज्ञान सिंह बनाम पंजाब राज्य (2012)
58.	न्यायालय ने विशाखा दिशानिर्देश (1997) दोहराए और उनके प्रवर्तन के लिए अतिरिक्त उपायों पर जोर दिया	मेधा कोतवाल लेले व अन्य बनाम भारत संघ व अन्य (2012)

59.	संसद और राज्य विधान मंडलों की सदस्यता के लिए निरर्हताएँ, यदि किसी अपराध के लिए दोषी ठहराया गया है और कम-से-कम दो वर्ष के कारावास की सज़ा सुनाई गई है।	लिली थॉमस बनाम भारत संघ व अन्य (2013)
60.	नौकरशाही को पेशेवर बनाना, दक्षता और सुशासन को बढ़ावा देना	टी.एस.आर सुब्रमण्यन व अन्य बनाम भारत संघ व अन्य (2013)
61.	भारतीय दंड संहिता की धारा 377, जिसने समलैंगिकता को अपराध घोषित किया	सुरेश कुमार कौशल व एक अन्य बनाम नाज फाउंडेशन व अन्य (2013)
62.	भारत में किन्नर समुदाय के सदस्यों के अधिकार	राष्ट्रीय कानूनी सेवाएँ प्राधिकरण बनाम भारत संघ (2014)
63.	क्या गोद लेने और गोद लिए जाने का अधिकार संविधान के भाग-III के तहत एक मौलिक अधिकार है ?	शबनम हाशमी बनाम भारत संघ व अन्य (2014)
64.	मानहानि के आपराधिक अपराध की संवैधानिकता	सुब्रमण्यम स्वामी बनाम भारत संघ (2014)
65.	आरटीआई अधिनियम की संवैधानिक वैधता	प्रमति शैक्षिक व सांस्कृतिक ट्रस्ट बनाम भारत संघ व अन्य (2014)
66.	मुक्त भाषण और अभिव्यक्ति का मौलिक अधिकार; क्या आईटी अधिनियम, 2000 की धारा 66ए असंवैधानिक है ?	श्रेया सिंघल बनाम भारत संघ (2015)
67.	राष्ट्रीय न्यायिक नियुक्ति आयोग (NJAC) अधिनियम की संवैधानिक वैधता	सुप्रीम कोर्ट एडवोकेट्स-ऑन-रिकॉर्ड एसोसिएशन व अन्य बनाम भारत संघ (2015)

68.	वोट देने और चुनाव लड़ने का अधिकार	राजबाला व अन्य बनाम हरियाणा राज्य व अन्य (2015)
69.	तीन तलाक या तलाक-ए-बिद्दत	शायरा बानो बनाम भारत संघ व अन्य (2016)
70.	क्या चुनाव में धर्म, जाति या समुदाय के नाम पर वोट माँगना भ्रष्ट आचरण होगा?	अभिराम सिंह बनाम सी. डी. कोमाचेन (2017)
71.	संवैधानिकता की भावना के विरुद्ध अध्यादेशों का पुन: प्रख्यापन	कृष्ण कुमार सिंह व एक अन्य बनाम बिहार राज्य व अन्य (2017)
72.	क्या निजता का अधिकार मौलिक अधिकार है?	न्यायमूर्ति के.एस. पुट्टास्वामी (सेवानिवृत्त) व अन्य बनाम भारत संघ व अन्य (2017)
73.	वैवाहिक बलात्कार का अपवाद; क्या नाबालिग पत्नी से संभोग बलात्कार है?	इंडिपेंडेंट थॉट बनाम भारत संघ (2017)
74.	आईपीसी की धारा 498ए के दुरुपयोग को रोकने के निर्देश	राजेश शर्मा व अन्य बनाम यूपी राज्य (2017)
75.	क्या गरिमा के साथ मरने का अधिकार एक मौलिक अधिकार है?	कॉमन कॉज़ (एक पंजीकृत सोसाइटी) बनाम भारत संघ (2018)
76.	मॉब लिंचिंग के विरुद्ध दिशा-निर्देश	तहसीन एस. पूनावाला बनाम भारत संघ व अन्य (2018)
77.	दिल्ली सरकार और उप-राज्यपाल के बीच सत्ता का संघर्ष	एनसीटी दिल्ली सरकार बनाम भारत संघ (2018)
78.	अनुसूचित जाति/जनजाति अधिनियम के दुरुपयोग को रोकने के निर्देश	डॉ. सुभाष काशीनाथ महाजन बनाम महाराष्ट्र राज्य (2018)
79.	एक लड़की का अपनी पसंद के व्यक्ति से विवाह करने का अधिकार	शफीन जहाँ बनाम अशोकन के. एम. (2018)

80.	केरल के सबरीमाला मंदिर में 10 से 50 वर्ष की आयु की महिलाओं का प्रवेश	इंडियन यंग लॉयर्स एसोसिएशन बनाम केरल राज्य (2018)
81.	भारतीय दंड संहिता की धारा 497 जो व्यभिचार को अपराध मानती है	जोसेफ शाइन बनाम भारत संघ (2018)
82.	आईपीसी की धारा 377, जो समलैंगिकता को अपराध बनाती है	नवतेज सिंह जौहर व अन्य बनाम भारत संघ (2018)
83.	अनुसूचित जाति/अनुसूचित जनजाति समुदायों के लिए पदोन्नति में आरक्षण	जरनैल सिंह व अन्य बनाम लछमी नारायण गुप्ता व अन्य (2018)
84.	राम जन्मभूमि–बाबरी मसजिद भूमि स्वामित्व मामला	एम. इस्माइल फारूकी व अन्य बनाम भारत संघ व अन्य (2018)
85.	आधार की संवैधानिक वैधता; आधार अधिनियम, 2016	न्यायमूर्ति पुट्टास्वामी (सेवानिवृत्त) व अन्य बनाम भारत संघ व अन्य (2018)
86.	ऑनर किलिंग (सम्मान हत्याएँ)	शक्ति वाहिनी बनाम भारत संघ (2018)
87.	अधिवक्ता के रूप में कार्य करने वाले विधायक	अश्विनी कुमार उपाध्याय बनाम भारत संघ (2018)
88.	जनहित में अदालती कार्यवाही की वीडियो रिकॉर्डिंग या सीधा प्रसारण	स्वप्निल त्रिपाठी बनाम भारत का सर्वोच्च न्यायालय (2018)
89.	अनुसूचित जाति/अनुसूचित जनजाति के लिए पदोन्नति में आरक्षण और वरिष्ठता के मुद्दे	बी.के पवित्रा बनाम भारत संघ (2019)
90.	2006 के वन अधिकार अधिनियम (FRA) का कार्यान्वयन	वाइल्डलाइफ फर्स्ट बनाम पर्यावरण और वन मंत्रालय (2019)

परिशिष्ट-2
विवादास्पद क्षेत्र बनाम निर्णय

क्र. सं.	संघर्ष क्षेत्र	निर्णय
1.	भाषण व अभिव्यक्ति की स्वतंत्रता	• रोमेश थापर बनाम मद्रास राज्य (1950) • बृजभूषण व अन्य बनाम दिल्ली राज्य (1950) • वीरेंद्र बनाम पंजाब राज्य (1957) • हमदर्द दवाखाना बनाम भारत संघ व अन्य (1959) • बेनेट कोलमैन एंड कंपनी व अन्य बनाम भारत संघ व अन्य (1972) • इंडियन एक्सप्रेस समाचार पत्र बनाम भारत संघ व अन्य (1984) • आर राजगोपाल बनाम तमिलनाडु राज्य (1994) • पीपुल्स यूनियन फॉर सिविल लिबर्टीज बनाम भारत संघ (2004) • श्रेया सिंघल बनाम भारत संघ (2015)
2.	शिक्षण संस्थानों में प्रवेश और रोजगार में आरक्षण	• मद्रास राज्य बनाम श्रीमती चंपकम दोराईराजन (1951) • एम.आर बालाजी बनाम मैसूर राज्य (1963) • इंदिरा साहनी व अन्य बनाम भारत संघ (1992) • टी.एम.ए. पाई फाउंडेशन व अन्य बनाम कर्नाटक राज्य व अन्य (2002) • पी.ए इनामदार व अन्य बनाम महाराष्ट्र राज्य व अन्य (2005) • एम नागराज व अन्य बनाम भारत संघ (2006) • अशोक कुमार ठाकुर बनाम भारत संघ व अन्य (2008) • जरनैल सिंह व अन्य बनाम लछमी नारायण गुप्ता व अन्य (2018) • बी. के. पवित्रा बनाम भारत संघ (2019)

3.	संविधान में संशोधन करने का संसद का अधिकार	• शंकरी प्रसाद बनाम भारत संघ (1951) • सज्जन सिंह बनाम राजस्थान राज्य (1965) • एल.सी गोलकनाथ व अन्य बनाम पंजाब राज्य व अन्य (1967) • केशवानंद भारती बनाम केरल राज्य (1973) • इंदिरा नेहरू गाँधी बनाम राजनारायण व अन्य (1975) • मिनर्वा मिल्स लिमिटेड बनाम भारत संघ (1980) • एल. चंद्र कुमार बनाम भारत संघ व अन्य (1997)
4.	आवश्यक धार्मिक प्रथाओं का परीक्षण	• आयुक्त, हिंदू धार्मिक बंदोबस्ती, मद्रास बनाम शिरूर मठ के श्री लक्ष्मींद्र तीर्थ स्वामी (1954) • दरगाह समिति, अजमेर बनाम सैयद हुसैन अली व अन्य (1961) • सरदार सैयदना ताहिर सैफुद्दीन बनाम बॉम्बे राज्य (1962) • एस.पी. मित्तल बनाम भारत संघ व अन्य (1982) • पुलिस आयुक्त व अन्य बनाम आचार्य जगदीश्वरानंद (2004) • शायरा बानो बनाम भारत संघ व अन्य (2017 • भारतीय युवा वकील एसोसिएशन बनाम केरल राज्य (2018)
5.	निजता का अधिकार	• एम.पी.शर्मा व अन्य बनाम सतीश चंद्र (1954) • खड़क सिंह बनाम यूपी राज्य व अन्य (1962) • न्यायमूर्ति के.एस. पुट्टास्वामी (सेवानिवृत्त) व अन्य बनाम भारत संघ व अन्य (2017)
6.	संविधान की मूल संरचना	• केशवानंद भारती बनाम केरल राज्य (1973) • इंदिरा नेहरू गाँधी बनाम राजनारायण व एक अन्य (1975) • मिनर्वा मिल्स लिमिटेड बनाम भारत संघ (1980)
7.	जीवन और व्यक्तिगत	• मेनका गाँधी बनाम भारत संघ (1978) • सुनील बत्रा बनाम दिल्ली प्रशासन (1979)

	स्वतंत्रता का अधिकार	• हुसैनआरा ख़ातून व अन्य बनाम बिहार राज्य (1979) • डी.के बसु बनाम पश्चिम बंगाल राज्य (1996) • विशाखा व अन्य बनाम राजस्थान राज्य (1997) • न्यायमूर्ति के.एस. पुट्टास्वामी (सेवानिवृत्त) व अन्य बनाम भारत संघ व अन्य (2017)
8.	मृत्युदंड (मौत की सज़ा)	• जगमोहन सिंह बनाम उत्तर प्रदेश राज्य (1973) • राजेंद्र प्रसाद बनाम उत्तर प्रदेश राज्य (1979) • बचन सिंह बनाम पंजाब राज्य (1980) • माछी सिंह व अन्य बनाम पंजाब राज्य (1983) • टी.वी.एस. वथीस्वरण बनाम तमिलनाडु राज्य (1983) • शशि नायर बनाम भारत संघ (1991) • आलोक नाथ दत्ता बनाम पश्चिम बंगाल राज्य (2007) • स्वामी श्रद्धानंद बनाम कर्नाटक राज्य (2008) • संतोष कुमार सतीशभूषण बरियार बनाम महाराष्ट्र राज्य (2009) • शत्रुघ्न चौहान बनाम भारत संघ (2014)
9.	सर्वोच्च न्यायालय और उच्च न्यायालयों के न्यायाधीशों की नियुक्ति	• एस.पी गुप्ता बनाम भारत के राष्ट्रपति व अन्य (1981) • एडवोकेट ऑन रिकॉर्ड एसोसिएशन बनाम भारत संघ (1993) • 1998 का विशेष संदर्भ मामला • सुप्रीम कोर्ट एडवोकेट्स ऑन रिकॉर्ड-एसोसिएशन व एक अन्य बनाम भारत संघ (2015)
10.	अध्यादेशों का पुन: प्रख्यापन	• डॉ. डी.सी. वाधवा व अन्य बनाम बिहार राज्य व अन्य (1986) • कृष्ण कुमार सिंह व एक अन्य बनाम बिहार राज्य व अन्य (2017)

11.	राष्ट्रपति/ राज्यपाल की क्षमादान शक्ति	• के. एम. नानावटी बनाम महाराष्ट्र राज्य (1959) • मारू राम बनाम भारत संघ व एक अन्य (1980) • केहर सिंह व अन्य बनाम भारत संघ व अन्य (1988) • धनंजय चटर्जी उर्फ धाना बनाम पश्चिम बंगाल राज्य (1994) • स्वर्ण सिंह बनाम उत्तर प्रदेश राज्य व अन्य (1998) • एपुरु सुधाकर व एक अन्य बनाम अरुणाचल प्रदेश सरकार व अन्य (2006)
12.	शिक्षा का अधिकार	• मोहिनी जैन बनाम कर्नाटक राज्य (1989) • उन्नी कृष्णन, जे.पी. व अन्य बनाम आंध्र प्रदेश राज्य व अन्य (1993) • प्रमति शैक्षिक एवं सांस्कृतिक ट्रस्ट बनाम भारत संघ व अन्य (2014)
13.	विधायकों की योग्यता	• किहोतो होलोहन बनाम जाचिल्हु व अन्य (1992) • रवि एस. नाइक बनाम भारत संघ (1994) • जी. विश्वनाथन बनाम अध्यक्ष, तमिलनाडु विधान सभा (1996) • जया बच्चन बनाम भारत संघ व अन्य (2006) • राजेंद्र सिंह राणा बनाम स्वामी प्रसाद मौर्य व अन्य (2007) • अध्यक्ष हरियाणा विधान सभा बनाम कुलदीप बिश्नोई व अन्य (2012)
14.	अनुच्छेद 356 के तहत आपातकाल की उद्घोषणा	• राजस्थान राज्य बनाम भारत संघ (1977) • मिनर्वा मिल्स लिमिटेड बनाम भारत संघ (1980) • एस.आर. बोम्मई बनाम भारत संघ (1994) • रामेश्वर प्रसाद व अन्य बनाम भारत संघ और अन्य (2006)

15.	चुनावी सुधार	• एसोसिएशन फॉर डेमोक्रेटिक रिफॉर्म्स बनाम 'भारत संघ व एक अन्य' (2003)
		• पीपुल्स यूनियन ऑफ सिविल लिबर्टीज़ बनाम भारत संघ व एक अन्य (2003) • लिली थॉमस बनाम भारत संघ व अन्य (2013) • अभिराम सिंह बनाम सी.डी. कॉमाचेन (2017) • लोक प्रहरी बनाम भारत संघ (2018)
16.	इच्छामृत्यु (यूथेनेसिया)	• अरुणा रामचंद्र शानबाग बनाम भारत संघ व अन्य (2011) • कॉमन कॉज (एक पंजीकृत सोसाइटी) बनाम भारत संघ (2018)
17.	कार्यस्थल पर यौन उत्पीड़न	• विशाखा व अन्य बनाम राजस्थान राज्य (1997) • मेधा कोतवाल लेले व अन्य बनाम भारत संघ व अन्य (2012)
18.	धारा 377 IPC समलैंगिकता	• सुरेश कुमार कौशल व अन्य बनाम नाज फाउंडेशन व अन्य (2013) • नवतेज सिंह जौहर व अन्य बनाम भारत संघ (2018)
19.	वोट देने और चुनाव लड़ने का अधिकार	• जावेद व अन्य बनाम हरियाणा राज्य व अन्य (2003) • पीपुल्स यूनियन ऑफ सिविल लिबर्टीज बनाम यूनियन ऑफ इंडिया व अन्य (2003) • राजबाला व अन्य बनाम हरियाणा राज्य व अन्य (2015)
20.	आजीविका/ भोजन का अधिकार	• ओल्गा टेलिस व अन्य बनाम बंबई नगर निगम (1985) • चमेली सिंह व अन्य बनाम उत्तर प्रदेश राज्य व अन्य (1995) • पीपुल्स यूनियन फॉर सिविल लिबर्टी बनाम भारत संघ (2001)

21.	पर्यावरण का संरक्षण	• एम.सी. मेहता बनाम भारत संघ (1982, 1988 एवं 1998) • वेल्लोर नागरिक कल्याण फोरम बनाम भारत संघ (1995) • टी.एन गोदावर्मन थिरुमुलपाद बनाम भारत संघ व अन्य (1996) • भारतीय पर्यावरण कानूनी कार्यवाही परिषद् बनाम भारत संघ व अन्य (1996) • आंध्र प्रदेश प्रदूषण नियंत्रण बोर्ड बनाम एम बनाम नायडू (1999)
22.	आदिवासी अधिकार	• समता बनाम आंध्र प्रदेश राज्य व अन्य (1997) • वाइल्डलाइफ फर्स्ट बनाम पर्यावरण एवं वन मंत्रालय (2019)
23.	मौलिक अधिकार बनाम राज्य नीति निदेशक सिद्धांत	• मद्रास राज्य बनाम श्रीमती चंपकम दोराईराजन (1951) • केरल शिक्षा विधेयक बनाम अज्ञात (1958) • एल.सी गोलकनाथ व अन्य बनाम पंजाब राज्य व अन्य (1967) • केशवानंद भारती बनाम केरल राज्य (1973) • मिनर्वा मिल्स लिमिटेड बनाम भारत संघ (1980) • वामन राव व अन्य बनाम भारत संघ व अन्य (1980)
24.	केंद्र-राज्य संबंध	• पश्चिम बंगाल राज्य बनाम भारत संघ (1962) • पंजाब राज्य बनाम सतपाल डांग व अन्य (1968) • राजस्थान राज्य बनाम भारत संघ (1977) • प्रदीप जैन बनाम भारत संघ (1984) • एस.आर. बोम्मई बनाम भारत संघ (1994) • रामेश्वर प्रसाद व अन्य बनाम भारत संघ और अन्य (2006)

परिशिष्ट-3
सर्वोच्च न्यायालय के निर्णयों में परिवर्तन

सर्वोच्च न्यायालय के वर्षवार निर्णय जो गुणवत्ताहीन मान लिए गए, खारिज कर दिए गए, उलट दिए गए, उन पर संदेह किया गया या असहमति जताई गई।

1950

AIR 1969 Cal. 397 में व्याख्या के अनुसार AIR 1967 SC 1269 की दृष्टि में AIR 1950 SC 222 अब अमान्य कानून घोषित।

AIR 1970 SC 564 में AIR 1950 SC 27 खारिज।

AIR 1973 SC 1425 में AIR 1950 SC 27 खारिज।

1951

AIR1954 SC 199 में AIR 1951 SC 41 पर असम्मति।

AIR 1962 SC 1563 में AIR 1951 SC 97 अब अमान्य।

AIR 1966 SC 619 में AIR 1951 SC 97 का पालन नहीं।

AIR 1988 SC 520 में AIR 1951 SC 318 का पालन नहीं।

1952

AIR 1954 SC 119 में AIR 1952 SC 252 पर असम्मति।

AIR 5970 राज. 216 में व्याख्या के अनुसार, संशोधन के दृष्टिकोण से, AIR 1952 SC 192 अमान्य।

AIR 1978 SC 803 में AIR 1970 SC 564 को देखते हुए AIR 1952 SC 252 अब अमान्य।

AIR 1996 SC 1491 में AIR 1952 SC 343 खारिज।

1953

AIR 1953 SC 333 में AIR 1953 SC 252 पर असम्मति।

AIR 1958 SC 532 में AIR 1953 SC 108 खारिज।

AIR 1962 SC 1916 में AIR 1953 SC 108 खारिज।

AIR 1955 SC 661 द्वारा AIR 1953 एससी 252 खारिज।

AIR 1967 SC 344 में AIR 1953 SC 221 लागू नहीं।

AIR 1953 SC 420 AIR 1962 SC 130 द्वारा AIR 1980 SC 559 में खारिज।

1954

AIR 1959 SC 395 में AIR 1954 SC 636 खारिज।

AIR 1964 गुजरात 82 में 1955 के संविधान संशोधन अधिनियम के पश्चात् AIR 1954 SC 92 अमान्य।

AIR 1964 गुजरात 82 में चौथे संविधान संशोधन अधिनियम, 1955 के पश्चात् AIR 1954 SCI 19 अमान्य।

AIR 1964 SC 1043 में AIR 1954 SC 447 खारिज।

AIR 1964 गुजरात 82 में चौथे संविधान संशोधन अधिनियम, 1955 के पश्चात् AIR 1954 SC 728 अमान्य।

AIR 1965 SC 669 में AIR 1954 SC 513 खारिज।

AIR 1965 AP 196 में AIR 1954 SC 545 लागू नहीं।

AIR 1966 SC 1135 में AIR 1954 SC 20 AIR 1950 SC 222 सही नहीं माना गया।

AIR 1970 Cal. 15 में की गई व्याख्या के अनुसार AIR 1954 SC 170 AIR 1969 SC 634 द्वारा खारिज माना गया।

AIR 1971 Cal. 219 में की गई व्याख्या के अनुसार AIR 1968 SC 218 में बाद के निर्णय को देखते हुए AIR 1954 SC 219 का पालन नहीं किया गया।

कोफेपोसा अधिनियम की धारा 5ए के परिचय को देखते हुए AIR 1954 SC 179 अमान्य ठहराया गया - AIR 1987 SC 1748I

AIR 1954 SC 300 खारिज - AIR 2017 SC 4161 (a)

1955

AIR 1961 मैसूर 3 में AIR 1955 SC 781 AIR1959 SC 648 द्वारा खारिज कर दिया गया।

AIR 1962 SC 1583 में AIR 1955 SC 3 अब अमान्य ठहराया गया।

AIR 1962 ASH 521 में AIR 1955 SC 41 अब अमान्य (संशोधन के बाद)।

AIR 1966 SC 619 में AIR 1955 SC 3 का पालन नहीं।

AIR 1966 SC 220 में AIR 1955 SC 309 पर संदेह।

AIR 1963 SC 1237 में AIR 1955 SC 765 लागू नहीं माना गया।

AIR 1970 SC 546 में AIR 1955 SC 41 खारिज।

AIR 1982 दिल्ली 332 में AIR 1967 SC 1030 एवं 1032 को देखते हुए AIR 1955 SC 468 अमान्य ठहराया गया।

1956

AIR 1959 SC 1310 में AIR 1956 SC 476 का पालन नहीं।

AIR 1964 मणिपुर 46 में AIR 1956 SC 246 का पालन नहीं।

1957

AIR 1959 SC 1310 में AIR 1957 SC 13 का पालन नहीं।

AIR 1957 SC 95 औद्योगिक विवाद अधिनियम, 1947 (1947 का 14) में संशोधन के बाद AIR 1961 पंजाब 232 में 1957 के अधिनियम 18 द्वारा अमान्य ठहराया गया।

AIR 1957 SC 121 1947 के आई.डी अधिनियम के संशोधन के बाद AIR 1961 पंजाब 232 में 1957 के अधिनियम 18 द्वारा अमान्य

AIR 1957 SC 790 AIR 1962 SC 1621 में खारिज।

AIR 1957 SC 790 AIR 1963 SC 734 ए में अवैध कानून माना गया

1958

AIR 1958 SC 468 AIR 1961 मैसूर 3 में AIR 1959 SC 648 द्वारा खारिज।

AIR 1958 SC 731, AIR 2006 SC 212 में खारिज।

AIR1958 SC 947 पर AIR 1968 SC 384 में असहमति।

AIR 1972 दिल्ली 281 में व्याख्या के अनुसार AIR 1968 SC 384 के दृष्टिकोण से AIR 1958 SC 947 अमान्य

AIR 1973 दिल्ली 24 में व्याख्या के अनुसार AIR 1958 SC 947 AIR 1968 SC 384 को देखते हुए अमान्य (1966) 1 A1I.E.R 524, AIR 1974 M.P 88 में कानून की परिवर्तित व्याख्या के मद्देनजर AIR 1958 SC 441 का पालन नहीं किया गया।

AIR 1958 SC 1036 AIR 199 SC 10 में खारिज।

1959

AIR 1959 SC 847 AIR 1962 SC 195 में खारिज।

AIR 1959 SC 93 AIR 1965 SC 669 में खारिज।

AIR 1959 SC 257 AIR-1967: SC 230 में खारिज।

IR 1959 SC 244 में इसके विपरीत टिप्पणियों पर AIR 1975 1 SC 2291 में असहमति।

1960

AIR 1960 SC 245 AIR 1966 SC 644 में खारिज।

AIR 1960 SC 1355 AIR 1967 SC 997 में खारिज।

AIR 1960 SC 131 AIR 1969 SC 604 में खारिज।

AIR 1060 SC 1203 AIR 1970 SC 564 में खारिज।

1961

AIR 1961 SC 232 73 AIR 1962 SC 1406 में अस्वीकृत।

AIR 1961 SC 448 AIR 2006 SC 212 में खारिज।

AIR 1961 SC 736 AIR 1965 गुजरात 105 में संशोधन के मद्देनजर अब अमान्य।

AIR 1961 SC 1717 AIR 1965 गुजरात 105 में संशोधन के मद्देनजर अब अमान्य।

AIR 1961 SC 58 AIR 1966 SC 1614 में खारिज।

AIR 1961 SC 1425 पर AIR 1966 SC 573 में संदेह।

AIR 1968 राज. 1 में व्याख्या के अनुसार AIR 1961 SC 808 AIR 1966 SC 470 की दृष्टि में अमान्य।

AIR 1961 SC 610 AIR 1970 SC 1407 में खारिज।

AIR 1961 SC 4 AIR 1978 SC 1296 में खारिज।

AIR 1961 SC 884 नए Cr.P.C.(1974) की दृष्टि से अब AIR 1981 SC 2198 में अमान्य।

AIR 1961 SC 1449 AIR 1984 SC 1004 में खारिज।

AIR 1961 SC 232 खारिज - AIR 2016 SC 5617 (ए)

1962

AIR 1962 SC 673 पर AIR 1967 SC 1286 में असम्मति।

AIR 1969 AP 441 में व्याख्या के अनुसार (1962)46 ITR 609 SC AIR 1968 SC 623 द्वारा खारिज माना गया।

(1962) ITR 609 SC AIR 1968 SC 623 में खारिज।

AIR 1962 SC 1080 AIR 1978 SC 548 में खारिज।
AIR 1962 SC 36 AIR 1993 SC 477 में खारिज।
AIR 1962 SC 1406 AIR 2016 SC 5617 (ए) में खारिज।

1963

AIR 1963 SC 548 पर AIR 1965 SC 1942 में संदेह।
AIR 1963 SC 1356 AIR 1965 AP 196 में लागू नहीं।
(1963) 48 ITR SC 177 AIR 1966 गुजरात 105 में संशोधन के दृष्टिकोण से अब अमान्य।
AIR 1963 SC 354 AIR 1966 SC 538 में खारिज।
AIR 1963 SC 358 पर AIR 1966 SC 538 में असहमति।
AIR 1963 SC 1207 AIR 1978 SC 449 में खारिज।
AIR 1963 SC 1873 AIR 1978 SC 548 में खारिज।
AIR 1963 SC 120 AIR 1979 SC 1745 में खारिज।
रेलवे अधिनियम,1961 की धारा 80 के संशोधन की दृष्टि से AIR 1963 SC 1681 अब AIR 1981 दिल्ली 135 में अमान्य।
AIR 1963 SC 996 AIR 1992 SC 248 में समाप्त माना गया।
AIR 1963 SC 649 AIR 1993 SC 477 में खारिज।
AIR 1963 SC 996 AIR 1995 SC 2348 में अमान्य
AIR 1963 SC 1295 AIR 2017 SC 4161 (ए) में खारिज।

1964

1964 (1) Lab.L.J.333 पर AIR 1964 SC 1617 में असम्मति।
AIR 1964 SC 1873 AIR 1966 SC 1738 में खारिज।
Crl. अपील 21/1960 दिनांक 14.9.1964 SC AIR 1966 SC 1135 में सही नहीं मानी गई।
AIR 1964 SC 497 खंड 115 सी.पी.सी. में संशोधन की दृष्टि से 1976 अधिनियम - AIR 1993 Pat. 122 द्वारा अमान्य ठहराया गया।
AIR 1964 SC 179 AIR 1993 SC 477 में खारिज।

1965

AIR 1965 SC 1510 पर AIR 1969 केरल 205 में असहमति-विभेदन।
AIR 1970 Cal.15 में व्याख्या के अनुसार AIR 1965 SC 190 AIR 1969 SC 634 में खारिज किया गया।

AIR 1970 Cal. 15 में व्याख्या के अनुसार AIR 1965 SC 1017 में टिप्पणियाँ AIR 1969 SC 634 में आपत्तिजनक मानी गईं और उन पर असम्मति हुई।

AIR 1965 SC 101 AIR 1979 SC 1745 में खारिज कर दिया गया।

AIR 1979 बंबई 89 में AIR 1965 SC 414 का AIR 1976 SC 2229 में पालन नहीं किया गया।

AIR 1982 AP 227 में AIR 1976 SC के मद्देनजर AIR 1965 SC 414 का पालन नहीं किया गया।

AIR 1984 पंजाब 223 में AIR 1963 SC 1516 के मद्देनजर AIR 1965 SC 1874 का पालन नहीं किया गया।

AIR 1989 AP 235 में AIR 1983 SC 1086, AIR1984 SC 1026 और AIR 1986 SC 494 के मद्देनजर AIR 1965 SC 1039 का पालन नहीं किया गया।

AIR 1965 SC 414 AIR 1976 SC 229 में खारिज कर दिया गया, जैसा कि AIR 2003 SC 229 में कहा गया है।

AIR 1965 SC 183, AIR 2017 SC 401(बी) में खारिज।

1966

AIR 1966 SC 91 AIR 1967 SC 1507 में खारिज।

AIR 1971 SC 862 में व्याख्या के अनुसार AIR 1966 SC 671 AIR 1967 SC 1606 द्वारा खारिज।

AIR 1971 इलाहाबाद 54 में व्याख्या के अनुसार AIR 1966 SC 671 AIR 1967 SC 1606 में खारिज।

AIR 1966 SC 1250 AIR 1972 SC 1880 में खारिज।

AIR 1966 SC1335 AIR 1967 SC 1507 में खारिज।

AIR 1971 SC 862 में व्याख्या के अनुसार AIR 1966 SC 671 AIR 1967 SC 1606 द्वारा खारिज।

AIR 1971 इलाहाबाद 54 में व्याख्या के अनुसार AIR 1966 SC 671 AIR 1967 SC 1606 में खारिज।

AIR 1966 SC 1250 AIR 1972 SC 1880 में खारिज।

1987 SC 1748 में कोफेपोसा (COFEPOSA) अधिनियम के खंड 5 ए के परिचय के मद्देनजर AIR 1966 SC 740 अमान्य।

AIR 1966 SC 38 AIR 2003 SC 2084 में आपत्तिजनक माना गया।

AIR 1966 SC 1686 AIR 2016 SC 5617 (एम) में खारिज।

1967

(1967) 2 SCR AIR 1970 SC 564 में खारिज।

AIR 1967 SC 1643 AIR 1973 SC 1461 में खारिज।

AIR 1967 SC 1581 AIR 1974 SC 2009 में खारिज।

AIR 1975 SC 1187 में AIR
1974 SC 2009 के मद्देनजर AIR 1967 SC 1581 अमान्य।

AIR 1976 पंजाब 93 में AIR 1974 SC 209 के मद्देनजर AIR 1967 SC 1581 अमान्य।

AIR 1967 SC 1419 AIR 1979 SC 1745 में खारिज।

AIR 1980 SC 801 में AIR 1967 SC 1581 AIR 1974 SC 2009 द्वारा खारिज।

AIR 1967 SC 799 आपत्तिजनक माना गया और AIR 1961 SC 1655 के मद्देनजर AIR 1982 मद्रास 156 में उसका पालन नहीं हुआ।

AIR 1967 SC 1335 AIR 1968 SC 765 में खारिज।

AIR 1967 SCI 797 AIR 1968 SC 327 में आंशिक रूप से खारिज।

AIR 1967 SC 295 AIR 1969 SC 707 में अस्वीकृत।

AIR 1967 SC 637 AIR 1969 SC 634 में खारिज।

AIR 1970 कलकत्ता 15 में व्याख्या के अनुसार AIR 1967 SC 637 AIR 1969 SC 634 द्वारा खारिज।

1968

AIR 1968 SC 466 AIR 1974 इलाहाबाद 337 में पिछली बड़ी खंडपीठ के निर्णय के मद्देनजर AIR 1968 SC 1351 अमान्य।

AIR 1977 दिल्ली 209 में AIR 1968 SC 151 एवं (1969)2SCR की दृष्टि से AIR 1968 SC 615 का पालन नहीं किया गया।

AIR 1978 SC 803 में AIR 1970 SC 564 के मद्देनजर AIR 196 SC 1053 अमान्य ठहराया गया।

AIR 1968 SC 554 AIR 1978 SC 548 में खारिज किया गया।

1968 (40) FLR 309 SC AIR 1985 SC 89 में खारिज किया गया।

AIR 1988 SC 2267 में 1968 (70)ITR 89 (SC) 2267 Cr.P.C. 1974 के मद्देनजर अब अमान्य।

AIR 1968 SC 133 AIR 1989 SC 1988 में अनुमोदित नहीं

1969

AIR 1969 SC 147 पर AIR 1969 केरल 205 में असहमति-विभेदन.

AIR 1969 NSC 186 का AIR 1974 SC 1596 में पालन नहीं

AIR 1969 SC 1335 AIR 1977 SC 282 में खारिज।

AIR 1969 SC 276 AIR 1978 SC 548 में खारिज।

AIR 1969 SC 1273 AIR 1980 SC 1708 में खारिज।

1970

Ser.L.R.768 AIR 1974 SC 1631 में खारिज।

AIR 1970 SC 93 AIR 2006 SC 212(D) में खारिज।

AIR 1970 SC 1244 AIR 1975 SC 1331 में खारिज।

AIR 1970 SC 1475 का AIR 1966 SC 806 के मद्देनजर AIR 1976 कर्नाटक 153 में पालन नहीं

AIR 1970 SC 1446 पर AIR 1977 SC 1361 में असहमति.

AIR 1978 उड़ीसा 179 में 1976 के संशोधन के मद्देनजर AIR 1970 SC 406 अब अमान्य।

AIR 1970 SC 1407 AIR 1978 SC 548 में खारिज।

AIR 1970 SC406 AIR 1986 दिल्ली 286 के मद्देनजर अब अमान्य।

AIR 1987 SC 1748 में कोफेपोसा (COFEPOSA) अधिनियम के खंड 5ए के परिचय के मद्देनजर AIR 1970 SC 852 अब अमान्य।

1960 के तमिलनाडु अधिनियम 18 के 1973 के संशोधन के मद्देनजर AIR 1970 SC 1656 अब AIR 1990 SC 2289 में अमान्य।

1976 अधिनियम द्वारा S.115 CPC में संशोधन के मद्देनजर AIR 1970 SC 406 अब AIR 1993 पटना 122 में अमान्य।

AIR 1978 SC 449 एवं AIR 1979 SC 1158 के मद्देनजर AIR 1970 SC 2000 AIR 1997 SC 1252 में अमान्य।

AIR 1970 SC 732 AIR 2002 SC 1895 में खारिज।

AIR 1970 SC 77 AIR 2006 SC 2511 में पर इन्कूरियम (per incuriam) माना गया।

1971

AIR 1971 SC 823 AIR 1972 SC 554 में खारिज।

AIR 1971 SC 1547 AIR 1974 SC 2192 में खारिज।

AIR 1971 SC 1828 AIR 1975 SC 1331 में खारिज।

AIR 1971 SC 2277 AIR 1975 SC 156 के मद्देनजर AIR 1977 SC 247 में अब अमान्य।

AIR 1971 SC 1708 AIR 1979 SC 437 में खारिज।

AIR 1971 SC 1667 नए Cr.RC.(1974) के मद्देनजर AIR 1981 SC 2198 में अब अमान्य।

AIR 1971 SC 2486 नए Cr.RC.(1974) के मद्देनजर AIR 1981 SC 2198 में अब अमान्य।

AIR 1971 SC 1828 का AIR 1989 SC 341 में पालन नहीं

1971 (3) SCC 821 AIR 1995 SC 724 में खारिज।

AIR 1971 SC 2533 AIR 2001 SC 393 में खारिज।

AIR 1971 SC 330 AIR 2005 SC 688 में खारिज।

1972

AIR 1972 SC 1546 AIR 1974 SC 1631 में खारिज।

AIR 1972 SC 1640 AIR 1974 SC 1631 में खारिज।

AIR 1972 SC 1487 AIR 1975 SC 1116 में अब अमान्य।

AIR 1972 SC 2526 का AIR 1976 SC 2229 के मद्देनजर AIR 1982 AP 227 में पालन नहीं

AIR 1972 SC 121 AIR 1985 SC 1683 में संशोधन के मद्देनजर अब अमान्य।

1972 Tax. L.R. 1011 (SC) AIR 1991 SC 2278 में आपत्तिजनक माना गया।

AIR 1972 SC 2526 AIR 1976 SC 2229 में खारिज, जैसा कि AIR 2003 SC 229 में कहा गया।

AIR 1972 SC 1840 AIR 2005 SP 800 में खारिज।

1973

AIR 1973 SC 2761 AIR 1975 SC 1996 में खारिज।

AIR 1973 SC 2110 AIR 1976 SC 2358 में खारिज।

AIR 1973 SC 668 AIR 1978 449 में आंशिक रूप से खारिज।

AIR 1973 SC 947 का AIR 1982 SC 1325 में पालन नहीं हुआ।

AIR 1973 SC 2451 का AIR 1980 SC 2051 के मद्देनजर AIR 1982 पटना 235 में पालन नहीं हुआ.

AIR 1973 SC 930 AIR 1993 SC 477 में खारिज।
AIR 1973 SC 2418 AIR 1993 SC 2181 में खारिज।

1974

CA 1759/1969 दिनांक 17.5.1974 (SC) AIR 1974 SC 1940 में खारिज।
AIR 1974 SC 1161 AIR 1974 SC 2154 में खारिज।
AIR 1974 SC 1218 AIR 1975 SC 43 में खारिज।
AIR 1974 SC 2061 AIR 1979 SC 1745 में खारिज।
AIR 1974 SC 1265 AIR 1984 SC 29 में निहित रूप से खारिज।

1975

AIR 1975 SC 308 AIR 1975 SC 2299 में विधायी परिवर्तनों के मद्देनजर अब अमान्य।
AIR 1975 SC 189 AIR 1978 SC 933 में खारिज।
AIR 1975 SC 2032 AIR 1978 SC 548 में खारिज।
AIR 1975 SC 1111 AIR 1979 SC 1745 में खारिज।
AIR 1954 SC 728 एवं AIR 1964 SC 925 के मद्देनजर एआईआर 1975 SC 1146 का AIR 1982 SC 1325 में पालन नहीं।
AIR 1975 SC 1146 पर AIR 1983 SC 1155 में असहमति।
AIR 1975 SC 2216 AIR 1985 SC 1416 में खारिज।
(1975) 1 SCR 483 AIR 1986 SC 319 में खारिज।

1976

AIR 1976 SC 869 के मद्देनजर AIR 1976 SC 588 का AIR 1977 NOC 136ए (HP) में पालन नहीं।
AIR 1976 SC 2198 AIR 1977 SC 1944 में खारिज।
AIR 1976 SC 203 को AIR 1979 SC 1960 में खारिज।
AIR 1976 SC 588 AIR 1979 SC 1745 में खारिज।
AIR 1976 SC 10 आंशिक रूप से AIR 1980 SC 387 में खारिज।
AIR 1976 SC 348 AIR 1980 SC 387 में खारिज।
AIR 1976 SC 1988 AIR 1985 SC 1635 में 'पर इन्क्यूरियम' माना गया।

AIR 1988 Cal.1 में AIR 1977 SC 2319 के मद्देनजर AIR 1976 SC 2433 का पालन नहीं।

AIR 1976 SC 1207, AIR 2017 SC 4161 (ए) में खारिज।

1977

AIR 1977 SC 1285 AIR 1979 SC 798 में अमान्य।

AIR 1977 SC 2129 AIR 1979 SC 1960 में खारिज।

AIR 1977 SC 1361 44वें संवैधानिक संशोधन के मद्देनजर अब AIR 1982 SC 710 में अमान्य।

AIR 1977 SC 1986 AIR 1980 SC 587 द्वारा AIR 1984 SC 1392 में खारिज।

AIR 1977 SC 687 AIR 1985 SC 1293 में पर इन्क्यूरियम माना गया।

AIR 1977 SC 687 ने AIR 1985 SC 1293 को खारिज किया।

AIR 1977 SC 1459 AIR 1986 SC 649 में खारिज।

AIR 1989 केरल 171 में AIR 1987 SC 203 के मद्देनजर AIR 1977 SC 1555 का पालन नहीं किया गया।

AIR 1977 SC 1361 पर AIR 1994 SC 1918 में असहमति।

1978

AIR 1978 SC 955 AIR 1985 SC 796 में खारिज।

AIR 1978 SC 1283 AIR 1989 SC 1764 में उलट दिया गया।

AIR 1978 SC 995 AIR 2002 SC 643 में खारिज।

1979

AIR 1979 SC 336 को AIR 1980 SC 57 में खारिज।

AIR 1979 SC 621 पर AIR 1980 SC 1285 में असहमति।

AIR 1979 SC 916 AIR 1980 SC 898 में खारिज।

AIR 1979 SC 964 AIR 1980 SC 898 में खारिज।

AIR 1979 SC 1691 AIR 1985 SC 1585 में खारिज।

AIR 1979 SC 362 AIR 1985 AIR SC 943 गें खारिज।

AIR 1979 SC 1953 AIR 1988 SC 2090 में पर इन्क्यूरियम माना गया।

AIR 1979 SC 765 AIR 1988 SC 481 में आपत्तिजनक माना गया।

AIR 1979 SC 1034 AIR 1990 SC 857 में खारिज।

AIR 1979 SC 1501 AIR 1991 SC 574 में खारिज।

AIR 1979 SC 1191 AIR 1971 SC 2355 के मद्देनजर AIR 1991 SC 993 में अमान्य।

1979 की W.P. संख्या 845 दिनांक 15.10.1979 (SC) AIR 1991 SC 574 में खारिज।

AIR 1979 SC 984 AIR 2001 SC 1968 में खारिज।

1980

1980 All L.J 651(SC) के मद्देनजर AIR 1980 SC 635 का AIR 1981 इलाहाबाद 300 में पालन नहीं

AIR 1980 SC 1118 का AIR 1981 पंजाब 213 में विभेदन हुआ/पालन नहीं किया गया।

AIR 1980 SC 1682 AIR 1983 SC 239 में खारिज।

AIR 1980 SC 953 AIR 1987 SC 1907 में खारिज।

(1980)4 SCC 556 AIR 1980 SC 1522 के मद्देनजर AIR 1996 SC 942 में अब अमान्य।

AIR 1980 SC 1227 AIR 1999 SC 3496 में खारिज।

AIR 2003 SC 3436 के अनुसार, AIR 1980 SC 1955 AIR 1990 SC 1947 द्वारा खारिज नहीं किया गया है।

AIR 1980 SC 150 AIR 2006 SC 3446 में खारिज।

1981

AIR 1981 SC 1106 AIR 1986 SC 293 में खारिज।

(1981) 2 SCC 420 AIR 1988 SC 2090 में पर इन्क्यूरियम माना गया।

AIR 1981 SC 2005 पर AIR 1989 SC 1529 में संदेह।

AIR 1981 SC 1887 AIR 1994 SC 1393 में खारिज।

IR 1981 SC 2045 AIR 1999 SC 2894 में खारिज।

AIR 1981 SC 547 AIR 2005 SC 688 में खारिज।

AIR 1981 SC 1220 1978 अधिनियम के Crl.P.C. संशोधन के मद्देनजर AIR 2003 SC 4187 में अमान्य है।

AIR 1981 SC 2075 AIR 2018 SC1में खारिज।

1982

AIR 1982 SC 1439 AIR 1985 SC 1050 में खारिज।

AIR 1982 SC 685 पर AIR 1989 SC 1529 में संदेह।

AIR 1982 SC 149 AIR 1994 SC 268 में खारिज।

AIR 1982 SC 1500 AIR 1997 SC 1554 में खारिज।

AIR 2001 SC 1210 में AIR 1982 SC 1064 का पालन नहीं।

AIR 1982 SC 1569, AIR 2014 SC 1290 में खारिज।

1983

AIR 1983 SC 361 AIR 1983 SC 465 में खारिज।

AIR 1983 SC 361 AIR 1989 SC 142 में और AIR 1989 SC 1335 में खारिज।

1984

AIR 1977 SC 2147 के मद्देनजर AIR 1987 पटना 274 में AIR 1984 SC 503 का पालन नहीं किया गया।

AIR 1984 SC 186 AIR 1988 SC 481 में आपत्तिजनक माना गया।

AIR 1986 SC 412 के मद्देनजर AIR 1984 SC 790 अमान्य और

AIR 1980 SC 614 AIR 1990 SC 1927 में खारिज।

AIR 1984 SC 866 आंशिक रूप से AIR 1994 SC 2319 में खारिज।

AIR 1984 SC 1796 पर AIR 2001 SC 2255 में असहमति।

AIR 1984 SC 1824 AIR 2012 SC 2795 में खारिज।

AIR 1984 SC 790, AIR 2016 SC 3469 (ए) में खारिज।

1985

AIR 1985 SC 576 AIR 1985 SC 1576 में खारिज।

AIR 1985 SC 817 AIR 1993 SC 477 में आपत्तिजनक माना गया।

AIR 1985 SC 1118 AIR 1995 SC 676 में खारिज।

1985 (2) SCC 644 AIR 1995 SC 1457 में खारिज।

AIR 1985 SC 413 AIR 1996 SC 3128 में खारिज।

1985 Supp SCC 476 AIR 2002 SC 452 में खारिज।

AIR 1987 SC 1073 के मद्देनजर AIR 2003 SC 724 में AIR 1985 SC 814 अब अमान्य।

1986

शून्य

1987

AIR 1987 SC 2001 AIR 1988 SC 584 में खारिज।

(1987)5 JT 472(SC) AIR 1988 SC 648 में पर इन्क्यूरियम माना गया।

AIR 1987 SC 1748 पर AIR 1989 SC 1529 में संदेह।

AIR 1987 SC 1383 पर AIR 1989 SC 1529 में संदेह।

AIR 1987 SC 758 AIR 1989 SC 1933 में संदेह।

AIR 1987 SC 53 AIR 1990 SC 933 में खारिज।

AIR 1987 SC 68 air 1992 SC207 में खारिज।

AIR 1980 SC 563 एवं AIR 1971 SC 40 के मद्देनजर AIR 1992 SC 1020 में AIR 1987 SC 948 का पालन नहीं

AIR 1987 SC 1078 AIR 1992 SC 1740 में खारिज।

AIR 1987 SC 1500 AIR 1996 SC 2439 में खारिज।

1987 Supp. SCC 200 AIR 2000 SC 1822 में खारिज।

1987 Supp. SCC 254 AIR 2000 SC 1822 में खारिज।

AIR 1987 SC 242 AIR 2003 SC 1863 में खारिज।

1988

AIR 1988 SC 719 AIR 1989 पटना 183 में पर इन्क्यूरियम माना गया।

1988 (Supp.) SCC 568 AIR1990 SC 1086 में खारिज।

C.A.4445/1988 दिनांक 1.6.12.1988 (SC) AIR 1992 SC 696 में खारिज।

AIR 1988 SC 1531 को AIR 1992 SC 248 में आपत्तिजनक माना गया।

AIR 1988 SC 1520 AIR 1992 SC 732 में खारिज।

AIR 1974 SC 1389, AIR 1984 SC 1420 के मद्देनजर AIR 1989 SC 959 AIR 1997 SC 2487 में अमान्य।

AIR 1988 SC 2111 AIR 1999 SC 2181 में खारिज।

(1997) 9 SCC 97 के मद्देनजर AIR 1988 SC 1172 का AIR 2001 दिल्ली 82 में पालन नहीं किया गया।

AIR 1988 SC 1520 AIR 2001 SC 626 में खारिज।

(1988)38 ELR212(SC) AIR 2001 SC 393 में खारिज।

1989

AIR 1980 SC 563 और AIR 1971 SC 40 के मद्देनजर AIR1992 SC 1020 में AIR 1989 SC 2218 का पालन नहीं।

1989 Supp. (2) SCR 140 AIR 1994 SC 526 में खारिज।

AIR 1989 SC 1247 AIR 1996 SC 238 में खारिज।

AIR 1989 SC 644 पर AIR 1996 SC 524 में असहमति।

1989 Supp. (2) SCC 655 AIR 2000 SC 1822 में खारिज।

AIR 1989 SC 2060 AIR 2002 SC 77 में खारिज।

AIR 1989 SC 1456 1978 के Crl.P.C संशोधन अधिनियम 45 के मद्देनजर AIR 2003 SC 4187 में अमान्य।

AIR 1989 SC 1160 AIR 2003 SC 3854 में खारिज।

1990

AIR 1980 SC 892 एवं AIR 1980 SC 1575 के मद्देनजर 1990 All.W.C.308 (SC) का AIR 1991 इलाहाबाद 114 में पालन नहीं किया गया। AIR 1990 SC 781 AIR 1993 SC 1048 में खारिज।

AIR 1990 SC 71 AIR 1993 SC 1 में खारिज।

AIR 1990 SC 1923 AIR 1994 SC 1484 में खारिज।

AIR 1990 SC 781 AIR 1994 SC 2291 में खारिज।

1990 Supp.SCC 640 AIR 1994 SC 1884 में खारिज।

1990 Supp.SCC 350 AIR 1994 SC 1884 में खारिज।

1990 Supp.SCC 350 AIR 1995 SC 1457 में खारिज।

AIR 1990 SC 937 AIR 1996 SC 2890 में खारिज।

AIR 1990 SC 2174 AIR 1997 SC 2661 में खारिज।

AIR 1990 SC 933 AIR 2001 SC 2699 में खारिज।

1990(4) SCC 178 AIR 2003 SC 4603 में खारिज।

1991

1991 AIR SCW 3026 AIR 1997 SC 645 में खारिज।

1991 AIR SCW 2391 AIR 2001 SC 1133 में खारिज।

AIR 1991 SC 1134 AIR 2003 SC 4506 में खारिज।

AIR 1991 SC 259 AIR 2003 SC 3854 में खारिज।

1992

1992 AIR SCW 2100 AIR 1993 SC 2178 में आंशिक रूप से खारिज।

1992 (1) SCC 673 AIR 1995 SC 1012 में खारिज।

1992 AIR SCW 1305 AIR 1999 SC 468 में खारिज।

1992 AIR SCW 3639 AIR 2002 SC 834 में खारिज।

AIR 1992 SC 732 का AIR 2015 SC 2749 में विभेदन।

1993

1993 AIR SCW 2198 AIR 1995 SC 372 में खारिज।

1993 AIR SCW 771 AIR 1998 SC 3148 में खारिज।

AIR 1993 SC 787 AIR 2000 SC 1717 में खारिज।

1993 AIR SCW 2740 AIR 2002 SC 5 में खारिज।

AIR 1993 SC 2178 AIR 2003 SC 355 में खारिज।

1994

1994 AIR SCW 1764 AIR 1996 SC 946 में खारिज।

AIR 1985 SC 1416 एवं AIR 1966 SC 948 के मद्देनजर AIR 1996 कर्नाटक 274 में AIR 1994 SC 1591 का पालन नहीं किया गया।

AIR 1994 SC 923 AIR 1996 SC 1643 में खारिज।

1994 AIR SCW 2901 AIR 1998 SC 2713 में खारिज।

1994 AIR SCW 2515 AIR 1999 SC 2894 में खारिज।

1994 AIR SCW 1552 AIR 2001 SC 1117 में खारिज।

1994 AIR SCW 2181 AIR 2004 SC 754 में पर इन्क्यूरियम माना गया।

1994 AIR SCW 2210 AIR 2006 SC 951(ई) में खारिज।

1994 Supp. (3) SCC 126 AIR 2006 राजस्थान 237 में पर इंक्यूरियम माना गया।

(1994) 2 SCC 445 AIR 2003 SC 1191 में खारिज।

1995

1995 AIR SCW 65 AIR 1995 SC 2259 में खारिज।

1995 (1) स्केल 21 (SC) AIR 1995 SC 2259 में खारिज।

1995 AIR SCW 2942 AIR 1997 SC 645 में आंशिक रूप से खारिज।

1995 AIR SCW 3488 AIR 1998 SC 1895 में खारिज।

1995 Supp. (1) SCC 432 AIR 1998 SC 1767 में खारिज।
1995 AIR SCW 901 AIR 2000 SC 860 में खारिज।
1995 AIR SCW 2139 AIR 2000 SC 197 में खारिज।
1995 AIR SCW 871 AIR 2001 SC 117 में खारिज।
1995 AIR SCW 3668 AIR 2001 SC 2951 में खारिज।
1995 AIR SCW 3817 AIR 2001 SC 2951 में खारिज।
1995 Supp. (1) SCC 673 AIR 2006 SC 2550(डी) में खारिज।
1995 AIR SCW 4140 AIR 2002 SC 3372 में खारिज।
AIR 1995 SC 1681, AIR 2016 SC 1213 में खारिज।

1996

1996 AIR SCW 864 AIR 2006 SC 2550(डी) में खारिज।
1996 AIR SCW 1365 AIR 1998 SC 656 में खारिज।
1996 AIR SCW 1015 AIR 1998 SC 2086 में खारिज।
1996 AIR SCW 840 AIR 1998 SC 1057 में खारिज।
(1996) 6 SCC 369 AIR 1998 SC 1057 में खारिज।
1996 AIR SCW 3696 AIR 1999 SC 2979 में उलट दिया गया।
AIR 1996 SC 977 AIR 1974 SC 348 के मद्देनजर AIR 1999 SC 378 में अमान्य।
C.A. संख्या 1690/1996 दिनांक 6.11.1996 (SC) AIR 1999 SC 3502 में खारिज।
1996 AIR SCW 1493 AIR 2000 SC 2587 में अमान्य।
1996 AIR SCW 2498 AIR 2006 SC 212(डी) में खारिज।
1996 AIR SCW 2672 AIR 2001 SC 2472 में खारिज।
1996 AIR SCW 2715 1999 AIR SCW 1156 के मद्देनजर AIR 2001 SC 3924 में अमान्य।
1996 AIR SCW 2776 AIR 2001 SC 2472 में खारिज।
1996 AIR SCW 3189 AIR 2001 SC 3134 में खारिज।
(1996) 2 SCC 541 AIR 2001 SC 3332 में खारिज।
1996 AIR SCW 2297 AIR 2002 SC 1856 में खारिज।
1996 (3) SCC 88 AIR 2002 SC 1334 में खारिज।
(1996) NSCC 619 AIR 2002 SC 1334 में खारिज।
AIR 1996 SC 3516 AIR 2003 SC 2000 में खारिज।
AIR 1996 SC 2073 AIR 2003 SC 1563 में निहित रूप से खारिज।

AIR 1996 SC 1691 AIR 1998 SC 2939 के मद्देनजर AIR 2003 SC 51 में अमान्य

1996 पटना L.R.110 (SC) AIR 2003 SC 1637 में खारिज।

AIR 1996 SC 1308 AIR 2005 SC 614 में खारिज।

AIR 1964 SC 1320 के मद्देनजर AIR 1996 SC 223 AIR 2005 SC 622 में अमान्य।

1996 (6) SCC 766 AIR 2005 SC 359 में खारिज।

1996 AIR SCW 2005 AIR 2006 SC 1908 (ए) में खारिज।

1996 AIR SCW 864 AIR 2006 SC 2550 में खारिज।

AIR 2011 SC 312 में AIR 1996 SC 1042 में पर इंक्यूरियम माना गया।

1996 AIR SCW 1548 2001 AIR SCW 1689 में खारिज - AIR 2008 SC (Supp.) 337।

AIR 1996 SC 2853 AIR 2009 SC (Supp.) 2032 - AIR 2011 SC 2620.

AIR 1996 SC 1340, AIR 2014 SC 1400(ई) में खारिज।

AIR1996 SC 1182 AIR2015 SC 1402 में पर इन्क्यूरियम माना गया।

1996 (4) SCC 148 AIR 2016 SC 3340 में खारिज।

AIR 1996 SC 765 AIR 2016 SC 4107 में खारिज

AIR 1996 SC 1627 में पर इन्क्यूरियम माना गया - AIR 2017 SC 4609(ए).

AIR 1996 SC 196 का पालन नहीं किया गया क्योंकि यह 2009 AIR SCW 5536 में अमान्य ठहराया गया था।

1997

1997 AIR SCW 424 AIR 1997 SC 3801 में खारिज।

1997 AIR SCW 3113 AIR 1998 SC 1767 में खारिज।

AIR1997 SC 2817 AIR 1998 SC 656 में खारिज।

1997 AIR SCW 2426 AIR 1998 SC 1769 में खारिज।

1997 AIR SCW 1937 AIR 1998 SC 1767 में खारिज।

1997 AIR SCW 106 AIR 1998 SC 815 में खारिज।

1997 AIR SCW 4166 पर AIR 1999 SC 2640 में असम्मति।

1997 AIR SCW 3574 AIR 1999 SC 2460 में खारिज।

1997 AIR SCW 2274 AIR 1999 SC 2894 में खारिज।

1997 AIR SCW 2257 AIR 1999 SC 3471 में खारिज।

1997 AIR SCW 1636 AIR 1999 SC 2979 में उलट दिया गया।

AIR 1997 SC 2564 के मद्देनजर (1997) 5 SCC 430 का AIR 1999 SC 3822 में पालन नहीं हुआ।

1997 (6) SCC 78 AIR 2000 SC 2587 में अमान्य।

1997 (8) JT SC 528 AIR 2000 SC 1724 में खारिज।

1997 AIR SCW 430 AIR 2001 SC 3527 में खारिज।

1997 AIR SCW 3331 AIR 2001 SC 3234 में खारिज।

1997 AIR SCW 4166 1999 AIR SCW 1899 के मद्देनजर AIR 2002 SC 2241 में अमान्य।

AIR 1997 SC 3072 AIR 2003 SC 320 में खारिज।

AIR 1997 SC 1208, C.A.No.4355/1985 दिनांक 30.2.2002 के मद्देनजर, AIR 2003 SC 4650 में अमान्य।

1997 AIR SCW 3348 AIR 2009 SC (Supp.) 780 में अमान्य।

1997 AIR SCW 274 1998 AIR SCW 1553 में खारिज -AIR 2010 SC 1851.

AIR 1997 SC 1788 अमान्य - AIR 2016 SC 5176 (बी)

AIR 1997 SC 1511 AIR 2017 SC 4609 (ए) में खारिज।

AIR 1997 SC 3614, AIR 1963 SC 996 के मद्देनजर अमान्य - AIR 2017 SC 4609(डी).

AIR 1997 SC 2658 AIR 2018 SC 3606 (ए) में खारिज।

1998

1998 AIR SCW 965 AIR 1998 SC 2713 में खारिज।

1998 AIR SCW 319 AIR 2000 SC 1102 में खारिज।

1998 AIR SCW 3928 AIR 2000 SC 1102 में खारिज।

1998 AIR SCW 3208 AIR 2002 SC 1856 में खारिज।

1998 (9) SCC 138 AIR 2002 SC 1598 में पर इन्क्यूरियम माना गया।

1998 (9) SCC 348 AIR 2011 SC 312 में पर इन्क्यूरियम माना गया।

AIR 1998 SC 142 2006 AIR SCW 4791 एवं AIR 2013 SC 217 में खारिज।

AIR 1998 SC 3148 AIR 2013 SC 3018 में खारिज।

1998 (9) SCC 706 AIR 2015 SC 901 में पर इन्क्यूरियम माना गया।

AIR 1998 SC 1251 AIR 2016 SC 3340 में खारिज।

1999

1999 (9) JT 308 (SC) AIR 2000 SC 402 में खारिज।

1999 AIR SCW 3440 AIR 2002 SC 2973 में खारिज।

1999 AIR SCW 3522 AIR 2002 SC 1856 में खारिज।

AIR 2002 SC 2973 के मद्देनजर AIR 1999 SC 3455 AIR 2003 SC 209 में अमान्य।

AIR 1999 SC 2626 AIR 2003 SC 4317 में पर इन्क्यूरियम माना गया।

AIR 2003 SC 3534 में AIR 1999 SC 1837 में पर इन्क्यूरियम माना गया।

AIR 1999 SC 1747 AIR 2003 SC 1555 में खारिज।

AIR 1999 SC 495 AIR 2003 SC 646 में खारिज।

1999 SCC (Crl.) 371 AIR 2004 SC 1990 में खारिज: 2008 AIR SCW 2119-AIR 2011 SC 1748।

AIR 1999 SC 1609 AIR 2013 SC 3283 में खारिज।

AIR 1999 SC 3762 AIR 2014 SC 3519 में खारिज।

2000

(2000) 8 JT (SC) 248 AIR 2005 SC 3187 में खारिज।

2000 AIR SCW 2172 AIR 2001 SC 1952 में खारिज।

2000 AIR SCW 722 AIR 2001 SC 2763 में खारिज।

2000 AIR SCW 1561 AIR 2002 SC 77 में खारिज।

2000 (9) JT (SC) 32 AIR 2002 SC 3687 में खारिज।

W.P. Crl. 72/2000 दिनांक 5. 5. 2000 SC AIR 2002 SC 3687 में खारिज।

AIR 2000 SC 2264 AIR 2006 SC 2731 में खारिज।

AIR 2000 SC 3751 AIR 2011 SC 1989 में पर इन्क्यूरियम माना गया।

AIR 2000 SC 197 अब AIR 2003 SC 843 में अमान्य।

AIR 2000 SC 235 AIR 2003 SC 607 में खारिज।

2000 AIR SCW 3908 AIR 2006 SC 450(a) में खारिज।

2000 Cr.LJ 3485 (SC) 1999 CR.LJ 3672 (SC) में खारिज - AIR 2011 SC 77 में अमान्य।

AIR 2000 SC 1565 AIR 2012 SC 86 में खारिज।

AIR 2000 SC 145 AIR 2012 SC 2795 में आंशिक रूप से खारिज।

AIR 2000 SC 1535 में विपरीत अवलोकन, अमान्य - AIR 2013 SC 2036।

AIR 2000 SC 3243 खारिज - AIR 2014 SC 142।

AIR 2000 SC 1073, AIR 2014 SC 1446 में आंशिक रूप से खारिज।

AIR 2000 SC 808, AIR 2001 SC 862 में अब अमान्य अच्छा कानून नहीं - AIR 2015 SC 1098.

AIR 2000 SC 2946 खारिज- AIR 2015 SC 157.

2001

AIR 2001 SC 649 AIR 2003 SC 3157 में खारिज।

2001 Cr.LJ 128 (SC) 1990 Cr.LJ 1599 (SC) के मद्‌देनजर अमान्य; AIR 2007 (NOC) 2041 (केरल)।

2001 Cr.LJ 2346 (SC) 1990 Cr.LJ 1599 (SC) के मद्‌देनजर अमान्य; AIR 2007 (NOC) 2041 (केरल)।

2001 AIR SCW 134, AIR 2010 SC 188 में खारिज।

2001 AIR SCW 2307, खारिज - AIR 2014 SC 3057.

AIR 2001 SC 1273 AIR 2016 SC 1213 (सी) में खारिज।

AIR 2001 SC 2856 AIR 2018 SC 2039 (बी) में खारिज।

2002

AIR 2002 SCW 273 AIR 2002 SC 3350 में खारिज।

2002 AIR SCW 3575 AIR 2002 SC 1045 में खारिज।

AIR 2002 SC 551 में AIR 2002 SC 3629 में पर इन्क्यूरियम माना गया।

AIR 2002 SC 2445 AIR 2016 SC 1213(ई) में खारिज।

2003

2003 AIR SCW 5844 AIR 2007 SC 950 में खारिज।

2003 AIR SCW 695 AIR 2006 SC 1138 (डी) में खारिज।

AIR 2003 SC 4453 खारिज - AIR 2014 SC 2895।

2004

2004 AIR 533 (SC) AIR 2008 SC 845 में पर इन्क्यूरियम माना गया।

AIR 2004 SC 3751 AIR 2011 SC 1989 में पर इन्क्यूरियम माना गया।

AIR 2004 SC 486 1999 Cr.LJ 3672 (SC) में अमान्य - AIR 2011 SC 77।

AIR 2012 SC 1485 में AIR 2004 SC 1890 में पर इंक्यूरियम माना गया।

AIR 2012 SC 1485 में AIR 2004 SC 536 में पर इंक्यूरियम माना गया।

AIR 2004 SC 834 AIR 2013 SC 666 से विमुख।

AIR 2004 SC 4776 AIR 2018 SC 2670 में निहित रूप से खारिज।

2005

AIR 2011 SC 312 में AIR 2005 SC 1057 में पर इन्क्यूरियम माना गया।

AIR 2011 SC 312 में AIR 2005 SC 498 आयोजित पर इन्क्यूरियम माना गया।

AIR 2005 SC 2994 AIR 2011 SC 1989 में पर इन्क्यूरियम माना गया।

AIR 2005 SC 4284 में विभेदन - AIR 2015 SC 2757।

AIR 2005 SC 3820 ने AIR 2015 SC 180 को खारिज कर दिया।

AIR 2005 SC 2132 AIR 2016 SC 3340 में खारिज।

2006

2006 AIR SCW 3865 AIR 2007 SC 528 में पर इन्क्यूरियम माना गया।

2006 AIR SCW 3865 AIR 2007 SC 893 में पर इंक्यूरियम माना गया।

AIR 2006 SC 2571 AIR 2013 SC 2714 में खारिज।

AIR 2006 SC 2511 खारिज - AIR 2013 SC 2741.

2006 AIR SCW 5666, खारिज - AIR 2014 SC 3625.

AIR 2006 SC 1806, विभेदित - AIR 2015 SC 3473.

AIR 2006 SC 2550 ने AIR 2016 SC 5617 (ए) को खारिज किया।

2007

2007 AIR SCW 4323 AIR 2009 SC (Supp.) 780 में खारिज।

2007 (9) SCC 665 AIR 2009 (Supp.) 780 में खारिज।

AIR 2007 SC (Supp.) 1280: 2007 AIR SCW 4323 AIR 2010 SC 1881 के मद्देनजर अमान्य।

AIR 2012 SC 3144 में AIR 2007 SC 1208 में पर इन्क्यूरियम माना गया।

AIR 2007 SC 1899, AIR 2014 SC 1400 (एल) में खारिज।

AIR 2007 SC 763 AIR 2015 SC 1359 में खारिज।

2008

2008 AIR SCW 406 AIR 2008 SC 2116 से विमुख।

AIR 2008 SC (Supp.) 668 AIR 2009 SC (Supp) 780 में खारिज।

AIR 2011 SC 312 में AIR 2008 SC 218 में पर इंक्यूरियम माना गया।

AIR 2008 SC 693 AIR 2011 SC 1175 में खारिज।

AIR 2008 SC 218 में पर इन्क्यूरियम माना गया - AIR 2011 SC 312.

AIR 2008 SC (Supp.)1 AIR 2014 SC 2114 (बी) में खारिज।

AIR 2008 SC (Supp.) 1887 में पर इंक्यूरियम माना गया - AIR 2015 SC 2275.

AIR 2008 SC 2266 AIR 2017 SC 3668(ए) में खारिज।

AIR 2008 SC 1418 AIR 2017 SC 3668 (ए) में आंशिक रूप से खारिज।

2009

AIR 2009 SC 1114 AIR 2013 SC 2741 में खारिज।

AIR 2009 SC 2387 में पर इंक्यूरियम माना गया - AIR 2011 SC 1748.

AIR 2009 SC 3127 खारिज- AIR 2011 SC 3495.

AIR 2009 SC (Supp.) 1619 AIR 2012 SC 3144 में पर इंक्यूरियम माना गया।

AIR 2009 SC (Supp.) 1619 में पर इंक्यूरियम माना गया - AIR 2012 SC 3144.

AIR 2009 SC 1114 खारिज - AIR 2013 SC 2714.

2009 - 2005 की विशेष सिविल आवेदन सं. 18692, D/- 26-6-2009, AIR 2015 SC 2348 में उलटी गई।

2009 AIR SCW 1614, अमान्य - AIR 2015 SC 254.

AIR 2009 SC 2151, AIR 2017 SC 3668 (ए) में खारिज।

2010

AIR 2009 SC (Supp.)2032 में AIR 2010 SC 383 अमान्य - AIR 2011 SC 2620.

(2010) 10 SCC 225 AIR 2012 SC 1266 में खारिज।

2010 AIR SCW 331, अमान्य - AIR 2014 SC 3723.

AIR 2010 SC 1511 ने AIR 2015 SC 856 को खारिज कर दिया।

2011

2011 (14) SCC 758, AIR 2014 SC 1393 में निहित रूप से खारिज।

AIR 2011 SC (Supp) 755, अमान्य - AIR 2014 SC 3036.

2012

2012 (6) SCC 102, AIR 2014 SC 2114 (एफ) में आंशिक रूप से खारिज।

AIR 2012 SC 1751, विभेदित - AIR 2015 SC 3469.

AIR 2012 SC 3016, खारिज - AIR 2017 SC 3271 (C).

AIR 2012 SC 2351, AIR 2017 SC 4609 (ए) में खारिज।

2013

2013 AIR SCW 5477 AIR 2014 SC 3519 में खारिज।

AIR 2013 SC (Cri) 1034 AIR 2015 SC 1359 में खारिज।

AIR 2013 SC 2248 AIR 2016 SC 4245 में खारिज।

AIR 2013 SC 2924 पर इन्क्यूरियम माना गया - AIR 2017 SC 2141.

2013 (16) SCC 526 AIR 2017 SC 3271 (सी) में खारिज।

2013 (9) SCC 54, AIR 2017 SC 5157 (ए) में खारिज।

2014

2014 (2) SCC 266 खारिज - AIR 2014 SC 3519.

2014 (5) स्केल 641 AIR 2015 SC 1359 में खारिज।

AIR 2014 SC 2242 AIR 2018 SC 824 में निहित रूप से खारिज।

(सी) 2014 (6) SCC 564 AIR 2018 SC 824 (एच) में खारिज।

2015

2015 (3) स्केल 34 AIR 2015 SC 2006 में खारिज।

AIR 2015 SC 706. 1976 के सीपीसी संशोधन के मद्देनजर अब अमान्य।

2015 (3) SCC 353 AIR 2018 SC 824 (सी) में खारिज।

AIR 2015 SC 2041 AIR 2018 SC 824 (सी) में निहित रूप से खारिज।

2015 (8) SCC 544 AIR 2018 SC 824 (सी) में निहित रूप से खारिज।

AIR 2015 SC 1462 AIR 2018 SC 824 (एफ) में खारिज।

2015(3) SCC 353 AIR 2018 SC 824 (एच) में खारिज।

2015(3) SCC 206 AIR 2018 SC 824 (एच) में खारिज।

AIR 2015 SC 710 AIR 2018 SC 1895 (ए) में खारिज।

2016

AIR 2016 SC 33 AIR 2017 SC 4609 (ए) में खारिज।

AIR 2016 SC 2584 AIR 2018 SC 824 (सी) में निहित रूप से खारिज।

2017

AIR 2017 SC 2967 AIR 2017 SC 4609 (ए) में खारिज।

2018

AIR 2017 SC 5420 AIR 2018 SC 5068 में खारिज।

2019

2002 SCC ऑनलाइन 1337 AIR 2019 SC 5125 (ए) में खारिज।

AIR 2017 SC 774 AIR 2019 SC 5333 में खारिज।

AIR 2017 SC 4021 AIR 2019 SC 5233 में खारिज।

AIR 2019 SC 2002 AIR 2019 SC 5233 में खारिज।

2010 AIR SCW 476 AIR 2019 SC 5233 में खारिज।

AIR 1976 SC 1672 को AIR 2019 SC 5233 अच्छा कानून नहीं माना गया।

AIR 2007 SC 369 AIR 2019 SC 5298 में खारिज।

2020

AIR 2011 SC (Supp) 755 AIR 2020 SC 5245 (ए) में खारिज।

AIR 2007 SC 1118 AIR 2020 SC 5397 (ए) में खारिज।

AIR 2008 SC 1044 AIR 2020 SC 5292 (ए) में खारिज।

AIR 1991 SC 45 AIR 2020 SC 5592 (ए) में खारिज।

2021

AIR 2017 SC 4594:2018 CrLJ 1160 (SC), AIR 2021 SC 1957 (बी) में खारिज।

AIR 2013 SC 2924:2013 AIR SCW 3993, AIR 2021 SC 3939 (ए) में पर इन्क्यूरियम माना गया।

AIR 2009 SC 2030 AIR ऑनलाइन 2020 SC 693 AIR 2021 SC 4229 में खारिज।

संदर्भ ग्रंथ

1. आचार्य, एन.के. (दीवान, वी.के. द्वारा संशोधित)	लैंडमार्क जजमेंट्स ऑफ सुप्रीम कोर्ट (1950-2018), एशिया लॉ हाउस, अपोजिट हाई कोर्ट, हैदराबाद-2, पाँचवाँ संस्करण, वर्ष 2019, कुल पृष्ठ 964
2. अग्रवाल, डॉ. पी.के.	85 लैंडमार्क सुप्रीम कोर्ट जजमेंट्स, प्रभात प्रकाशन, 4/19, आसफ अली रोड, नई दिल्ली-110002, वर्ष 2022, कुल पृष्ठ, 260
3. अग्रवाल, डॉ. प्रमोद कुमार	भारत का संविधान, प्रभात पेपरबैक्स, 4/19, आसफ अली रोड, नई दिल्ली-110002, वर्ष 2018, कुल पृष्ठ, 352
4. अग्रवाल, डॉ. पी.के. एवं चतुर्वेदी, डॉ.के.एन.	कमेंटरी ऑन द कॉन्स्टीट्यूशन प्रभात प्रकाशन, 4/19, आसफ अली रोड, नई दिल्ली-110002, वर्ष 2017, कुल पृष्ठ, 496
5. अग्रवाल, डॉ.पी.के. गुप्ता, विराग	द कॉन्स्टीट्यूशन ऑफ इंडिया,(शॉर्ट नोट्स के साथ Bare Act), प्रभात पेपरबैक्स, 4/19, आसफ अली रोड, नई दिल्ली-110002, वर्ष 2019, कुल पृष्ठ 283
6. एंटनी, एम.जे.	सोशल एक्शन थ्रू कोर्ट्स (लैडंमार्क जजमेंट्स इन पब्लिक इंटरेस्ट लिटिगेशन), इंडियन सोशल इंस्टीट्यूट, 10, इंस्टीट्यूशनल एरिया, लोदी रोड, नई दिल्ली-110003, वर्ष 1993, कुल पृष्ठ 161
7. सिंघवी, अभिषेक एवं	फ्रॉम द ट्रेंचेज़, जगरनॉट बुक्स,

शर्मा, सत्यजीत	के.एस. हाउस, 118, शाहपुर जाट, नई दिल्ली–110049, वर्ष 2020, कुल पृष्ठ 225
जर्नल्स (पत्रिकाएँ), AIR, रिपोर्ट्स आदि	ऑल इंडिया रिपोर्टर प्रा. लिमिटेड कांग्रेस नगर, नागपुर–440012 फोन: +91–8380005660 ई–मेल: helpdesk.aironline@gmail.com

वेबसाइट:

	https://www.aironline.in/airlegal-judgment.html
सुप्रीम कोर्ट मामले (SCC)	सुप्रीम कोर्ट के मामले: रजिस्ट्रार, भारत का सर्वोच्च न्यायालय, तिलक मार्ग, नई दिल्ली –110001 फोन: 011–23388922–24, 23388942 ईमेल: supremecourt@nic.in वेबसाइट: https://main.sci.gov.in/publication